Serge King

Begegnung mit dem verborgenen Ich

Serge King

Begegnung mit dem verborgenen Ich

Ein Arbeitsbuch zur Huna-Magie

AURUM VERLAG · BRAUNSCHWEIG

Das amerikanische Original erschien unter dem Titel
»Mastering Your Hidden Self · A Guide to the Huna Way«
im Verlag The Theosophical Publishing House, Wheaton, Illinois.

Ins Deutsche übersetzt von Matthias Schossig

Titelfoto: Zefa-Phototake

Die Deutsche Bibliothek – CIP-Einheitsaufnahme

King, Serge:
Begegnung mit dem verborgenen Ich : ein Arbeitsbuch zur
Huna-Magie / Serge King. [Aus dem Amerikan. von Matthias
Schossig]. – 2. Aufl. – Braunschweig : Aurum-Verl., 1993
Einheitssacht.: Mastering your hidden self <dt.>
ISBN 3-591-08313-5

1. Auflage 1991
2. Auflage 1993
ISBN 3-591-08313-5

Gesamtherstellung: Chemnitzer Verlag und Druck GmbH,
Werk Zwickau

Inhalt

Dieses Buch ist Gloria Dawn Denkhaus,
meiner besten Schülerin, Freundin und Frau, gewidmet.

Ich danke allen meinen Schülern, deren Feedback es mir erlaubt hat, dieses Material zu verfeinern, außerdem Jane Roberts und Barry Kaufman, aus dessen Büchern ich einige Begriffe entlehnt habe, um das Wissen der Kahunas zu beschreiben, meiner Lektorin, Shirley Nicholson, deren wertvoller Rat mir geholfen hat, das Thema des Buches zu konkretisieren, und schließlich meiner Schreibmaschine Fred, deren unerschütterlicher guter Wille das Manuskript im Fluß gehalten hat.

Vorwort

Ich bin immer wieder gefragt worden, wie man die Einsichten, die Huna über die Natur des menschlichen Wesens vermittelt, am besten in die alltägliche Praxis umsetzen kann. Um auf diese Fragen eine Antwort zu geben, habe ich dieses Buch geschrieben. In dem Zusammenhang bin ich auch gebeten worden, Auskunft über meine eigene Erziehung als Kahuna zu geben. Da die Herkunft meines Wissens in einem Buch wie diesem eine große Rolle spielen kann, möchte ich zuerst ein wenig »aus dem Nähkästchen plaudern«.

Ich habe in meinem Leben viele verschiedene Formen von Erziehung genossen, einschließlich Schule und Universität, wissenschaftlicher Arbeit, Militär, spezielle Sprach- und technische Kurse und anderes. Ich glaube jedoch, daß meine Erziehung in der Kunst der Kahunas am schwersten für mich war. Ich kann das vielleicht am besten verdeutlichen, indem ich einige Begebenheiten schildere, die dies klar machen.

Mein Vater war mein strengster Lehrer. Bevor ich überhaupt verstand, worum es bei der Erziehung zum Kahuna ging, hegte ich manchmal einen tiefen Groll gegen ihn, wenn er Dinge tat, die ich nicht einsehen konnte. Ein Vorfall ist mir besonders in Erinnerung geblieben, der sich zutrug, als ich fünfzehn Jahre alt war. Wir bauten gerade ein Haus und arbeiteten im Keller. Er sagte mir, ich solle eine »Ahle« holen. Ich hatte noch niemals von einer Ahle gehört und fragte ihn deshalb, was das sei. Er sagte einfach: »Geh und hol eine.« Anstatt all die Dinge, die ich im vorangegangenen Jahr über Intuition und Aufmerksamkeit gelernt hatte, einzusetzen, wurde ich wütend auf ihn und regte mich darüber auf, wie »unfair« er sei. Vor lauter Zorn sah ich überhaupt nicht mehr, was um mich herum vorging, und konnte daher natürlich nichts finden, was einer Ahle auch nur im entferntesten ähnelte. Nach weiteren erfolglosen Suchaktionen und sich steigerndem Groll auf meiner Seite ging mein Vater los und holte sich die Ahle selbst.

Jetzt könnten Sie einwenden, daß mein Vater mir ja leicht eine Ahle hätte beschreiben können, dann hätte ich sicherlich ohne viele Umstände gelernt, was das für ein Werkzeug ist. Die Lektion, die ich zu lernen hatte, hatte jedoch überhaupt nichts mit Ahlen zu tun. Ebensowenig hatte sie zu tun mit gesteigerter Aufmerksamkeit und der intuitiven Erfassung der Gestalt einer Ahle oder damit, sie in der Werkzeugkiste zu finden. Wenn das der Fall gewesen wäre, hätte mein Vater einfach gesagt: »Streng deinen Kopf einmal ein wenig an.« Die Lektion drehte sich diesmal um etwas anderes: um Eigeninitiative. Ich wußte, wie ich in dem Moment hätte aufmerksamer sein und merken können, woran mein Vater arbeitet und was er daher als nächstes im Ablauf seiner Arbeit benötigen würde (zum Beispiel ein Ding, mit dem man »ein Loch machen« kann). Ich wußte ebenfalls, wie ich vor meinem inneren Auge Bilder entstehen lassen konnte, die meinen Absichten entsprechen, und wie ich mein Unterbewußtsein dazu bringen konnte, mich zu den Dingen zu führen, nach denen ich suche. Mein Vater gab mir lediglich die Gelegenheit, das, was ich bereits wußte, zur Anwendung zu bringen. Statt dessen verwendete ich alle meine Energien und Talente darauf, mich selbst zu bemitleiden.

Während meines Aufenthaltes in Afrika führte mich mein Mentor, M'Bala, einige Tage nachdem ich ihm begegnet war, auf eine besonders beeindruckende innere Reise, in der wir gemeinsam die Gestalt eines Leoparden annahmen. Anschließend gab er mir, ohne ein Wort zu sagen, eine große Edelsteinperle in die Hand. »Was ist das?« fragte ich. »Ein Stein«, erwiderte er. »Das sehe ich«, sagte ich darauf. »Aber wozu dient dieser Stein? Ist er ein Amulett?« »Er könnte durchaus als solches dienen«, sagte er scheinbar teilnahmslos. Ich war natürlich etwas frustriert und fragte ihn: »Nun, was soll ich damit anfangen?« »Was du willst«, war die Antwort. Ich war völlig ratlos, konnte mich nur bei ihm bedanken, zuckte mit den Schultern und steckte den Stein in die Tasche. Während der gesamten Zeit, die ich mit M'Bala verbrachte, erwähnte er diesen Stein kein einziges Mal. Erst fünf Jahre später, als ich wieder in den Vereinigten Staaten war, kam ich darauf, das Wissen, das ich aus dem Erlebnis mit dem Leoparden gewonnen hatte, zu nutzen, um mich auf den Stein einzustimmen. Es lag nun an mir, etwas damit anzufangen.

Glücklicherweise war ich nicht immer so schwer von Begriff, wenn es darum ging, etwas zu lernen. Als ich schließlich bei meinem »Onkel« aus Hawaii, Wana Kahili, in die Lehre ging, machte ich schon viel größere Fortschritte. Er gab mir jeweils eine Übung, die ich so ausführlich, wie ich konnte, praktizierte. Anschließend unterrichtete ich ihn über die Ergebnisse. Er schlug daraufhin Methoden vor, wie ich die Übung vertiefen und erweitern konnte. Ich befolgte seine Ratschläge und erfand selbst neue Übungen, die ich seinen hinzufügte. Anschließend führte er mich in derselben Richtung weiter oder schlug eine neue ein. Solange ich Fortschritte machte, fuhr er fort, mich zu lehren, und ich fuhr fort zu lernen. Wenn es mir nicht gelang, mich auf etwas von ihm Vorgeschlagenes einzustellen, ließ er es einfach fallen und erwähnte es nie mehr, es sei denn, ich kam selbst darauf zurück. Für einen Kahuna bedeutet Selbstverwirklichung, die Verantwortung für seine eigene Entwicklung zu übernehmen. Dabei gibt es keine Grenze, wie weit Sie gehen können. Auf jeder Stufe dieser Entwicklung werden Sie den richtigen Führer finden. Jeder Mensch muß jedoch auf seinen eigenen zwei Beinen ans Ziel gelangen. Es gibt niemanden, der Sie antreibt oder Sie zu Ihrer Entwicklung nötigt, zwingt oder verführt, niemanden, der Sie an der Hand nimmt und Ihnen die Arbeit abnimmt. Daher ist es ein schwerer, harter Weg.

Dieses Buch ist genauso. Es enthält Wissen, das Ihr Leben von Grund auf verändern kann – vorausgesetzt, Sie nutzen es. Wenn Sie erst einmal angefangen haben, es zu versuchen und damit zu experimentieren, wird es immer mehr geben, was Sie lernen können. Dieses Buch einfach nur zu kaufen, es zu lesen und ins Bücherregal zu stellen, hat überhaupt keinen Wert. Es bedarf schon etwas mehr, um die Tür zu den großartigen Abenteuern des Lebens zu öffnen, von denen Sie umgeben sind.

Selbst die Initiative zu ergreifen, ist die schwierigste und wichtigste Lektion von allen.

EINLEITUNG

Die Wiederentdeckung des Huna

Jeder, der Augen hat zu sehen und Ohren zu hören, muß zu dem Schluß kommen, daß unsere Welt und das gesamte Universum auf einigen sehr einfachen grundlegenden Prinzipien beruhen. Einige wenige erleuchtete Menschen haben diese Prinzipien ganz oder teilweise erkannt und versucht, sie dem Rest der Menschheit zu erläutern. Es geschah jedoch unweigerlich, daß den erleuchteten Menschen weniger erleuchtete nachfolgten, die die einfachen Prinzipien verwässerten, sinnentleerten und verzerrten. Buddha hat acht klare Schritte zur Selbstverwirklichung beschrieben, der Buddhismus aber entwickelte sich zu einer der ausgefeiltesten ritualisierten Religionen, die die Welt jemals gesehen hat. Die einfache Lehre wurde in diesem Prozeß fast vollständig vergessen. Moses hat den Hebräern die Zehn Gebote gebracht, und eine äußerst komplizierte Religion war die Folge. Jesus reduzierte das göttliche Gesetz auf zwei Gebote, und der riesige weltumspannende Komplex der Christenheit entstand daraus. Mohammed erhielt durch prophetische Eingebung den Koran und zeichnete ihn auf. Er gründete eine unkomplizierte Religion, die auf dem Glauben an Gott und fünf täglichen Gebeten basierte. Hinzugefügt wurde ein höchst komplizierter Kodex islamischer Gesetze. Es ist, als bekämen wir Menschen eine klare und deutliche Beschreibung des Weges zu Glück und Erfüllung und würden uns anschließend selbst die Augen verbinden, so daß wir den Weg im Dunkel über Versuch und Irrtum selbst finden müssen.

Geheime Lehren

Es ist ein offenes Geheimnis, daß es zusätzlich zu den äußeren Lehren der großen Religionen geheime Lehren gibt, die das wahre Wesen Gottes und des Universums enthüllen und von spirituellen Lehrern nur unmittelbar an ihre engsten Schüler weitergegeben werden. Lao Tse hat im *Tao Te King* (Weg des Lebens) die wahre Bedeutung seiner Lehre sorgfältig verhüllt, indem er eine Sprache wählte, die so einfach ist, daß sie auf viele verschiedene Weisen interpretiert werden kann. Der chinesische Autor des Buches *Das Geheimnis der Goldenen Blüte* verfuhr auf ähnliche Weise, indem er sich des Kunstgriffes der Allegorie bediente. Es wird angenommen, daß die Lehren Buddhas von Bodhidarma nach China gebracht wurden. Die Schule, die er entwickelte, war der Ch'an Buddhismus, der sich später in Japan zum Zen entwickelte. Weit früher in der Geschichte wurde die Geheimlehre des Yoga von Patanjali in seinen Aphorismen zusammengefaßt. Die Sufis nahmen erst viel später für sich in Anspruch, die Bewahrer der geheimen Lehren des Islam zu sein. Geheime Lehren sind in den frühen hebräischen Schriften angeblich ebenso enthalten wie in der Sprache des Alten Testaments. Auch die frühchristlichen Verfasser des Neuen Testaments machten deutlich, daß die wörtliche Bedeutung dessen, was sie niederschrieben, nicht alles war, was sie zu sagen hatten. Mehrmals erklärte Jesus, daß er den Jüngern die geheime Bedeutung der Gleichnisse enthüllen werde, und er sagte sogar dem Volk, daß sich die Bedeutung seiner Worte nur denen erschließe, die in der Lage sind zu verstehen. Ein weiteres Mysterium sind die Legenden von entlegenen tibetischen Klöstern, in denen angeblich die Geheimnisse des Lebens bewahrt werden. Geheimbünde wie die Rosenkreuzer nehmen noch heute für sich in Anspruch, im Besitz unausgesprochener Wahrheiten zu sein. Dabei können selbst die offensichtlichsten Tatsachen denjenigen, die nicht gelernt haben, sie zu sehen, wie Geheimnisse erscheinen.

Neue Hoffnung

Etwas, das allen Religionen gemeinsam ist, ist der Glaube an das geistige Wesen des Menschen. Leider hält man dieses Wesen nur allzu oft für von Natur aus schlecht oder gar böse. Selbst wenn dies nicht der Fall ist, wird das Geistige oft auf Kosten des Körperlichen überbetont. Darüber hinaus werden Angehörige fremder Religionen oder religiöser Praktiken oft als gottlos und unrein diffamiert. Die Folge ist entweder das Bedürfnis, der Realität zu entfliehen, während man sich noch in der physischen Welt befindet, oder die Neigung, das Körperliche zu ignorieren oder geringzuschätzen, indem man seine Aufmerksamkeit auf das ferne Ziel des vollkommenen Glücks in einer zukünftigen geistigen Welt lenkt. Aus diesem Denken resultieren allgegenwärtiges Elend, blutige Kriege und die verschwindende Hoffnung auf ein Glück auf Erden.

An einem bestimmten Punkt tauchte am Horizont ein Hoffnungsschimmer auf. Die neuen Möglichkeiten von Naturwissenschaft und Technik auf der einen und Soziologie sowie Psychologie auf der anderen Seite würden gemeinsam – so hoffte man – die Welt verändern und sie zu einem lebenswerteren und glücklicheren Ort machen. Nebenprodukte dieses Fortschrittsglaubens waren die konsequente Verleugnung des geistigen Wesens des Menschen und der gemeinsame Versuch, die unbelebte Natur mit allen notwendigen und zur Verfügung stehenden Mitteln nach dem Willen des Menschen umzugestalten. Für die große Mehrheit der Naturwissenschaftler ist der Mensch lediglich ein materielles Wesen, eine zufällige Verbindung von Chemikalien, Gelenken und Organen, die oft ihren Dienst versagen und daher sorgfältig überwacht und kontrolliert werden müssen. Darüber hinaus sind sie der Überzeugung, daß sowohl der Mensch als auch die Natur lediglich physikalischen Gesetzen unterstehen und daß diese Gesetze bereits bekannt sind. Immer wenn sie in ihrem mechanistischen Weltbild auf etwas Unerklärliches stoßen, ignorieren sie es, halten es für einen Betrug, konstruieren absurde komplizierte physikalische Erklärungen oder versuchen, es zu zerstören.

Traditionelle Religionen und naturwissenschaftliches Denken bieten keine echten Orientierungshilfen mehr. In ihrer Verzweiflung nehmen viele Menschen Zuflucht zu diversen Formen des Okkultismus, die dem einzelnen Kontrolle über seine Umgebung versprechen. Diese Praktiken enthalten ein Element der Wahrheit und können Spaß machen, aber auch gefährlich sein. Ihre Ergebnisse sind im allgemeinen völlig willkürlich. Ein anderer Pfad, der oft eingeschlagen wird, ist das »positive Denken« und daraus abgeleitete Richtungen. Diese enthalten gute Ansätze, beschränken sich aber auf die Verbesserung des individuellen Lebens. Ihre Ergebnisse sind in der Regel ebenfalls völlig zufällig. Schließlich gibt es da noch den Umgang mit Drogen, der jedoch meist schlicht und einfach nichts anderes als Weltflucht ist und katastrophale Folgen hat.

In dieser Finsternis erstrahlt das helle Licht des Huna. Huna ist insofern religiös, als es die Menschen zu geistiger Vollkommenheit inspiriert. Huna ist wissenschaftlich, denn es baut auf dem Hier und Jetzt auf, und seine Methoden bringen wiederholbare Wirkungen auf Menschen und Umwelt hervor. Huna ist eine Philosophie des Lebens mit einer starken, aber einfachen Ethik. Manche halten es für okkult, weil es mit unsichtbaren, aber sehr realen Mächten umgeht. Huna ist allumfassend, denn jede Religion enthält Elemente davon, und die Wissenschaft beginnt zu erkennen, daß seine Prinzipien im Ablauf des Universums wirksam sind.

Eine alte Lehre

Ich möchte hier klarstellen, daß Huna *nicht* mit der traditionellen Religion aus Hawaii identisch ist. Meine Ausführungen beziehen sich nicht auf diese Religion in ihrer objektiven historischen Form. Ich stelle hier vielmehr einen älteren, universelleren Weg vor, den ich mit den Begriffen und Konzepten der hawaiianischen Religion illustriere.

Huna ist unglaublich alt, wahrscheinlich so alt wie der Mensch selbst. Legenden führen Huna zurück auf Mu und das späte Atlantis. Den ersten historischen Hinweis für das Vorkommen von Huna finden wir im alten Ägypten. Die Kahunas, die eingeborenen polynesischen Schamanen, vertreten die Auffassung, daß sich irgendwann im ersten Jahrtausend vor Christus eine Gruppe von Eingeweihten traf und eine Sprache entwickelte, mit deren Hilfe das Wissen des Huna durch die Generationen weitergegeben werden konnte. Diese Geheimsprache war die Wurzel für eine andere Sprache, die offen verwendet werden konnte. Auf diese Weise konnte – egal wie die äußere Sprache eingesetzt und welche Glaubensinhalte in ihr dargestellt wurden – das ursprüngliche Wissen als wohlgehütetes Geheimnis erhalten bleiben. Den grundlegenden geheimen Elementen wurden viele symbolische Bedeutungen hinzugefügt, und oft wurden bestimmte Bedeutungen in verschiedenen Quellen wiederholt, um ihr Überleben sicherzustellen. Völkerkundliche Forschungen haben den Kahuna-Glauben insofern bestätigt, als diese Sprache und das darin enthaltene Wissen sich aus dem pazifischen Raum über den Rest der Welt verbreitet hat und Spuren dieser Sprache noch heute in vielen alten Ortsnamen zu finden sind.

Das mag vielleicht alles ebenso phantastisch klingen wie die Behauptungen einiger Geheimbünde, die eine ununterbrochene Tradition ihres Wissens aus vorgeschichtlichen Zeiten herleiten. Es gibt jedoch einen entscheidenden Unterschied: *Die geheime Sprache des Huna ist in der Tat wiederentdeckt wor-*

den. Die Beweise liegen für jeden, der sich dafür interessiert, auf der Hand. Nach vielen Jahren des Quellenstudiums bin ich davon überzeugt, daß sich Huna tatsächlich von Polynesien ausgehend ausgebreitet hat.

Max Long, der Entdecker des Huna-Codes

Der Mann, der die Sprache des Huna für den Westen entschlüsselt hat, war Max Freedom Long, Student der Psychologie, einstiges Mitglied der Theosophischen Gesellschaft und lange Jahre als Lehrer auf Hawaii tätig. Bereits zu Beginn seines Aufenthaltes auf Hawaii war Long von der Macht der Kahunas, der polynesischen Medizinmänner und Schamanen, fasziniert. Sie verfügten über Methoden, Menschen zu heilen und ihre Umwelt zu beherrschen. Diese Methoden funktionierten tatsächlich, aber sie wurden keinem Nicht-Kahuna enthüllt. Long lebte viele Jahre auf den Inseln und versuchte, das Geheimnis zu lüften. Er wurde zwar Zeuge vieler scheinbarer Wundertaten der Kahunas und profitierte sogar persönlich von einigen, war aber nicht in der Lage, das Geheimnis in Hawaii selbst zu lösen. Erst fünf Jahre nachdem er Hawaii verlassen hatte, wachte er mitten in der Nacht auf und hatte eine mögliche Antwort auf das Rätsel. Die Kahunas mußten über ein Mittel verfügen, ihre Volksweisheit an ihre Nachfahren zu übermitteln. Vielleicht lag das Geheimnis in ihrer Sprache.

Mit dieser Inspiration lag Long genau richtig, was er jedoch erst nach vielen Jahren harter Arbeit beweisen konnte. Er brachte die bekannten hawaiianischen Methoden der Magie und Psychotherapie, nach denen die Kahunas ihre Patienten behandelten, in Verbindung mit westlicher Psychologie, okkulter Volksweisheit und den ursprünglichen Bedeutungen (Wurzeln) bestimmter hawaiianischer Schlüsselbegriffe. Dadurch war er schließlich in der Lage, die Hauptelemente eines wissenschaftlich-psychologisch-religiösen Systems zu erkennen und zusammenzufügen. Er nannte dieses System *Huna* (das Geheimnis). Long gründete eine Organisation, die »Huna Research Associates«, die sich dem Studium dieses Systems widmete. Eine Reihe von Büchern erschien, die die Ergebnisse seiner Forschungen veröffentlichten. Am bedeutendsten war jedoch die Erkenntnis, daß Huna nicht nur eine logische und in sich schlüssige Erklärung der menschlichen Psychologie liefert, sondern daß die Anwendung dieses Systems greifbare Resultate hervorbringt. Darüber hinaus stellten die Prinzipien des Huna logische und schlüssige Grundlagen für das dar, was im allgemeinen unter dem Begriff Magie oder Parapsychologie zusammengefaßt wird. Übersinnliche Fähigkeiten wie Telepathie, Hellsehen und Psychokinese sind auf einmal nicht mehr länger die Domäne einiger weniger Menschen mit besonderen Begabungen. Sie können von jedem entwickelt werden, der bereit ist, Huna zu akzeptieren, zumindest als Arbeitshypothese.

Huna sollte zunächst grundsätzlich als Arbeitshypothese verstanden werden. Im Unterschied zu vielen mystischen Systemen, die bedingungsloses Vertrauen ohne Einblick in ihre Arbeitsweise voraussetzen, werden im Huna kritische Fragen ermuntert und als Weg zu einem ständig zunehmenden Verständnis angesehen. Huna ist ein offenes System ohne Dogmen und ohne Anspruch auf Vollständigkeit. Es ist nicht notwendig, an Huna zu *glauben*, man muß nur bereit sein, es zu versuchen. Genauso wie ein Wissenschaftler eine Hypothese aufstellt, bestimmte Prämissen also vorläufig akzeptiert, um eine Basis für seine Experimente zu haben, akzeptiert der Student des Huna vorläufig dessen Prinzipien und nimmt sie als Fakten hin, bevor er versucht, sie anzuwenden. Falls sich eine Hypothese als unzutreffend herausstellt und die Ergebnisse den Erwartungen nicht entsprechen, darf sie verworfen werden. Wenn jedoch die erwarteten Ergebnisse sich einstellen, wird der Vertrauensvorschuß zu Recht durch Überzeugung eingelöst. Wenn jedoch die Grundprinzipien nicht in allen Einzelheiten beachtet werden, gilt hier, genau wie beim wissenschaftlichen Experiment, daß die Verantwortung für das Scheitern dem Forschenden und nicht der Hypothese angelastet werden muß.

Weltweite Spuren

Im Verlauf seiner Nachforschungen sichtete Long die religiöse Weltliteratur, um mögliche Spuren von Huna zu finden, wobei er sich auf Werke konzentrierte, die geheime Lehren enthalten. Er übersetzte dazu bestimmte Passagen »zurück« ins Hawaiianische, untersuchte die Wurzeln der übertragenen Wörter und übersetzte das Ergebnis dann wieder ins Englische. Auf diese Weise machte er einige erstaunliche Entdeckungen, besonders hinsichtlich des Neuen Testamentes. Entweder Jesus selbst oder die frühesten christlichen Schreiber waren offensichtlich Eingeweihte des Huna oder besaßen auf irgendeine Weise genaues Wissen über die Lehren, die die Grundlage des Huna bilden. Immer wieder zeigte sich, daß die Prinzipien des Huna direkt in der äußeren Form der Lehren enthalten waren.

Es ist in diesem Zusammenhang wichtig festzustellen, daß Long nicht etwa eine persönliche Neuinterpretation der Bibel aufgrund persönlicher Offenbarungen lieferte. Ebensowenig wendete er ein beliebiges System verborgener Bedeutungen auf die Schriften an. Was er leistete, kann von jedem nachvollzogen werden, der ein gutes hawaiianisches Wörterbuch zur Hand hat und sich in der Symbolik des Huna auskennt. Falls jemand Zweifel hat, kann er den Prozeß persönlich wiederholen. Eine ausführlichere Darstellung des sprachlichen Codes finden Sie im Anhang dieses Buches.

Weitere deutliche Spuren von Huna – oder zumindest von einigen esoterischen Lehren, die praktisch damit identisch sind – wurden in ägyptischen, chinesischen und indischen

Schriften gefunden. Die Forschung steckt in dieser Hinsicht allerdings noch in den Kinderschuhen. Erst kürzlich wurden deutliche Hinweise darauf gefunden, daß die Geheimsprache des Huna in bestimmten griechischen Ortsnamen verwendet wurde, wodurch sich viele spannende Möglichkeiten für weitere Nachforschungen ergeben.

Ebenso wichtig wie die Spuren des sprachlichen Codes sind die Spuren der Ideen und Konzepte des Huna, die überall auf der Welt gefunden wurden. Diese Funde sind so umfangreich, daß man sich anfangs fragt, ob es nicht möglich ist, kurzerhand alles auf Huna zurückzuführen. Zwei wichtige Fakten sprechen allerdings dagegen: Erstens ist das System des Huna völlig unabhängig von anderen Zivilisationen, ein in sich geschlossenes System, logisch und umfassend, und zweitens sind andere Systeme im Vergleich zu Huna fragmentarisch, das heißt, sie enthalten nur einen Teil dessen, was Huna lehrt, und das häufig in verfälschter Form. Wenn man Huna studiert, ist man immer wieder aufs neue erstaunt darüber, wie sich Ideen, denen man schon früher begegnet war, verbinden und einen Sinn und eine Konsistenz bekommen, die sie vorher nie hatten.

Huna – ein offenes System

Huna hat nichts Ausschließliches. Es schreibt nicht vor, alle anderen Glaubensrichtungen, Bekenntnisse und Denkweisen zu verleugnen, bevor man es akzeptieren kann. Ein Mensch kann Huna-Buddhist oder Huna-Katholik, Huna-Protestant, Huna-Wissenschaftler, Huna-Psychologe oder sonst etwas sein, solange er Huna in seinem eigenen System anerkennt und es praktiziert. Auf der anderen Seite ist es ebensogut möglich, einfach Huna zu praktizieren, ohne religiösen Hintergrund. Auch in anderer Hinsicht ist Huna außerordentlich integrativ. Im Huna wird respektiert, daß zu jedem Ziel eine

Vielzahl von Wegen führt, gleich ob das Ziel spirituell, geistig oder materiell ist. Abgesehen davon, daß es eine grundlegende Arbeitshypothese ist, kommt es im Huna lediglich auf *Effektivität* an. Techniken, die in anderen Systemen eingesetzt werden, um etwas zu erreichen, sind im Huna ebenfalls vollkommen zulässig, solange sie funktionieren.

Wie schon erwähnt, erhebt das System des Huna keinerlei Anspruch auf Vollständigkeit. Es läßt unbegrenzten Raum zur Erweiterung von Ideen, Konzepten, Begriffen, Methoden, Erkenntnissen und Praktiken. Innerhalb eines unendlichen, multidimensionalen Universums kann nur ein geschlossenes System mit beschränktem Wissen und starren Dogmen es wagen, von sich zu behaupten, daß es die Gesamtheit allen Wissens beinhalte. Die Grundprinzipien des Huna sind von Tausenden von Menschen durch direkte Erfahrung entdeckt worden, aber die Möglichkeiten, diese Prinzipien in der Praxis zu verwirklichen, sind wahrhaft unbegrenzt.

Die Grundprinzipien

Der Kerngedanke der Huna-Philosophie besteht darin, daß jeder von uns seine eigene persönliche Erfahrung der Realität durch seinen Glauben, seine Interpretationen, Handlungen und Reaktionen sowie durch seine Gedanken und Gefühle selbst erzeugt. Dabei ist es nicht so, daß unsere Realität aufgrund dieser persönlichen Erwartungen für uns geschaffen würde; wir selbst sind vielmehr die Schöpfer unserer eigenen Welt und damit Mitschöpfer des gesamten Universums. Im Huna geht es darum, diesen Schöpfungsakt bewußt zu vollziehen. Diese Idee ist nichts für Huna Spezifisches. Es gibt sie in praktisch allen Religionen, die die Menschheit kennt. Sie ist jedoch meist nur in deren esoterischen Lehren enthalten und wird leider nur selten auf breiter Ebene gelehrt oder praktiziert.

Die heute übliche Trennung zwischen Religion und anderen Aspekten des Lebens ist eine willkürliche und falsche Kategorisierung. Im Huna gelten alle Systeme, Kategorien und Klassifizierungen als unsere eigenen Erfindungen. Es ist möglich, alles auf andere Weise einzuordnen. Das heißt nicht, daß es grundsätzlich verkehrt ist, Klassifizierungen vorzunehmen, sie müssen jedoch einem nützlichen Zweck dienen. Huna ermahnt uns, niemals zu vergessen, daß wir selbst entscheiden, wie wir was einordnen, und daß allen Systemen eine essentielle Einheit zugrundeliegt.

Diese essentielle Einheit ist das, was wir Gott nennen. Darunter versteht jedoch nicht jeder dasselbe . Im Huna sind Gott und das Universum (also alles, was ist, war oder sein wird) ein und dasselbe. Die Stifter sämtlicher Weltreligionen stimmen in diesem Punkt überein, nur ihre Anhänger verzetteln sich in Klassifizierungen und Unterscheidungen. Der Name für diese ewige, unendliche Präsenz im Hawaiianischen ist *Kumulipo*, was normalerweise mit »Quelle des Lebens« übersetzt wird, aber auch »großes Mysterium« heißen kann. Wichtig ist dabei, daß jede der Silben dieses Namens die Nebenbedeutung »Einheit« hat, was darauf hinweist, daß eine Einheit mit diesem Mysterium möglich und erstrebenswert ist. Es ist kein Zufall, daß die beiden Silben von Huna (Geheimnis), ebenfalls »Einheit« bedeuten können.

Verschiedene Huna-Lehrer stellen möglicherweise die Prinzipien des Huna auf verschiedene Weise dar. Die folgende Zusammenfassung beschreibt die Prinzipien so, wie sie von der Internationalen Huna-Gesellschaft *(Order of Huna International)* gelehrt und praktiziert werden:

1. Die Welt ist so, wie du glaubst, daß sie ist.

Dies ist das Grundprinzip des Huna. Es bedeutet, daß wir unsere persönliche Realitätserfahrung selbst gestalten – durch unseren Glauben, unsere Erwartungen, Einstellungen, Wünsche, Ängste, Urteile, Gefühle, sowie unsere sinnvollen oder sinnlosen Gedanken und Handlungen. Dieses Prinzip beinhaltet gleichzeitig die Vorstellung, daß wir die Welt verändern können, indem wir unser Denken verändern.

2. Es gibt keine Grenzen.

Zwischen uns und unserem Körper, zwischen uns und anderen, zwischen uns und der Welt, zwischen uns und Gott gibt es keine wirkliche Grenze. Alle Unterschiede, die in irgendwelchen Diskussionen gemacht werden, sind funktional und sachdienlich. Trennungen sind lediglich nützliche Illusionen. Dieses Prinzip bedeutet gleichzeitig, daß es ein unbegrenztes Potential für den schöpferischen Geist gibt. In der einen oder anderen Form können wir alles, was wir uns vorstellen können, auch verwirklichen.

3. Die Energie fließt dahin, wohin die Aufmerksamkeit geht.

Die Gedanken und Gefühle, die wir – bewußt oder unbewußt – in uns bewegen, legen den Keim, aus dem eine Erfahrungswelt erwächst, die eben diesen Gedanken und Gefühlen am ehesten entspricht. Gelenkte Aufmerksamkeit ist der Kanal für den Fluß der biologischen wie der kosmischen Energie.

4. Jetzt ist der Moment der Macht.

Wir sind weder durch irgendwelche Erfahrungen aus der Vergangenheit gebunden, noch durch irgendeine Vorstellung von der Zukunft. Wir haben die Macht, die Beschränkungen unserer Überzeugungen in der Gegenwart zu überwinden und bewußt an einer Zukunft unserer Wahl zu bauen. Indem wir unsere Überzeugungen ändern, verändern wir unsere Erlebniswelt. Es gibt keine wirkliche Macht in der Welt außerhalb unserer selbst, denn Gott ist in jedem von uns. Das Maß unserer Freiheit wird durch diese Erkenntnis und das entsprechende Handeln bestimmt.

5. Lieben heißt glücklich damit sein.

Das Universum existiert aus Liebe in seinen beiden Aspekten des Seins und des Werdens. Menschen existieren aus Liebe, selbst wenn sie es manchmal nicht wahrhaben wollen. Wenn sie sich zur Liebe bekennen, sind sie glücklich, so wie sie sind, und glücklich darüber, auf diesem Weg noch weiter fortschreiten zu können. Im Huna ist es die Liebe, die dafür sorgt, daß im Leben Glück einkehrt. Liebe ist nicht bloß eine Nebenwirkung. Alles funktioniert besser, *ist* besser, wenn man diesem Prinzip bewußt folgt. Aus praktischen Gründen ist die Liebe die einzige Ethik, die man im Huna noch braucht.

6. Alle Macht kommt von innen.

Wie erwähnt, gibt es keine Macht von außerhalb, denn die Macht Gottes oder des Universums wirkt in jedem von uns. Wir sind der aktive Kanal für diese Macht. Wo wir hingehen und was wir entscheiden, bestimmt, wohin diese Macht sich richtet. Kein anderer kann Macht über uns ausüben, wenn wir es ihm oder ihr nicht gestatten.

7. Effektivität ist das Maß der Wahrheit.

In einem unendlichen Universum, wie es im Huna vorausgesetzt wird, kann es keine absolute Wahrheit geben. Statt dessen muß es eine effektive Wahrheit auf jeder individuellen Bewußtseinsebene geben. Dieses Prinzip ist rein praktischer Natur, denn es erlaubt, Informationen auf die zweckmäßigste Weise zu ordnen und entsprechend zu handeln, damit angebliche »Fakten« der Effektivität nicht den Weg versperren. Jede Organisation und jedes Wissenssystem wird praktisch, nicht faktisch, gesehen, denn eine andere Organisationsform desselben Wissens kann ebenso gültig sein – für andere Zwecke. Ebensogut könnte man sagen, daß alle Systeme beliebig sind. Machen Sie also Gebrauch von dem, was funktioniert.

Alle Methoden, die im Huna Anwendung finden, werden aus diesen Prinzipien abgeleitet. Dadurch, daß im Huna nicht die Methoden sondern die Prinzipien im Vordergrund stehen, ist dieses System besonders nützlich für die persönliche Entwicklung, denn wir können die jeweils einfachsten und effektivsten Methoden selbst für uns aussuchen. Wer die Prinzipien kennt, kann die Natur aller Methoden durchschauen und sich seine eigenen schaffen.

Nun liegt Ihre persönliche Entwicklung in Ihren eigenen Händen, und dieses Buch kann Sie auf dem Weg begleiten. Wenn Sie seinen Rat annehmen und mit den hier vorgestellten Gedanken arbeiten und leben, sollten Sie die Essenz der Huna-Philosophie im Auge behalten, die aus einigen bestechend einfachen Leitgedanken besteht:

Segne die Gegenwart.
Vertraue auf dich selbst.
Erwarte das Beste.

Wenn Sie die Kraft hinter diesen einfachen Worten verstehen und erleben, wird es Ihnen immer mehr gelingen, Ihr eigenes Glück zu gestalten und Ihr Schicksal zu lenken.

Warum erst jetzt?

Ebenso könnte man fragen: Warum fangen die Kahunas jetzt an, die Geheimnisse des Huna zu verbreiten? Seit ein paar Jahren ist es in Mode gekommen, auf eine solche Frage mit Erklärungen zu antworten wie, ein »Schleier« habe sich in den Köpfen der Menschen gelüftet, und aufgrund einer göttlichen Fügung seien sie nun in der Lage, die Wahrheiten zu begreifen, oder das »New Age« sei angebrochen und der Mensch habe sich schließlich auf eine ihm angemessene Ebene entwickelt, auf der er für neue Einflüsse offen sei.

Die Fakten sind jedoch weit weniger prosaisch. Die Gefahr, für abweichende Ansichten verfolgt zu werden, ist heutzutage sehr gering, zumindest in den Ländern der westlichen Welt. Wissenschaft und Technologie haben den Menschen nicht das Glück gebracht, das sie versprochen haben. Die organisierte Religion ist dabei, zusammenzubrechen, und die Menschen sehnen sich nach einer sinnvolleren und direkteren Beziehung zu Gott. Die Lehren eines »Neuen Denkens« machen seit ein paar Jahren die Runde und haben geistiges Neuland erschlossen. Das *Human Potential Movement* hat vielen Menschen die Augen für Dinge geöffnet, die sie niemals auch nur geahnt hätten. Man könnte diese Liste fast beliebig fortführen. Die Tatsachen sind zwar vielfältig, aber doch einfach. Ein stetiger und tiefgreifender kultureller Wandel findet statt, eine Öffnung für ein tieferes Verständnis unserer verborgenen Möglichkeiten.

In dieser Situation erscheint nun Huna – eine Lehre, die so alt ist wie die ältesten dem Menschen bekannten Wahrheiten und doch so neu wie die jüngsten Theorien der Quantenphysik. Sie können Huna zu dem Besten, was Sie bereits wissen, hinzufügen oder das, was Sie wissen, dem Huna hinzufügen. Auf jeden Fall ist es höchste Zeit, daß die Menschen merken, wozu sie imstande sind.

Kapitel 1

Unsere drei inneren Wesen

Jeder von uns ist einzigartig. Jeder sieht die Welt ein wenig anders als alle anderen, und es gibt keine zwei Menschen, die in ihrem Leben genau dieselben Talente und Fähigkeiten zum Ausdruck bringen. Trotz aller Differenzen haben wir jedoch eines gemeinsam: Wir alle haben das Bedürfnis, uns selbst und die Welt, in der wir leben, zu meistern. Dieses Bedürfnis hat viele Namen und äußert sich in vielen Erscheinungsformen, aber es ist in jedem Menschen gegenwärtig. Die heutzutage vorherrschende Methode, das Leben zu meistern, ist Kontrolle durch Gewalt – Gewalt an Gefühlen, an Menschen, an Situationen und an der Umwelt. Es liegt auf der Hand, daß diese Einstellung nicht weit führen kann. Es gibt jedoch eine praktikable Alternative, eine Philosophie, die besagt, daß wir die Schöpfer unserer eigenen Realität sind, daß wir die Macht haben, sie zu verändern, und daß wir diesen Veränderungsprozeß in Gang setzen können, indem wir – auf liebevolle Weise – unser inneres Wesen meistern.

Die Philosophie des Huna gliedert das menschliche Wesen in drei Teile: einen unterbewußten, einen bewußten und einen überbewußten. Diese drei sind verschiedene Aspekte eines Ganzen, sie haben ihre eigenen Funktionen und müssen zusammen als ein Team arbeiten, damit der Mensch ein gesundes, glückliches und erfülltes Leben führen kann. Wenn aus irgendeinem Grund ein Konflikt zwischen diesen Teilen entsteht oder die Ordnung gestört wird, kann das körperliche und geistige Krankheiten sowie Störungen der sozialen Beziehungen zur Folgen haben.

Die heutige Psychologie akzeptiert überwiegend die Begriffe Bewußtsein und Unterbewußtsein, nur wenige gehen jedoch so weit, mit dem Konzept des Überbewußtseins zu arbeiten. Im Huna verstehen wir unter dem Überbewußtsein nicht Gott im Sinne eines allerhöchsten Wesens, sondern eher einen Gott *in* uns, das Christuswesen oder die Buddhanatur jedes einzelnen. Man kann es sich auch als eine Art Schutzengel vorstellen. Die frühen Kahunas glaubten an ein höchstes Wesen – *Kumulipo* –, das sich schön mit den höchsten westlichen Gottesbegriffen vergleichen läßt. Aufgrund ihrer außerordentlich praktischen Einstellung dem Leben gegenüber spürten sie jedoch, daß dieses Wesen so weit jenseits aller gewöhnlichen Erfahrungen war, daß jedes Spekulieren über seine Natur reine Zeitverschwendung wäre.

Neben den drei Formen des Bewußtseins – und natürlich dem physischen Leib – besitzt jeder Mensch zwei weitere Komponenten: einen *Aka*-Körper und *Mana*. *Aka* ist ein hawaiianischer Begriff, der in etwa mit dem deutschen *astral* oder *ätherisch* gleichzusetzen ist. *Plasma* könnte ein weiteres Äquivalent sein. Es ist der Stoff, aus dem das physikalische Universum besteht. Ein anderer Begriff dafür ist »Universalsubstanz«. Ein *Aka*-Körper ist ein quasi-physikalisches Feld, das den physischen Körper umgibt und durchdringt. Wir werden später darauf zurückkommen. *Mana* ist die Kraft oder Energie, die dem Leben, den Gedanken und solchen Praktiken zugrundeliegt, die man mangels Verständnis als »magisch« bezeichnet.

Eine Analogie

Da diese Erklärungen sehr abstrakt sind, will ich sie mit Hilfe einer Analogie auf eine etwas konkretere Ebene bringen, obwohl natürlich klar ist, daß Analogien niemals vollkommen sein können.

Wir haben noch alle die Fernsehbilder der ersten Astronauten auf dem Mond in Erinnerung. Versuchen Sie einmal, sich das Bild eines Astronauten in seinem unförmigen Raumanzug ins Gedächtnis zu rufen. In der Sichtweise des Huna können wir diesen Raumanzug mit dem physischen Körper vergleichen. Von außen betrachtet, scheint er ein Eigenleben zu entfalten, aber alle Aktivität und planvolle Bewegung hört sofort auf, sobald der Mensch, der in dem Anzug steckt, ihn verläßt und an den Nagel hängt. Ohne den Menschen darin ist der Raumanzug völlig reglos und tot. Der physische Körper des Astronauten kann in diesem Zusammenhang mit dem Unterbewußtsein verglichen werden. Das Unterbewußtsein bewegt die Arme und Beine des Körpers (oder des Raumanzuges) auf eine mehr oder weniger automatische Weise. Der Verstand des Astronauten spielt hier dieselbe Rolle wie das Bewußtsein im Huna: Er gibt dem gesamten physischen Körper Richtung und Sinn.

Aka ist so etwas wie die Luft, die den Raumanzug füllt und ihn umgibt. (Vielleicht erinnern Sie sich an Bilder, auf denen die Astronauten von einem strahlenden Leuchten umgeben waren, das aussah wie eine Aura.) Der Versorgungstornister auf dem Rücken des Raumanzuges liefert die Energie *(Mana)*, die sowohl den Anzug antreibt als auch die Energie für die beiden inneren Wesensbestandteile (Bewußtsein und Unterbewußtsein) liefert. Die Bodenkontrollstation gibt – analog zum Überbewußtsein – Rat und Unterstützung und stellt ihr gesammeltes Wissen zur Verfügung. Sie mischt sich jedoch niemals von selbst ein, es sei denn, es wird ausdrücklich darum gebeten, oder die gesamte Mission ist gefährdet.

Die Sieben Elemente des Menschen

Ein Kahuna hat eine Vielzahl von Möglichkeiten, den Menschen zu beschreiben.

Ich möchte hier einmal die Form der sieben Elemente wählen, von denen wir sechs bereits erwähnt haben.

1. *Das Unterbewußtsein.* In der Sprache Max Freedom Longs wird es auch oft das »niedere Selbst« genannt, was jedoch keineswegs geringschätzig gemeint ist. Im Huna ist der entsprechende Begriff dafür *Ku* oder manchmal auch *Unihipili.*
2. *Das Bewußtsein.* »Mittleres Selbst« ist der von Long benutzte Begriff, aber ebenso wie »Niederes Selbst« kann das leicht mißverstanden werden. Im Huna heißt es *Lono* oder *Uhane.*
3. *Das Überbewußtsein.* »Höheres Selbst« ist der Longsche Begriff, eine in vielfacher Hinsicht zutreffende Bezeichnung. Die drei Elemente des menschlichen Wesens jedoch »Niederes«, »Mittleres« und »Höheres Selbst« zu nennen, kann problematisch für das Verständnis sein, denn diese Begriffe haben sehr viele verschiedene Nebenbedeutungen. Auch die übliche Verbindung des Unterbewußtseins mit dem Körper, des Bewußtseins mit dem Verstand und des Überbewußtseins mit einem spirituellen Wesen oder einer Essenz, die weit über unseren Köpfen schwebt, ist weder physiologisch noch durch die Huna-Philosophie zu rechtfertigen. Das Überbewußtsein wird im Huna *Aumakua*, *Kumupa'a* oder *'ao'ao* genannt.
4. *Die Seele.* Der Einfachheit und Praktikabilität halber wird die Seele nicht oft beschrieben, denn sie hat keine Funktion, und man kann ihr nichts beibringen. Sie ist einfach da. Sie ist die Essenz unseres Wesens, unsere persönliche Identität, das Bewußtsein unseres Bewußtseins. Der Begriff im Huna ist *Iho.*
5. Der *Aka*-Körper des Menschen.
6. Das *Mana* des Menschen.
7. Der physische Leib oder *Kino.*

Das Unterbewußtsein

Die Wurzeln des Wortes *Ku* werfen ein interessantes Licht auf das Unterbewußtsein oder das Niedere Selbst, wie es von den Kahunas gesehen wird. Aus den sprachlichen Wurzeln wird unter anderem deutlich, daß ein Selbst Dinge (wie Gewohnheiten) hervorrufen oder einrichten kann, die sich dann verselbständigen und zu etwas anderem werden, als ursprünglich geplant war. Das Selbst kann verschiedene Zustände durchlaufen und fühlt sich am wohlsten, wenn es alles unter Kontrolle hat. Es reagiert spontan, ohne Rücksicht auf andere, kann positive oder negative Komplexe haben und strebt nach Frieden, Freiheit und Entspannung. Die Wurzelbedeutungen von *Unihipili* sind sehr ähnlich und umfassen die Vorstellung vom gehorsamen Dienen, von geheimen oder verborgenen Handlungen und von starken Bindungen an Menschen, Orte und bestimmte Handlungsweisen. Wir haben hier in der hawaiianischen Sprache ein ausgezeichnetes Bild des Unterbewußtseins, das sich völlig mit dem Verständnis der westlichen modernen Psychologie deckt. Wir gehen darauf in den beiden nächsten Kapiteln noch ausführlicher ein.

Das Unterbewußtsein denkt so logisch wie ein Computer. Es zieht aus einer gegebenen Voraussetzung oder Erfahrung seine Schlüsse. Entgegen der verbreiteten Auffassung ist das Unterbewußtsein niemals unlogisch, irrational oder unvernünftig. Alles, was es tut, entspricht einer strengen Logik. Oft sind wir uns jedoch nicht der Voraussetzungen bewußt, von denen es ausgeht, wenn es einen Schluß zieht oder eine Handlung unternimmt. Das Unterbewußtsein denkt sowohl deduktiv (es nimmt eine allgemeine Annahme oder ein Prinzip und wendet es auf spezifische Situationen an) als auch induktiv (es kann eine spezifische Erfahrung nehmen und daraus ein allgemeines Prinzip oder eine Überzeugung ableiten). Ein Beispiel für deduktives Denken kann die in der

Kindheit von den Eltern übernommene Überzeugung sein, daß Sex etwas Schlechtes ist. Solange diese Überzeugung nicht verändert wird, wird das Unterbewußtsein in jeder spezifisch sexuellen Situation für den Rest des Lebens entsprechend handeln. Ein anderes Beispiel kann eine Frau sein, die mit dem ersten Mann in ihrem Leben eine schlechte Erfahrung gemacht hat, und die von da an so handelt, als seien alle Männer verdorben und schlecht.

Gedächtnis ist eine Funktion des Unterbewußtseins, es ist sogar seine einzige Funktion, denn alle anderen Funktionen des Unterbewußtseins leiten sich aus seinem Gedächtnis ab. Wenn wir uns bewußt entschließen, uns an etwas zu erinnern, sind wir auf die Zusammenarbeit mit unserem Unterbewußtsein angewiesen. Verweigert es aus irgendeinem Grund seine Zusammenarbeit, machen wir die nicht unübliche Erfahrung, daß uns partout nicht einfallen will, was wir so sicher zu wissen vermeinten.

Das Unterbewußtsein steht in ständiger Kommunikation mit dem Bewußtsein, aber unsere Gesellschaft legt keinen hohen Wert auf diese Art der Kommunikation, und die meisten Menschen können aus dieser wertvollen Quelle keinen Nutzen ziehen. Das Unterbewußtsein »spricht« durch Träume, Tagträume, Gefühle, körperliche Empfindungen und gelegentlich durch einen »freudschen« Versprecher.

Das Bewußtsein

Das hawaiianische Wort für das bewußte oder »mittlere Selbst«, *Lono,* enthält Bedeutungen von Gewahrsein, Kommunikation, Sehnsucht, Gedanken und Leistung. *Uhane* enthält gleichermaßen den Gedanken an einen lebensspendenden Geist, an eine Richtung und einen Sinn. Eine der wichtigsten Funktionen des Bewußtseins besteht darin, dem Unterbewußtsein die Richtung zu zeigen. Es ist erstaunlich, wie viele

Menschen meinen, von ihrem Unterbewußtsein Befehle entgegennehmen zu müssen. Ein Gefühl steigt auf oder eine Empfindung tritt ein, und sie glauben gleich, unbedingt darauf reagieren zu müssen. In Wirklichkeit gibt jedoch das Unterbewußtsein lediglich ein Signal und wartet darauf, geführt zu werden. Wenn dann keine richtunggebenden Impulse vom Bewußtsein ausgehen, wird das Unterbewußtsein seinen Angewohnheiten entsprechend handeln oder sich der Weisung eines anderen Menschen anschließen. Das Bewußtsein ist dazu bestimmt, zu führen, aber nur selten erfüllt es seine Bestimmung. Eine wichtige Aufgabe des Huna besteht darin, diese natürliche Ordnung wiederherzustellen.

Das Bewußtsein kommuniziert durch Sprache, Schrift oder Bilder, durch körperliche Handlungen, Dramatisierung und Gedanken. Es besitzt dieselbe Denkkapazität wie das Unterbewußtsein, kann aber zusätzlich mit Hilfe seiner gedanklichen Kreativität die reine Vernunft »überspringen«. Das vielleicht größte Talent des Bewußtseins besteht darin, daß es sich etwas vorstellen kann, was es gar nicht gibt. Das Unterbewußtsein kann sich lediglich vorstellen, was einmal war und was ist. Es kann neue Kombinationen aus alten Erfahrungen herstellen. Das Bewußtsein kann jedoch völlig neue Gedanken und Erlebnisse erschaffen.

Das Überbewußtsein

Das Überbewußtsein oder Höhere Selbst hat ein doppeltes Wesen, es ist auf eine besondere Weise zugleich männlich und weiblich. Das Wort *Aumakua* hat die Bedeutung »elterlicher Geist«, »Wächter«. Das *Aumakua* kann auch als »Quelle des Selbst« bezeichnet werden, denn es ist die Quelle des Lebens, des Sinnes und des Ausdrucks eines jeden einzelnen Menschen. Es ist der jedem Menschen innewohnende Gott. Gott ist für die Kahunas kein Geist, der irgendwo in den Himmeln schwebt, sondern eine Wesenheit, die jedem von uns innewohnt. Sie gibt Rat und Führung, Information und Inspiration, aber keine Befehle. Es ist traurig zu beobachten, wie jemand darauf wartet, daß sein höheres Selbst sagt, was er tun soll, denn das wird nie geschehen. Jeder muß schon selbst entscheiden, was er tun oder lassen soll. Das Überbewußtsein stellt jedoch eine Fülle von Ideen, Wissen und Energie bereit, um es dann zu tun. Huna bietet zahlreiche Möglichkeiten, diesen inspirierten Kontakt auszubauen.

Das Überbewußtsein kommuniziert durch dieselben Kanäle, die von Bewußtsein und Unterbewußtsein genutzt werden, und zusätzlich durch direkte Inspiration. Wenn Inspiration aktiv wird, weiß man plötzlich etwas, und dieses Wissen ist von einem tiefen Gefühl des Friedens oder einer stillen Erregung begleitet.

Die Seele

Die einzig brauchbare Information über die Seele ist, daß sie sich ausdehnen und zusammenziehen, in Raum und Zeit ihren Ort wechseln und unter Umständen sogar vieldimensional sein kann. *Iho* heißt »Kern, Herz, Mitte, Selbst«, »etwas Größeres«, »weggehen« oder »ankommen, eintreten, untereinander heiraten«, »Freude« und »Glück, schnelles Wachstum«.

Das lateinische *ego* bezeichnet das Ich. Dieser Begriff ist jedoch mittlerweile durch eine Mischung spezieller Bedeutungen aus verschiedenen Quellen besetzt. Freud benutzte den Begriff des Ich in der Psychoanalyse, um den Teil des menschlichen Geistes zu bezeichnen, der den Konflikt zwischen dem Impulsgeber, den er das »Es« (lat.: *id*) nannte, und der Umwelt sowie einer Art Gewissen, das er das »Über-Ich« nannte, regelt. Weiterhin wurde der Begriff des Ich in vielen Religionen und Philosophien – besonders solchen, die davon ausgehen, daß der Mensch von Natur aus sündig oder schlecht ist – gebraucht, um etwas zu bezeichnen, das im Gegensatz zu anderen steht. Oft plädieren sie dafür, das *ego* herabzusetzen oder gar zu zerstören. Das Ergebnis ist, daß viele Menschen sich und ihre natürlichen Bedürfnisse und Wünsche am Ende nur noch hassen.

Auf die Frage, was Huna über das Ich lehrt, muß man immer zuerst einmal herausfinden, was der Fragende damit eigentlich meint. Wenn er den Freudschen Begriff meint, dann muß man sagen, daß dieses Konzept im Huna nicht einmal verwendet wird. Freud hat ein System entwickelt, das sich in vielfacher Hinsicht als nützlich erwiesen hat; mit Huna hat das allerdings nicht das Geringste zu tun. Wenn er sich auf das Selbst bezieht, dann muß man sagen, daß dessen Bedeutung im Huna keinesfalls unterschätzt wird. Im Gegenteil, man versucht, den Begriff so weit wie möglich auszudehnen, denn je mehr wir das Universum als unser Selbst begreifen, desto mehr Harmonie und Liebe können wir darin verbreiten. Konflikt entsteht immer aus dem Glauben an eine Trennung. Laßt uns die Trennung überwinden, nicht das Selbst.

Der Aka-Körper

Bei dem Versuch, Huna mit westlichen Naturwissenschaften und Psychologie in Verbindung zu bringen, wird es schwierig, wenn es um den *Aka*-Körper geht, denn die orthodoxen Wissenschaften und die klassische Psychologie akzeptieren ihn noch nicht. Um im westlichen Denken eine Entsprechung zu finden, müssen wir uns der Parapsychologie zuwenden sowie der Theorie des Ektoplasma, das von russischen Wissenschaftlern »Bioplasma« und von einigen amerikanischen Parapsychologen »Psi-Plasma« genannt wird. »Astraler« oder »ätherischer Körper« sind weitere metaphysische Ausdrücke für denselben Gegenstand.

Der *Aka*-Körper ist dem physischen Körper sehr nahe. Er ist jedoch noch dünner als Luft und durchdringt daher den physischen Körper und umgibt ihn wie eine Atmosphäre oder eine Aura. Für Menschen, die diesen Körper sehen können, ist er mehr oder weniger hell und glänzend und wechselt Form und Farbe mit jedem Gedanken und jedem Gefühl. Der *Aka*-Körper trägt den Bauplan für jede Zelle und jedes Organ des physischen Körpers in sich, damit Wachstum, Reparatur und Erhaltung reibungslos vonstatten gehen können. Der *Aka*-Körper ist so empfindlich für Gedanken, daß verzerrte Gedanken, die man über längere Zeit hat, schließlich sogar den physischen Körper beeinträchtigen können.

Eine Arbeitshypothese des Huna besteht darin, daß alle Gegenstände, mit denen wir durch einen unserer Sinne in Kontakt kommen, für immer durch einen »*Aka*-Faden« zwischen dem Gegenstand und unserem *Aka*-Körper mit uns verbunden sind. Eine weitere Theorie, die vielleicht ein wenig zeitgemäßer erscheint, schlägt ein allumfassendes Feld von *Aka* vor, innerhalb dessen sich Menschen, Gegenstände und Plätze nur durch ihre typische Schwingungsfrequenz unterscheiden. Indem man seinen Geist auf die richtige Frequenz einstimmt, kann man mit jedem Gegenstand im Universum in Kontakt treten. Unser Unterbewußtsein behält die Schwingung jedes Gegenstandes im Gedächtnis, mit dem wir durch unsere Sinne in Berührung kommen. Vom Standpunkt des Huna ist keine der beiden Theorien wahrer als die andere, denn Wahrheit ist, was für den einzelnen funktioniert.

Mana

Mana hat in der Kahuna-Lehre drei grundlegende Bedeutungen, was manchmal bei Lernenden etwas Verwirrung stiftet. Die elementarste Bedeutung ist »Macht«, sei es göttliche oder nicht-göttliche. Die beiden anderen Bedeutungen, die sich daraus ableiten, sind »Autorität/Vertrauen« und »Energie«.

»Macht« heißt »fähig sein«, was gleichermaßen für Fertigkeiten, Einstellungen und Arbeitsenergie gilt. In den Geschichtsbüchern ist verzeichnet, daß König Kamehameha, der die hawaiianischen Inseln vereinigte, über einen großen Vorrat an *Mana* verfügte. Manche meinen, das bedeute, durch diesen König sei eine Fülle göttlicher Energie geflossen. Es ist jedoch wahrscheinlicher, daß er als Herrscher über absolute Autorität verfügte, oder daß *Mana* sich auf sein unerschütterliches Selbstvertrauen bezog, das es ihm ermöglichte, seine Ziele zu verwirklichen.

Mana ist nicht nur Fähigkeit, nicht nur Selbstvertrauen und nicht nur Energie, sondern das Zusammenspiel aller drei. Wenn sie sich auf einen einzelnen der drei Begriffe beziehen wollten, hatten die Kahunas jeweils eine eigene Bezeichnung: Zuversicht *(Paulele, Hilina'i),* Autorität *(Kuleana, Hano),* Fertigkeiten *(Loea, Akamai)* und Energie *(Mahi, Uila). Mana* wurde gebraucht, wenn die Kombination gemeint war. Ein Kahuna gebraucht *Mana* zum Heilen, das heißt, er macht Gebrauch von gerichteter geistiger Energie, Zuversicht, Autorität und Geschicklichkeit. Das ist seine »Macht«. Ebenso verfügt jeder Mensch über ein gewisses Maß an *Mana,* das sich entsprechend den Umständen vergrößern oder verringern kann.

Mana wird oft mit Begriffen wie Ch'i, Prana, Orgon oder Od gleichgesetzt. Andere verweisen auf Lebenskraft, Bioenergie oder sogar Gefühlsenergie. Der richtigere Begriff im Huna dafür wäre jedoch *Ki,* das mit dem japanischen Wort vom Klang her identisch ist. Indem Sie lernen, *Mana* als Energie zu steigern und zu lenken, steigern Sie gleichzeitig Ihre Fähigkeit, Ihr Selbstvertrauen, Ihre Autorität und Ihre Macht allgemein.

Der physische Körper

Kino, der physische Körper, hat seine Wurzeln in einem Begriff, der soviel heißt wie »eine Gedankenform auf hoher Energiestufe«. Nach der Huna-Lehre ist der Körper ein materialisierter Gedanke des Höheren Selbst, der durch die erworbenen Einstellungen und Gewohnheiten des Bewußtseins und Unterbewußtseins geformt wird. Der Zustand Ihres Körpers, sein Aussehen und sein Gesundheitszustand, kann daher in hohem Maß beeinflußt werden, indem Sie Ihre Einstellungen und Gewohnheiten – beziehungsweise Ihre Selbstwahrnehmung und Ihr Verhalten – verändern. Ihr Körper reagiert sofort bis in alle Zellen auf jeden Gedanken und jedes Gefühl. Meistens geschieht das in Form von muskulären oder organischen Ver- oder Entspannungen. Indem Sie lernen, Ihre Gedanken und Gefühle zu meistern (das heißt zu lenken), können Sie einen enormen Einfluß auf Ihren Körper ausüben. Wenn Sie jedoch versuchen, sie zu unterdrücken, wird Ihr Körper sich sofort oder nach einer Weile melden und sich durch Schmerz und/oder Fehlfunktionen rächen.

Ihr physischer Körper, aber auch Ihre physische Umgebung, ist *Kino.* Das bedeutet, daß Ihre persönliche Welt, Ihre jeweilige Umgebung, so wie Sie sie erfahren, nicht nur von Ihnen wahrgenommen, sondern auch durch Sie geformt wird, besonders durch die Gedanken, Gefühle, Annahmen, Erwartungen, Ängste und Urteile, die Sie ihr gegenüber hegen. Eine der wichtigsten »geheimen« Fakten, die Sie im Huna über sich selbst in Erfahrung bringen können, ist Ihre Fähigkeit, Ihre persönliche Erfahrungswelt zu formen – und umzuformen.

Kapitel 2

Huna und die moderne Psychologie

Die Psychologie des Huna unterscheidet sich in vielfacher Hinsicht von westlichen Formen der Psychologie, mit denen wir im wesentlichen vertraut sind. Viel wichtiger als die Unterschiede sind jedoch die Übereinstimmungen, weil sie zeigen, daß unsere Erfahrungswelt im Grunde dieselbe ist. Der Vergleich zwischen Huna und den Vorstellungen verschiedener westlicher Verfechter psychologischer Theorien wird ein Licht auf das Niedere Selbst werfen und darauf, wie Sie es für Ihr Leben nutzbar machen können.

Huna und Freud

Der berühmteste westliche psychologische Theoretiker ist zweifellos Sigmund Freud. Er nahm – ähnlich wie die Kahunas – eine Teilung der menschlichen Psyche in drei Teile vor: das *Es*, das *Ich* und das *Über-Ich*. Diese Begriffe sind nicht gleichzusetzen mit der Dreiteilung der Kahunas, sie entsprechen ihr jedoch in mancher Hinsicht.

Das *Es* war Freuds Bezeichnung für einen Teil der Psyche, den er für animalisch, primitiv, von Leidenschaften beherrscht und von Reizen getrieben hielt, und in dem sich ein Reservoir von ungelösten und tief verborgenen Konflikten ansammelt. Das *Es* muß beherrscht werden, sonst wird es auf wilde Weise destruktiv. Der Kahuna-Begriff des *Ku* bezeichnet einen verborgenen Teil der Psyche, der ebenfalls ein Reservoir für ungelöste Konflikte sein kann. Er ist insofern animalisch, als er direkt in Verbindung mit den Funktionen des Körpers steht und dazu dient, seine Instinkte und Emotionen zu kanalisieren. Aus der Sicht der Kahunas muß das *Ku* jedoch nicht beherrscht, sondern lediglich gelehrt oder trainiert werden. Das *Ku* ist nicht nur das Reservoir für ungelöste Konflikte, sondern auch für alles Gelernte und alle Gewohnheiten, sowie für alle instinktiven Triebe, die mit Überleben, Wachstum und dem Streben nach Glück zu tun haben. Alle negativen Wirkungen, die vom *Ku* erzeugt werden, sind das Ergebnis erworbenen Verhaltens und angenommener Überzeugungen. Die negativen Wirkungen des *Id* hingegen stammen angeblich aus ihm selbst. Im Grunde stimmen Freud und die Kahunas darin überein, daß es einen verborgenen Teil der Psyche gibt, der unser Verhalten und unser Erleben erheblich beeinflußt. Freud jedoch hielt ihn für wesentlich schlecht, und die Kahunas halten ihn für wesentlich gut. Wir werden diesen Teil der Einfachheit halber das »Unterbewußte« nennen, obwohl weder Freud noch die Kahunas über diese Wortwahl sehr glücklich wären.

Freud und die Kahunas lokalisieren übereinstimmend die psychologischen Komplexe im Unterbewußten. Für beide ist ein negativer Komplex eine verworrene Masse nicht rationalisierter Denkmuster, die zu neurotischem Verhalten und/oder Krankheit führen können. Solche Komplexe können durch traumatische Erlebnisse oder durch die Bildung von Assoziationen in der frühen Kindheit zustande kommen. Manchmal sind wir geistig oder emotional nicht in der Lage, ein Trauma zu rationalisieren (das heißt, es einzuordnen und anzunehmen), wenn es eintritt, oder eine Assoziation, wenn sie gemacht wird. Die Denkmuster, die zu dieser Zeit erworben werden, können später, wenn wir mit einer Situation konfrontiert werden, die dem unterbewußten Gedankenmuster widerspricht, intensive Schuldgefühle verursachen. Sowohl im Huna als auch in der Freudschen Psychologie geht man davon aus, daß ein Komplex dem Bewußtsein völlig verborgen bleiben kann, wenn er nicht durch spezielle analytische

Methoden ans Licht gebracht wird. Für Freud sind diese Methoden das Wesentliche, im Huna werden sie lediglich als nützliches Beiwerk gesehen.

Die Methoden, die in der Psychoanalyse eingesetzt werden, sind den Methoden des Huna erstaunlich ähnlich. Träume, Erinnerungen und Kindheitserlebnisse werden als Mittel verwendet, um den Inhalt des Komplexes aufzudecken. Die Freudianer meinen, daß der Komplex sich allein dadurch auflöst, daß er bewußt gemacht wird. Eines der Hauptprobleme einer solchen Psychoanalyse ist, daß die Auflösung des Komplexes nicht immer stattfindet. Oft ist eine aktivere Phase erforderlich, in der der Komplex rückgängig gemacht und umgeformt wird. In dieser Hinsicht sind die Kahunas unübertrefflich. Genau wie Freud erkennen sie, daß Schuldgefühle die treibende Kraft hinter den meisten negativen Komplexen sind. Im Gegensatz zu Freud sind sie jedoch nicht der Auffassung, daß alle Schuldgefühle sexuell bedingt sind. Darüber hinaus verstehen sie die extrem wichtige Rolle, die Reue und Vergebung bei der Klärung und Auflösung eines Komplexes spielen. Das Unterbewußtsein ist für alle Arten von körperlichen Reizen äußerst empfänglich. Fasten, Reinigungsrituale und das Teilen des Besitzes mit Bedürftigen spielen eine große Rolle in der Psychotherapie der Kahunas.

Das Problem der Schuld wird von den Kahunas sehr praktisch gesehen. In der westlichen Gesellschaft hat sich durch den Einfluß des Christentums, so wie es von den meisten Kirchenlehrern und religiösen Leitfiguren interpretiert wurde, die Vorstellung durchgesetzt, daß man sowohl gegen Gott als auch gegen die Menschen sündigen kann. Für die Kahunas ist ein Sündigen gegen Gott genauso unvorstellbar wie das Sündigen eines Atomes gegen einen Menschen. Es geht nicht, selbst wenn man es wollte. Die einzige Art Sünde, die sie anerkennen, ist die absichtliche Verletzung eines anderen Wesens, sei es körperlich, geistig oder emotional. Der einzige, der eine Sünde vergeben kann, ist folglich derjenige, der verletzt worden ist. Auf jeden Fall werden die Kahunas zuerst dafür sorgen, daß jemand, der eine solche Sünde begangen hat, bei den Verletzten um Vergebung bittet. Wenn das aus irgendwelchen Gründen nicht möglich ist, wird man eine andere Möglichkeit suchen, die Schuld auf eine Weise zu vergeben, die für das Unterbewußtsein überzeugend ist. Diese Art von Selbst-Vergebung wird ebenfalls eingesetzt, wenn zwar Schuldgefühle da sind, aber niemand verletzt worden ist – ein gängiges westliches Problem.

Freud hielt das Ich für den bewußten, denkenden Teil der Psyche. Er stellte sich vor, daß sich das Ich ständig im Kampf mit den wilden und unbändigen Begierden des Es befindet und danach strebt, sie mit den Forderungen des Über-Ich in Einklang zu bringen. Die naturgegebene Kooperation von Bewußtsein und Unterbewußtsein wurde von Freud nicht erkannt, teilweise wohl deswegen, weil er Körper und Geist fast vollständig trennte. Die Kahunas lehren, daß das Unterbewußtsein die meisten körperlichen und einige geistige Funktionen kontrolliert und vom Bewußtsein wie ein kleines Kind behandelt werden sollte. Das Bewußtsein sollte das Unterbewußtsein dazu erziehen, in der Entwicklung der ganzen Person mit ihm zu kooperieren. Das ist in der Tat einer der Hauptgründe für die Existenz des Bewußtseins: Es muß als Lehrer oder Führer für das Unterbewußtsein handeln. Der erste Schritt besteht natürlich darin, die Existenz des Unterbewußtseins als einen Teil der Psyche mit einer bestimmten Funktion anzuerkennen.

Freuds Über-Ich hat nichts mit dem Höheren Selbst (*Aumakua*) des Huna zu tun. Vereinfacht gesagt, steht der Begriff des Über-Ich für das Gewissen, das uns sagt, ob unser Tun richtig oder falsch ist. Im Huna-System ist diese Funktion zwischen dem Bewußtsein und dem Unterbewußten aufgeteilt. Das Bewußtsein (*Lono*) kann denkend das Richtige vom Falschen trennen, aber das Unterbewußtsein (*Ku*) muß sich auf erlernte Gewohnheiten verlassen, gleich ob bei deren

Erwerb *Lono* eine Rolle gespielt hat oder nicht. Wenn also ein Kind immer wieder gesagt bekommt, daß Tanzen sündhaft ist, wird sein Unterbewußtsein diesen Gedanken als wahr speichern, weil das bewußte *Lono* zu der Zeit nicht in der Lage war, zu überlegen, ob das vielleicht gar nicht stimmt. Im erwachsenen Leben wird dann das Tanzen immer als etwas Falsches und Sündiges gesehen, es sei denn, das Bewußtsein ist in der Lage, sich die Erinnerung des frühzeitig Gelernten zu betrachten und sie im Lichte später erworbenen Wissens zu rationalisieren. In dieser Hinsicht kann das *Ku* als eine Art unbewußtes Gewissen funktionieren.

Der Begriff der Libido, der unter Freudianern und Nicht-Freudianern sehr umstritten ist, findet im Huna eine direkte Anwendung. Für Freud war die Libido eine seelisch-geistige Energie, jedoch ohne den okkulten Beigeschmack, den dieser Begriff heute hat. Sie steigt angeblich aus den sexuellen Begierden auf und ist die bewegende Kraft hinter den positiven, liebevollen Instinkten der Menschheit. Wenn die Kraft fehlgesteuert oder von ihren angestammten Funktionen abgehalten wird, degeneriert sie in Lust oder verfestigt sich und verbindet die Elemente des negativen Komplexes. Es ist unklar, ob für Freud die Libido jemals mehr als eine Arbeitshypothese war, aber im Huna wird das Äquivalent für Libido, *Mana*, als etwas sehr Reales gesehen. Wie die Libido kann *Mana* auf positive und negative Ziele gelenkt werden. Bei Freud bindet negative Libido die Elemente eines Komplexes, während im Huna Libido eher durch den Komplex blockiert wird. Wenn die Komplexe nicht zu stark sind, kann *Mana* immer noch in eingeschränktem Maße fließen.

Huna und Jung

Carl Gustav Jung führte die Begriffe »Persona« und »Anima/ Animus« ein, die sich weitgehend mit *Lono* beziehungsweise *Ku* im Huna decken. Die Persona als die äußere Maske einer Person ist leicht als das bewußte *Lono* wiederzuerkennen. Jung betrachtete seinen Ich-Begriff als teils bewußt und teils unbewußt. Auch das deckt sich mit *Lono* und *Ku*. Das Ich entspricht dem *Ku* insofern, als es die persönliche Erfahrung reflektiert. Es nimmt die Qualitäten des *Lono* an, wenn es ein Teil des Ausdrucks der Persönlichkeit ist. Emotionale Störungen wurden von Jung als eine Form von Disharmonie zwischen Persona, Ego und Anima oder Animus gesehen. (Das kollektive Unbewußte spielt dabei auch eine Rolle, wir wollen darauf an dieser Stelle aber nicht weiter eingehen.) Die Kahunas sehen emotionale Störungen als Disharmonie zwischen *Lono* und *Ku*, in dem der Ausdruck der Gefühle dem *Ku* überlassen wird. Bei Jung spielen gleichzeitig die Persönlichkeitstypen eine große Rolle. Wenn eine Person im Ausdruck ihres Typs zu extrem wird, kann man emotionale Probleme erwarten. Im Huna entspräche das der exzessiven Dominanz eines bestimmten Komplexes über die gesamte Person.

Jungs Konzept des kollektiven Unbewußten kommt dem Höheren Selbst oder Überbewußtsein im Huna sehr nahe, obgleich es bei ersterem eine starke Beimischung von *Ku*-Aktivität gibt. Jung machte bei seinen Forschungen die erstaunliche Entdeckung, daß emotional gestörte Menschen in sogenannten »zivilisierten« Gesellschaften häufig in ihren unbewußten oder halbbewußten Zuständen symbolische Darstellungen hervorbrachten, die den symbolischen Schöpfungen sogenannter »primitiver« Völker ähnelten. Das brachte ihn auf die Vorstellung von einem vererbbaren Gedächtnis und weiterhin zu einem kollektiven menschlichen Bewußtsein oder besser Unbewußten. In der Tat entspricht das kollektive Unbewußte nicht dem individuellen Höheren Selbst, *Aumakua*, der Kahunas, sondern eher dem, was sie die »Große Vereinigung der Höheren Wesen«, *P'oe Aumakua*, nennen. Jedes Höhere Selbst steht sozusagen mit jedem anderen Höheren Selbst in Verbindung, und für bestimmte Zwecke – und auf ausdrücklichen Wunsch – können sie zusammenwirken. Diese Vorstellung vom Höheren Selbst als etwas Aktivem geht über Jungs Begriff hinaus, die Ähnlichkeit ist jedoch groß genug, um signifikant zu sein. Die »Große Vereinigung« kann natürlich ebenfalls die Quelle einer gemeinschaftlichen Symbolwelt sein, beziehungsweise auf der individuellen Ebene als Inspiration und Orientierung dienen. Als Quelle für das kollektive Gedächtnis der Stammesvorfahren könnten die Kahunas Jungs Begriff teilweise annehmen, es gibt jedoch gleichzeitig den Faktor des Gedächtnisses des *Ku* zu bedenken. Das *Ku* enthält nicht nur die Erinnerung an dieses Leben, sondern auch an alle vorangegangenen Leben, denn die Kahunas glauben an Reinkarnation. Ein Teil des persönlichen Gedächtnisses kann also auch die Form eines kollektiven Stammesgedächtnisses annehmen.

Jungs Sicht der Libido kam der Vorstellung der Hunas von *Mana* näher als Freuds Libido-Begriff. Jung unterschied sich von Freud, indem er die Libido oder Lebenskraft als etwas Neutrales ansah und nichts spezifisch Geschlechtsbezogenes. Auch für die Kahunas ist sie neutral, sie kann zum Guten wie zum Schlechten dienen und bezieht sich auf die ganze Person. Jung ging jedoch niemals soweit, sie als eine reale, greifbare Kraft zu sehen, die bewußt eingesetzt werden kann.

Huna und Reich

Im Werk Wilhelm Reichs begegnen wir der Beschreibung einer Energie, die so frappant mit dem Begriff des *Mana* im Huna übereinstimmt, daß es fast seltsam erscheint. Leider ist die Arbeit dieses brillanten Wissenschaftlers und Philosophen weithin nicht so bekannt, wie sie es verdient hätte. Reich war anfänglich ein Schüler von Freud. Wie Jung und andere von Freuds Schülern war er jedoch gezwungen, sich aus grundsätzlichen Motiven von ihm zu trennen. Reich entwickelte unter anderem die Theorie und Struktur einer Charakteranalyse, die von vielen Psychoanalytikern heute praktiziert wird. Diese stand in engem Zusammenhang mit Freuds Libidobegriff, den Reich zu einer konsequenten Ausführung brachte.

Reich war weit davon entfernt, Libido lediglich als einen praktischen Begriff zu sehen. Er gelangte zu der Überzeugung, daß Libido eine konkrete Form von Energie ist, die nicht nur den Körper lebendig hält, sondern auch eine direkte Rolle in der Bildung von Komplexen spielt. In der Charakteranalyse stieß Reich auf eine Reihe von Muskelgruppierungen, die bei neurotischen Personen chronisch verspannt war. Wenn mit Hilfe von verschiedenen Massagetechniken die Muskelspannungen gelöst wurden, hatte die Person eine klärende (»kathartische«) emotionale Entspannungserfahrung, die unmittelbar mit den vorhandenen Komplexen zu tun hatte. Darüber hinaus berichteten die therapierten Personen über körperliche Empfindungen – ein »Strömen« oder »Fließen«, das sich durch den Körper bewegte. Im Huna erwartet man von gesunden Menschen, daß sie den Fluß des *Mana* in ihrem Körper spüren können. Dieser Fluß ist nicht nur für eine gute geistige und körperliche Gesundheit, sondern auch für den willentlichen Kontakt mit dem Höheren Selbst und das Teilhaben an seiner größeren Energie unerläßlich. Wenn man den Fluß spüren kann, heißt das, daß das *Ku* relativ frei von behindernden Komplexen ist. Reich entdeckte die körperlichen Voraussetzungen für dieses Phänomen und gelangte völlig unabhängig praktisch zu denselben Schlußfolgerungen.

Eine Besonderheit des *Mana* ist, daß man es nach freiem Willen aus dem Körper hinaus- und in einen Gegenstand hineinbewegen und diesen sozusagen »aufladen« kann. Die Kahunas haben früher angeblich ihre Wurfstäbe mit ihrem *Mana* aufgeladen. In einer kriegerischen Auseinandersetzung warfen sie diese Stäbe über die Köpfe ihrer eigenen Krieger, und wenn einer dieser Stäbe einen Feind berührte, fiel dieser durch die Entladung von *Mana* in Ohnmacht, selbst wenn der Stab ihn nur streifte. Es gibt Berichte von indianischen Medizinmännern und Meistern fernöstlicher Kampfsportarten, die einen Menschen mit der Berührung eines Fingers niederstrecken können. Wer mit der Arbeit Mesmers bekannt ist, wird sich vielleicht erinnern, daß der ebenfalls dazu in der Lage war.

Reich führte ein Experiment durch, in dem er diesen Effekt demonstrierte, jedoch mit weit weniger Gewaltanwendung. Er nahm einen Gummihandschuh und brachte ihn in die Nähe eines Elektroskops, eines Gerätes, mit dem man positive und negative elektrische Ladungen messen kann, um zu zeigen, daß es keine Reaktion gab. Dann hielt er den Handschuh für ein paar Minuten über den Solarplexus eines gesunden Menschen. Als er den Handschuh danach wieder in die Nähe des Elektroskopes brachte, gab es eine deutliche Reaktion. Etwas hatte sich offensichtlich von der Person auf den Gummihandschuh übertragen. Weitere Experimente von Reich bewiesen, daß es sich hierbei um eine unbekannte Form des Elektromagnetismus handelte. Er nannte diese Energie »Orgonenergie«. In diesem Zusammenhang ist es von außerordentlichem Interesse anzumerken, daß die Kahunas den Solarplexus für ein Zentrum der Bioenergie halten, das zur Erzeugung und Speicherung von *Mana* dient.

Huna und Berne

Eric Berne entwickelte eine Form der Psychotherapie, die er »Transaktionsanalyse« (TA) nannte. Sie setzt eine grundlegende Einheit der sozialen Interaktion als gegeben voraus, »Transaktion« genannt, die im Grunde nichts anderes ist als das Zusammenspiel von Reiz und Reaktion (Stimulus – Respons), das zwischen Menschen stattfindet, wenn sie sich miteinander beschäftigen. Die Beschaffenheit dieser Transaktion definiert die Qualität der zwischenmenschlichen (und wahrscheinlich auch individuellen) Verhältnisse und damit den Zustand des Individuums, seine Zufriedenheit und seine Leistungsfähigkeit. In der Transaktionsanalyse unterscheidet man drei verschiedene Zustände, in die ein Mensch geraten kann und die das Wesen seiner Transaktion bestimmen: *Eltern* (vorwiegend durch die unbewußten Aufzeichnungen der Transaktionen zwischen den Eltern eines Kindes geprägt), *Kind* (durch die Aufzeichnungen der Gefühle des Kindes und die Reaktionen auf das, was es sieht und hört, geprägt), und *Erwachsene* (durch die Aufzeichnungen unmittelbarer Erfahrungen einschließlich aller resultierenden Schlußfolgerungen geprägt). Im Verlauf des Umganges mit unseren Mitmenschen setzen wir eine von verschiedenen »Lebenshaltungen« (*life positions*) in Kraft, die normalerweise schon in früher Kindheit festgelegt werden, wie zum Beispiel »Ich bin nicht OK – du bist OK«. Wir handeln anderen gegenüber dann aus dieser Position heraus in einem der Zustände: Eltern, Kind oder Erwachsener. Eine wichtige These der Transaktionsanalyse besteht darin, daß Lebenshaltungen auf Entscheidungen beruhen und daß man durch gesteigertes Bewußtsein und Training seine Lebenshaltung zu einem »Ich bin OK – du bist OK« wandeln und aus einem zunehmend »erwachsenen« Zustand heraus handeln kann.

Die Vorstellung, daß das Unterbewußtsein alles aufzeichnet und daß diese Aufzeichnungen das Verhalten eines Menschen betreffen und sogar festlegen können, gilt natürlich auch im Huna. Dasselbe trifft für die Tatsache zu, daß Entscheidungen in *jedem* Alter getroffen oder widerrufen und durch neue, effektivere Entscheidungen ersetzt werden können. »Eltern«, »Kind« und »Erwachsener« sind psychologischen Komplexen vergleichbar, und die Kahunas würden zweifellos Bernes scharfsinnige, wenngleich etwas willkürliche Unterteilung in Verhaltensmuster würdigen. Dabei gestehen sie sich selbst ein gewisses Maß von Willkürlichkeit zu, denn alle Systeme sind nichts weiter als praktisch vereinfachende Umschreibungen der Wirklichkeit. Völlig vorbehaltlos können die Kahunas sicherlich der Ausrichtung der Transaktionsanalyse auf einen »Ich bin OK – du bist OK«-Zustand mit der Lebenshaltung eines »Erwachsenen« im Denken wie im Verhalten zustimmen.

Huna und Perls

Frederick Perls war der Begründer der Gestalttherapie, deren Zweck es ist, den Wachstums- und Entwicklungsprozeß des menschlichen Potentials (*human potential*) zu fördern. Das ist auch das Ziel des Huna. Vereinfacht gesagt, beschäftigen sich einige der Hauptelemente der Gestalttherapie mit dem Bewußtsein des *ganzen* Wesens einer Person – nicht nur seinem Geist oder seinem Körper oder seinem Bewußtsein –, indem sie der Person ein Feedback über die Reaktion ihres ganzen Wesens geben, im Hier und Jetzt bleiben und keine Urteile und Interpretationen vornehmen. All das deckt sich vollkommen mit der Philosophie des Huna. Es gibt viele geniale Methoden in der Gestalttherapie, aber Perls hat selbst betont, daß die Gestalttherapie nicht allein aus den eingesetzten Techniken besteht und es ein großer Irrtum wäre, die Therapie mit den verwendeten Methoden zu verwechseln. Die therapeutischen Praktiken, die in der Gestalttherapie eingesetzt werden, dienen dazu, Aufmerksamkeit und Bewußtsein zu integrieren, und jede Technik, die das leisten kann, ist im Zusammenhang mit der Gestalttherapie von Wert. Auch im Huna dienen die therapeutischen und entwicklungsfördernden Maßnahmen zur Steigerung des Bewußtseins. Fertigkeiten, innere Zufriedenheit sowie alle Techniken aus allen Systemen können dazu dienen – einschließlich solcher, die jeweils spontan erfunden werden. Eine weitere Übereinstimmung mit Huna ist Perls Bereitschaft, Theorien zu verändern, falls das notwendig und wünschenswert ist. Das entspricht genau dem Konzept des Huna: »Was nützt, das stimmt.«

Zusammenfassung

Die vorangegangenen Kapitel sind wohl kaum den westlichen Richtungen der Psychologie gerecht geworden, geschweige denn dem Huna. Wir konnten jedoch zumindest aufzeigen, daß es viele Gemeinsamkeiten zwischen ihnen gibt.

Mitten im Pazifischen Ozean wurde eine Gruppe von Menschen gefunden, die, über Hunderte von Jahren, abgeschnitten von allen anderen Zivilisationen, ein psychologisches System entwickelt hatte, das genauso weit entwickelt war wie alle modernen Richtungen der Psychologie. Dabei darf man nicht vergessen, daß der westliche Begriff vom Unterbewußtsein noch nicht einmal existierte, als die ersten Missionare auf den hawaiianischen Inseln auftauchten. Die westliche Wissenschaft der Psychologie ist noch immer sehr jung. Sie beschäftigt sich auch heute noch überwiegend mit geistigen Vorgängen, obwohl es hie und da schon Ansätze gibt, den Körper mit einzubeziehen. Was den spirituellen Teil des Menschen angeht, so ist die überwiegende Mehrheit der westlichen Psychologen noch nicht einmal bereit, ihn zu akzeptieren. Im Huna finden wir Körper, Geist und Seele in einer Verbindung innerhalb eines klaren, einheitlichen Systems. Da dieses System Tausende von Jahren Zeit hatte, sich zu entwickeln, scheint es mir durchaus lohnend, es einmal in aller Gründlichkeit zu untersuchen.

KAPITEL 3

Was genau geht eigentlich in unserem Unterbewußtsein vor?

Man sagt, daß das *Ku* oder *Unihipili* im Huna »ungefähr« dem Unterbewußtsein entspricht. Das »ungefähr« heißt dabei nichts anderes, als daß es in der Psychologie keinen Konsens darüber gibt, was genau eigentlich das mysteriöse Unterbewußtsein ist. Selbst unter Psychologen, die sich sehr eng mit der psychologischen Tradition des Abendlandes verbunden fühlen, herrscht in dieser Beziehung keine Einigkeit. Einige halten das Überbewußtsein für eine Realität, andere für eine Hilfskonstruktion, einen bequemen Bezugspunkt ohne reale Basis. Wieder andere psychologische Schulen halten das Unterbewußtsein für den Sitz sämtlicher höheren Kräfte im Menschen und verwechseln es auf ihre Weise mit etwas, das die meisten Menschen »Gott« nennen würden.

Im Huna gibt es ein solches Problem nicht. Das *Ku* ist ein Aspekt der Gesamtheit des menschlichen Wesens mit sehr spezifischen Funktionen. Aus praktischen Gründen verwenden wir oft den Begriff »Unterbewußtsein«, wenn wir das *Ku* beschreiben wollen, aber in vielfacher Hinsicht ist das *Ku* sogar noch bewußter als das Bewußtsein vieler Menschen. Ebenfalls aus praktischen Gründen betrachten wir das Unterbewußtsein als ein eigenständiges Wesen und gehen sogar so weit, daß wir ihm einen eigenen Namen geben. Dabei dürfen wir jedoch nie vergessen, daß das *Ku* lediglich durch seine Funktion getrennt ist, nicht in Wirklichkeit.

Weil dennoch viele Menschen überhaupt nicht wissen, wie ihre Psyche funktioniert, erscheint ihnen das *Ku* manchmal vollkommen fremd, bisweilen sogar feindlich.

Die Natur des Unterbewußtseins

Die Natur des *Ku* zeigt sich in den verborgenen Bedeutungen der verschiedenen synonymen Bezeichnungen aus dem Code des Huna, mit denen man das Unterbewußtsein im hawaiischen Raum benennt. Aus den ursprünglichen Bedeutungen dieser Begriffe kann man ablesen, daß der unbewußte Aspekt der menschlichen Psyche folgende Funktionen und Attribute hat:

1. Seine Hauptfunktion ist das Gedächtnis.
2. Es kontrolliert alle Bewegungsabläufe des physischen Körpers, wobei es sich diese Kontrolle teilweise mit dem Bewußtsein (*Lono*) teilt.
3. Es ist die Quelle aller Emotionen und Gefühle.
4. Es ist die Quelle aller geistigen und körperlichen Angewohnheiten und allen Verhaltens.
5. Es ist das Medium, mit dem das Bewußtsein Erlebnisse wahrnimmt und auf sie reagiert.
6. Es ist Empfänger und Sender aller übersinnlichen Phänomene.
7. Seine wesentliche Verhaltensmaßregel besteht darin, zu wachsen.
8. Es denkt logisch.
9. Es richtet sich nach Befehlen.

Wir wollen nun diese Funktionen und Attribute, von denen einige sich auf den ersten Blick überhaupt nicht mit unserem Unterbewußtsein zu decken scheinen, einmal näher untersuchen.

Gedächtnis

Die Gedächtnisfunktion des *Ku* ermöglicht es uns, Dinge so gründlich zu erlernen, daß wir sie wie im Schlaf beherrschen und nicht mehr darüber nachzudenken brauchen, außer vielleicht im Notfall. Sprechen, Laufen, Fahrrad- oder Autofahren sind Beispiele dafür. Bei all diesen Tätigkeiten findet ein mehr oder weniger automatischer Erinnerungsprozeß statt, ein Einprägen von Verhaltensmustern. Ein großer Teil unserer Gedächtnisinhalte befindet sich so dicht unter der Oberfläche des Bewußtseins, daß wir normalerweise keinen Zeitunterschied zwischen unserem Wunsch, uns an etwas zu erinnern, und seiner Erfüllung wahrnehmen können. Es gibt jedoch auch Fälle, in denen ein bestimmter Inhalt aus unerfindlichen Gründen so verschüttet bleibt, daß er scheinbar überhaupt nicht mehr auftaucht. Viele glauben noch immer, daß das Gedächtnis sich im physischen Gehirn befindet. Neuere Forschungen haben jedoch bewiesen, daß Gedächtnisinhalte sich an verschiedenen Stellen des Körpers niederschlagen und die eigentliche Aufzeichnung der Inhalte sich auf rein energetischer Ebene abspielt. Das entspricht genau der Huna-Lehre. In der Antike gebrauchte man die Analogie, daß Gedanken und Eindrücke in »Bündeln« aus astraler (*Aka*-) Materie festgehalten werden und auf diese Weise den Energie-Körper des Unterbewußtseins bilden. Eine moderne Analogie könnte man in einem Computer sehen, denn die mechanischen Teile des Rechners sind lediglich ein nützlicher Rahmen für das eigentliche Gedächtnis, das in magnetischen Feldern gespeichert ist. In der Computerterminologie spricht man von Informationen, die in »Bits« gespeichert sind. Einige »Bits« bilden ein »Byte«, einige »Bytes« ein »Wort« und einige »Wörter« eine »Wortgruppe«.

Bezüglich des persönlichen Gedächtnisses könnte man diese Analogie folgendermaßen anwenden: Nehmen Sie einmal an, Sie haben vorige Woche auf einer Party jemanden kennengelernt. Jedes körperliche Merkmal dieser Person wäre dann ein »Bit«, ein Informationselement. Als »Byte« angeordnet, würden mehrere Bits das gesamte physische Erscheinungsbild der Person darstellen. Ein weiteres Byte könnte sich aus allem, was die Person gesagt und wie sie sich Ihnen gegenüber verhalten hat, zusammensetzen. Der Gesamteindruck der Person wäre ein »Wort«, und die gesamte Party wäre in Ihrem Gedächtnis als Serie von »Wortgruppen« gespeichert. Unvergeßliche Eindrücke, die Sie vielleicht an jenem Abend gewonnen haben, Impressionen, die einen Großteil Ihrer bewußten Aufmerksamkeit auf sich gezogen haben, werden für einen beachtlichen Zeitraum, vielleicht sogar für den Rest Ihres Lebens, auf Abruf in Ihrem Gedächtnis bleiben. Die weniger wichtigen Eindrücke erhalten den Status »lieferbar«, und Eindrücke, die Ihnen überhaupt nicht aufgefallen sind, werden in einer allgemeinen Datei abgelegt. Wenn Sie sich an die Ereignisse des Abends erinnern wollen, wird Ihr Unterbewußtsein zuerst die Eindrücke »auf Abruf« hervorholen, dann die »lieferbaren« Inhalte, nach Wichtigkeit geordnet. Je länger Sie gedenken, sich mit einem Thema auseinanderzusetzen, desto mehr Informationen werden dann nach und nach ans Licht befördert. Ihr Unterbewußtsein denkt nämlich streng logisch.

Um Erinnerungen leicht hervorrufen zu können, sind zwei Dinge erforderlich: Der ursprüngliche Eindruck muß bewußte Aufmerksamkeit erhalten und an andere Eindrücke gebunden oder mit ihnen assoziiert sein. In Ihrem »menschlichen Biocomputer« gibt es eine Fülle von Informationen. Es ist für Ihr Unterbewußtsein natürlich viel leichter, ein ganzes »Wort« als ein einzelnes Bit zu finden. Daher ist es manchmal so schwer, sich an Namen zu erinnern, und daher tauchen sie manchmal urplötzlich aus dem Gedächtnis wieder auf, lange nachdem man danach gesucht hat. Sie waren bei ihrem ersten Erscheinen nicht mit der ausreichenden bewußten Aufmerksamkeit bedacht worden und daher nicht »auf Abruf«. Daß sie dann später doch noch auftauchen, bedeutet lediglich, daß das *Ku* eine Weile gebraucht hat, um sie zu finden. Natürlich können auch Spannungen oder Angst Ihr Energiefeld und damit die Funktion Ihres Gedächtnisses stören.

Der Körper

Alle Regelsysteme des Körpers (Nervensystem, Kreislauf, Muskeln, Energiehaushalt, Verdauung usw.) unterliegen der direkten Kontrolle des Unterbewußtseins. Der überwiegende Teil des Wissens, wie diese Systeme funktionieren, stammt aus Informationen und Befehlen, die in den Zellen gespeichert sind, wie etwa im DNS-Molekül. Einen großen Anteil haben jedoch auch elterliche und soziale Prägungen sowie bewußte Entscheidungen und erworbenes Wissen. Mit Hilfe der Technik des Biofeedback konnte man nachweisen, daß die Kahunas recht haben, wenn sie annehmen, daß wir durch bewußte Aufmerksamkeit die unterbewußten Funktionen des Körpers zu einem erstaunlichen Ausmaß beeinflussen können. Dieser Einfluß kann sich positiv oder negativ auswirken, je nachdem, ob die Funktionen dadurch gefördert oder behindert werden. Das Funktionieren Ihres Körpers wird also sehr direkt davon beeinflußt, wie und was Sie denken und fühlen. Die psychosomatische Medizin ist der Beweis dafür. Natürlich können sie bewußt entscheiden, Ihre Arme und Beine zu bewegen, das Tempo Ihrer Atmung zu verändern oder einmal laut und einmal leise zu sprechen. Aber selbst diese bewußten Handlungen müssen im Zusammenwirken mit dem unterbewußten Gedächtnis und dessen direkten Verbindungen mit den beteiligten Muskeln und Organen stattfinden. Spitzensportler und Yogameister vollbringen mit ihrem Körper scheinbare Wunder, jedoch nicht, weil sie gelernt haben, ihren Körper bewußt zu kontrollieren, sondern weil sie in hohem Maß bewußt mit ihrem Unterbewußtsein kooperieren können.

Gefühle

Im System des Huna sind Emotionen und Gefühle nicht mehr und nicht weniger als Bewegungen von Bioenergie, die von bestimmten charakteristischen Muskelverspannungen und Gedankenmustern begleitet werden. Emotionen können unter bestimmten Bedingungen als potentielle Energie in Form von Muskelverspannungen gespeichert werden, werden aber im allgemeinen spontan durch geistige, körperliche oder Umweltreize hervorgerufen. Immer wenn das geschieht, verursacht der Reiz eine unterbewußte Assoziation mit einer Erinnerung, die eins von vier verschiedenen Primärenergie-Reaktionsmustern oder eine Mischung aus zwei oder mehr dieser Muster hervorruft. Auf der körperlichen Ebene kommt die Energie für solche Reaktionen aus Adrenalin/Glykogen-Schocks im Körper, wobei bestimmte Bereiche des Körpers auch durch die Energiekanäle des Meridiansystems aktiviert werden können oder indem ein Energieaustausch mit der Umwelt stattfindet.

Die vier Primärenergie-Reaktionsmuster sind *Angst* (Rückzug), *Wut* (Angriff), *Freude* (gesteigertes Selbstgefühl) und *Handeln* (geistige oder physische Aktivität). Angst oder Wut kann sich in Verbindung mit emotionaler Energie in muskulären oder sogar zellulären Verspannungen festsetzen. Die Kombination von Wut und Angst erzeugt verschiedene Formen der Depression. Alle diese Reaktionen und ihre Kombinationen werden aufgrund von Assoziationen, die im unterbewußten Gedächtnis gespeichert sind, freigesetzt. Sie werden solange immer wieder von denselben Assoziationen freigesetzt, bis die Erinnerungsmuster durch einen bewußten oder überbewußten Eingriff verändert werden.

Angewohnheiten

Ebenso wie Gefühle sind geistige und körperliche Angewohnheiten erlernte Reaktionen, die im unterbewußten Gedächtnis gespeichert sind und von entsprechenden Reizen ausgelöst werden. Das Energie-Reaktionsmuster besteht, wie erwähnt, in einer Handlung und kann von einem Gefühl begleitet sein. Wenn Sie einer plötzlich auftretenden Gefahr schnell ausweichen, gibt es während des Ausweichens wahrscheinlich keine emotionale Reaktion. Die bestimmende Kraft ist Handlungsenergie. Die Emotionen kommen anschließend dazu, wenn der Verstand die Möglichkeit hat, das Ereignis innerlich nachzuvollziehen und sich vorzustellen, was alles hätte passieren können.

Die meisten unserer Angewohnheiten sind unbewußt, das heißt, das Bewußtsein achtet nicht darauf, was das Unterbewußtsein tut. Im Huna heißt es, daß eine Gewohnheit sich automatisch verändert, wenn sie aus der Sicht des Unterbewußtseins keinen Sinn mehr erfüllt, ohne daß dabei das Bewußtsein eine Rolle spielen muß. Wenn hingegen die Angewohnheit weiterhin ein wie auch immer geartetes Bedürfnis erfüllt, ist bewußte Aufmerksamkeit erforderlich, um sie zu verändern, selbst wenn der Verstand die Angewohnheit für unerwünscht hält. Aufmerksamkeit allein kann jedoch noch nichts ausrichten. Dem Unterbewußtsein muß zusätzlich eine gangbare Alternative aufgezeigt werden, damit es die alte Gewohnheit aufgeben kann.

Wie lange eine Gewohnheit aktiv war, spielt keine Rolle. Das Unterbewußtsein ist lediglich an Resultaten interessiert, und wenn eine neue Angewohnheit genauso gute oder noch bessere Ergebnisse erzielt wie die alte, dann wird es dafür sorgen, daß eine Veränderung nicht schwer fällt. Wenn das Unterbewußtsein sich dessen nicht so sicher ist, kann es jedoch sehr schwer oder sogar unmöglich sein, die Angewohnheit zu ändern. Das Wesentliche dabei ist, daß das

Unterbewußtsein kein Vakuum duldet. Die einzige Möglichkeit, eine alte Angewohnheit loszuwerden, ist, sie durch eine neue zu ersetzen. Um sich das Rauchen abzugewöhnen, muß man lernen, in verschiedenen Situationen, in denen zur Zigarette gegriffen wurde, die neue Angewohnheit des Nichtrauchens zu bilden. In der Huna-Lehre werden Überzeugungen als Angewohnheiten angesehen, die ebenso Gegenstand von Veränderung und Austausch sind wie jede andere Angewohnheit, aber erst wenn es möglich ist, sie durch neue, effektivere Überzeugungen zu ersetzen.

Wahrnehmung

Die bewußte sinnliche Wahrnehmung unserer Umwelt umfaßt einen viel weiteren Bereich, als dies die Einteilung in fünf Sinne vermuten läßt. Das Sehen beispielsweise schließt Beobachtungen von Farben, Schattierungen, Tiefe, Perspektive, Muster, Umrissen und Bedeutungen (wie beim Lesen) ein. Das Hören beinhaltet die Wahrnehmung von Tonhöhe, Tonart, Obertönen, Harmonien, Geräuschen und Bedeutungen (wie bei der Sprache). Der Geschmackssinn schließt natürlich unzählige Variationen zwischen bitter, süß, sauer und salzig ein; der Geruch hat mindestens zehn in der Literatur ausführlich beschriebene Ebenen, und der Tastsinn umfaßt Druck, Oberflächenstruktur, Temperatur und eine ganze Anzahl anderer Faktoren.

All diese Sinneswahrnehmungen gelangen durch das Nervensystem ins Bewußtsein, aber im Huna ist es das *Ku*, das darauf achtet, daß wir von unseren Sinneswahrnehmungen nicht überwältigt werden. *Ku* bringt uns zu bestimmten Zeiten aus bestimmten Gründen nur bestimmte Sinneswahrnehmungen zu Bewußtsein und unterdrückt andere, wobei es sich nach unseren inneren Überzeugungen richtet. Es lernt und speichert die Information, wie bestimmte Sinne betont werden können. Wenn wir unser bewußtes Handeln auf unsere Wahrnehmungen gründen, dann haben wir nur unsere Wahrnehmungen, so wie sie durch das *Ku* und seine erworbenen Vorurteile und Fähigkeiten gefiltert werden, zur Grundlage. Unsere Wahrnehmung kann sehr leicht verzerrt sein und unsere Funktionen nur geringfügig beeinträchtigen. Sie kann jedoch auch so an der Realität vorbeigehen, daß wir in einer ganz anderen Welt als unsere Mitmenschen leben. Auf der anderen Seite kann sie aber auch soweit verbessert werden, daß wir überdurchschnittlich scharf wahrnehmen oder Dinge spüren, die andere überhaupt nicht merken. Alles ist jedoch abhängig von den Überzeugungen und erworbenen Verhaltensweisen des *Ku*.

Übersinnliche Phänomene

Im Huna gelten übersinnliche Phänomene als Erweiterung unserer normalen Sinne und nicht als etwas ganz Besonderes und Übernatürliches. Übersinnliche Phänomene sind aus dieser Sicht in unser aller Leben ständig gegenwärtig. Weil wir jedoch voller Voreingenommenheiten sind, ignorieren wir sie meistens, es sei denn, sie sind besonders dramatisch. Nur gelegentlich erlauben wir einer Vorahnung, einer Intuition, einer Inspiration oder Koinzidenz, in unserem Leben eine Rolle zu spielen.

In unserer westlichen Terminologie könnte man die Huna-Sicht der übersinnlichen Phänomene im Zusammenhang mit unseren Sinneswahrnehmungen folgendermaßen zusammenfassen:

Telepathie ist eine Erweiterung unseres Hörsinns und unserer Fähigkeit, uns sprachlich auszudrücken.
Hellsehen ist eine Erweiterung unseres Gesichtssinnes.
Psychokinese ist eine Erweiterung unseres Tastsinnes und

unserer Fähigkeit, unsere Umwelt geistig zu beeinflussen. *Wahrsagen* (Präkognition) ist eine Erweiterung unserer Fähigkeit, Tendenzen richtig einzuschätzen und über zukünftige Ereignisse wohlinformierte Vermutungen anzustellen.

Diese Sinne und Fähigkeiten nennt man nur deswegen »übersinnlich« oder »parapsychologisch«, weil sie in unserer Kultur nicht so verbreitet sind wie in anderen Kulturen. Das liegt teilweise daran, daß das *Ku*, das alle unsere Sinneswahrnehmungen und Fähigkeiten regelt, kulturimmanente Überzeugungen übernommen hat, die besagen, daß Übersinnliches nicht möglich oder nicht gut ist. Menschen, die dennoch übersinnliche Wahrnehmungen haben, haben diese Überzeugungen entweder niemals angenommen, oder sie sind auf diesem Gebiet besonders fortgeschritten und haben alle Vorbehalte überwunden. Da es an den inneren Überzeugungen und nicht an der Natur des Menschen liegt, daß Übersinnliches normalerweise ausgeblendet wird, kann jeder derartige Phänomene wahrnehmen und mit etwas Übung lernen, seine übersinnlichen Fähigkeiten voll zu nutzen.

Wachstum

In den Begriffen des Huna ist Wachstum als »die Erweiterung von Bewußtsein, Fertigkeiten und persönlichem Lebensglück« definiert. Das bezieht sich auf alle Formen des Bewußtseins, vom Atom bis zur Galaxie, sei es tierisch, pflanzlich oder mineralisch. Im Menschen ist das Bedürfnis nach Wachstum im *Ku* lokalisiert.

Manche sind der Ansicht, daß das wesentliche Bedürfnis des Menschen das schiere Überleben ist und daß er sich erst dann »höheren« Bedürfnissen wie Kunst und Kultur zuwenden kann, wenn dieses erfüllt ist. Vielleicht zeichnen deshalb viele populäre Filme und Romane das Bild eines Urmenschen, der nichts weiter im Kopf hat als Essen, Sex und Töten. Die tatsächlichen Funde der ur- und frühgeschichtlichen Archäologie zeigen jedoch, daß unsere Vorfahren inmitten der schwierigsten Umweltbedingungen erfinderische Künstler und Kunsthandwerker waren. Es ist das Bedürfnis nach innerem Wachstum, das unser Überleben sicherstellt, und nicht umgekehrt.

Unsere Neugier ist Bestandteil unseres Bedürfnisses nach einem wachsenden Bewußtsein. Sie ist ebenso der Antrieb des kleinen Kindes, seine Umwelt zu erkunden, wie der Wissensdurst des erwachsenen Forschers, Erfinders und Wissenschaftlers. Der innere Drang nach Erweiterung unserer Fertigkeiten (sowohl quantitativ wie qualitativ) hilft uns, das, was wir von unserem sich erweiternden Bewußtsein gelernt haben, in die Praxis umzusetzen, und der Drang nach einem glücklichen Leben spornt uns dazu an, das, was wir auf geistiger, körperlicher, seelischer und gesellschaftlicher Ebene tun, immer besser und effektiver zu gestalten. Tatsächlich ist das einzige, was uns alle davon abhält, zu wahrhaftigen Halbgöttern heranzuwachsen, unsere Angst. Innere Haltungen, die Angst in uns aufkommen lassen, sind es, die einer natürlichen Entwicklung und Vervollkommnung des *Ku* im Weg stehen.

Logik

Das folgenschwerste Mißverständnis über das Unterbewußtsein besteht darin, zu meinen, es sei irrational oder unlogisch. Das Gegenteil ist der Fall. Das *Ku* ist in jeder Hinsicht ebenso rational und logisch wie ein Computer. Das – so könnten Sie sagen – ist ja gerade das Problem.

Wir meinen, das Unterbewußtsein sei irrational, weil es sich konträr zu dem verhält, was wir uns bewußt im Moment wünschen, und zudem Dinge tut, die anscheinend überhaupt keinen Grund haben. Das Schlüsselwort hier ist »anscheinend«. Unser *Ku* handelt *ausschließlich* aufgrund von Annahmen über die Realität, die Sie irgendwann in Ihrem Leben als wahr akzeptiert haben. Das *Ku* wird sich in seinen logischen Schlußfolgerungen immer nach diesen Überzeugungen richten, gleichgültig, was sie besagen und was Sie mit Ihrem momentanen Bewußtsein von ihnen halten.

Die Situation wird natürlich ungleich komplizierter, wenn es zu einem Bereich des Lebens widersprüchliche Überzeugungen gibt. Stellen Sie sich dazu nur einmal vor, was passiert, wenn Sie einem Computer widersprüchliche Informationen eingeben. Er müßte sich selbst für eine der beiden Möglichkeiten entscheiden, um in einer Situation weiterzukommen. Seine Entscheidung wäre jedoch vollkommen logisch innerhalb des vorgegebenen Rahmens von Gedächtnis und Programmierung (erworbene Angewohnheiten).

Wenn Sie glauben, das *Ku* sei unlogisch, dann wäre jeder Versuch, es zu verändern, reine Glückssache und völlig dem Zufall unterworfen. Wenn Sie jedoch wissen, daß es völlig logisch ist, brauchen Sie es nur noch zu »überzeugen«, damit es einem anderen System von Überzeugungen und Einstellungen folgt. Die Tatsache, daß es beispielsweise möglich ist, Dinge unter Hypnose zu tun, beweist die Richtigkeit dieses Konzeptes.

Gehorsam

Das Unterbewußtsein ist kein rebellisches, störrisches Kind, und es arbeitet *aus seiner Sicht* auch niemals Ihren Interessen zuwider. Immer wenn das *Ku* sich scheinbar gegen Sie richtet, liegt das daran, daß es vergangenen Befehlen folgt, die sie ihm entweder selbst gegeben oder denen Sie erlaubt haben, wirksam zu sein. Es *muß* sich nach diesen Direktiven richten, solange sie nicht durch andere ersetzt werden. Wenn das *Ku* unangenehme körperliche Symptome erzeugt, dann geschieht das, um Schlimmeres zu vermeiden, und weil es keine gangbaren Alternativen gezeigt bekommen hat. Im Bewußtsein allein eine solche Alternative auszudenken ist jedoch nicht genug. Neue Befehle müssen durch das Einüben neuer Angewohnheiten gegeben werden. Der Erfolg bei der Etablierung neuer Angewohnheiten ist davon abhängig, wie sehr sie einem oder mehreren der drei Aspekte des Wachstums dienlich sind und inwieweit sie zu dem passen, was das *Ku* für möglich und für gut hält.

Das Wichtigste, was Sie lernen müssen, ist, daß das *Ku* Ihnen treu und zuverlässig zu Diensten ist, wenn Sie imstande sind, ihm gute Befehle zu geben.

Kapitel 4
Das Bewußtsein

Fast jeder von uns hat falsche Vorstellungen von der Natur des Bewußtseins. Nach René Descartes heißt es: »Ich denke, also bin ich.« Diese Aussage bedeutet jedoch wenig, wenn man nicht zuerst einmal definiert, was Denken bedeutet. Ist es die bildliche Vorstellung von Gedanken? Das schrittweise Vorgehen der Logik? Intuition? Die Übersetzung von Sinneswahrnehmungen in Daten, die einen Sinn ergeben? Der Vergleich vorangegangener Erfahrungen mit gegenwärtigen? Ist das Denken eines von diesen oder eine Kombination aus mehreren, oder ist es etwas völlig anderes?

Einige sagen, daß sich das Bewußtsein vom Unterbewußtsein hauptsächlich durch den Grad des Gewahrseins seiner Inhalte unterscheidet. Es ist jedoch bekannt, daß das Unterbewußtsein durch das, was andere Menschen sagen, beeinflußbar ist, ohne daß das Bewußtsein überhaupt etwas davon merkt, zum Beispiel im Schlaf, unter Schock oder Narkose. Es ist ebenso kein Geheimnis, daß unter Hypnose oder in Meditation dem Unterbewußtsein Informationen über vergangene Ereignisse entlockt werden können, von denen das Bewußtsein überhaupt nichts wußte. Das Gewahrsein von Inhalten kann es also nicht sein, das das Bewußtsein vom Unterbewußtsein unterscheidet.

Andere sind vielleicht der Auffassung, daß nur das Bewußtsein aktiv nachdenken kann. Auch das ist falsch. Wir haben ja bereits dargestellt, daß das Unterbewußtsein keine einzige Angewohnheit, Einstellung oder Emotion vertritt, die es nicht auf logische Weise aus einer zugrundeliegenden Annahme abgeleitet hat. Das Unterbewußtsein kann deduktiv denken. Das sieht man beispielsweise daran, daß ein Säugling aus der bekannten Tatsache, daß die Brust der Mutter zur Ernährung und Entspannung genutzt werden kann, schließt, daß sowohl Sauger von Flaschen wie auch Schnuller (die in der Tat in Form, Beschaffenheit und Größe durchaus verschieden von der Brust sind) demselben oder ähnlichen Zwecken dienen können. Ebenso kann das Unterbewußtsein induktiv denken, wie wenn ein Säugling anhand verschiedener Erfahrungen das allgemeine Prinzip erlernt, daß durch Schreien Aufmerksamkeit erzeugt werden kann. Nachdenken ist also ganz entschieden kein Privileg des Bewußtseins.

Eine dritte beliebte Vorstellung ist, daß das Bewußtsein das Zentrum der Selbstwahrnehmung ist, unseres Sinnes für persönliche Identität. Diese Vorstellung hält jedoch einer näheren Betrachtung auch nicht mehr stand als die anderen. Sie wissen mit Ihrem Bewußtsein, wer Sie sind, aber ebenso weiß das Ihr Unterbewußtsein. Deshalb drehen Sie sich automatisch um, wenn jemand Ihren Namen ruft, deshalb erkennen Sie sofort Ihre eigene Handschrift und können unter Amnesie vergessen, wer Sie sind. Das alles wäre nicht möglich, wenn das Zentrum Ihrer Identität nicht im Gedächtnis Ihres Unterbewußtseins läge.

Was unterscheidet nun aber im Huna das Bewußtsein vom Unterbewußtsein?

Willenskraft

Im Huna wird gelehrt, daß das Hauptattribut des Bewußtseins die Willenskraft ist. Leider hat der Mensch sich über den Begriff des Willens schon immer vergeblich den Kopf zerbrochen. Man sagt, daß jemand, der selbst angesichts widriger Umstände den Kurs seines Handelns (oder Nicht-Handelns) beibehält, eine starke Willenskraft besitzt. Bestimmte Menschen sind in der Lage, anderen ihren Willen aufzuzwingen und sie etwas gegen ihren eigenen Willen tun zu lassen. Dann gibt es Menschen, von denen man sagt, daß sie mit der Kraft ihres Willens Dinge geschehen lassen können. Im allgemeinen geht man davon aus, daß Menschen, die einen schwachen Willen haben, von Menschen mit einem starken Willen leicht manipuliert werden können.

Wer das Bewußtsein verstehen will, muß zuerst das Wesen der Willenskraft verstehen. Die meisten Mißverständnisse über den Willen sind durch den Gebrauch der Worte »Kraft« und »Stärke« in diesem Zusammenhang zustandegekommen. Kraft kann als eine Eigenschaft oder Fähigkeit definiert werden. Das bringt uns jedoch nicht viel weiter. Wir können von Sehkraft sprechen und meinen damit die Fähigkeit zu sehen. Wenn wir von der Stärke einer optischen Linse sprechen, meinen wir ihre Fähigkeit, einen Gegenstand soundsovielmal zu vergößern. Aber Willensstärke oder -kraft als »die Fähigkeit zu wollen« zu definieren, bringt uns auch nicht weiter. Wir müssen zuerst einmal den Willen selbst definieren

Im Brockhaus wird der Wille als »die Fähigkeit des Handelns aus bewußten Motiven oder mit eigener Zielsetzung« definiert. Eine solche Fähigkeit ist zweifellos eine Eigenschaft des Bewußtseins. Tatsächlich gilt im Huna der Wille als wesentliches Attribut des Bewußtseins, das üblicherweise als »die Fähigkeit zu direktem Gewahrsein und Aufmerksamkeit« beschrieben wird. In diesem Zusammenhang ist es interessant festzustellen, daß das hawaiische Wort für »Wahl« oder »Entscheidung« *Holo* heißt, was ursprünglich bedeutet »eine Anstrengung unternehmen, um etwas zustandezubringen«. Die Wurzel dieses Wortes ist *Lono*, der bewußte Verstand. *Lono* setzt sich ursprünglich zusammen aus *Lo* (leisten) und *No* (Wünsche).

Die einzige wirkliche Fähigkeit, die Ihr Bewußtsein hat, besteht darin, Gewahrsein und Aufmerksamkeit dem Denken und der Erfahrung entsprechend auszurichten. Wenn Sie sagen: »Ich treffe eine Entscheidung«, dann lenken Sie in Wirklichkeit lediglich Ihre Aufmerksamkeit und Ihr

Gewahrsein in eine bestimmte Richtung. Darin liegt die Willensfreiheit. Es ist nicht die Freiheit, alles zu tun, wozu Sie Lust haben, noch ist es die Fähigkeit, Ihre Mitmenschen Dinge tun zu lassen, die sie nicht wollen. Solche Dinge sind ganz sicher nicht Bestandteil dessen, was wir im Huna anstreben, obgleich wir Methoden erlernen können, die Wirksamkeit und Effektivität unseres Handelns zu vergrößern. Wir werden niemals jemanden zwingen können, uns zu mögen, indem wir ihm unseren Willen aufzwingen. Gleichfalls wird es uns nicht gelingen, alle Unvollkommenheiten der Welt sofort zu beseitigen, indem wir es nachhaltig »wollen« (was soviel heißt wie »sehr wünschen«). Was wir allerdings tun können, ist, uns zu entscheiden, auf welche Weise wir unsere Lebenserfahrung nutzen, was wir von nun an und in jedem Augenblick unserer Zukunft tun werden, um entweder uns selbst oder unsere Lebensumstände zu verändern. In jedem Augenblick *bewußter Aufmerksamkeit* haben wir die Freiheit, uns zu entscheiden.

Warum diese Einschränkung? Wir alle kennen die Erfahrung, daß wir bisweilen rein gewohnheitsmäßig ohne bewußte Aufmerksamkeit handeln. Vielleicht nehmen wir eine Zigarette, zünden sie an und merken erst, wenn wir an der Zigarette ziehen, was wir da eigentlich gerade tun. Vielleicht sitzen Sie im Auto und fahren irgendwohin, kommen an und können sich überhaupt nicht mehr bewußt an die Fahrt erinnern. Vielleicht reagieren Sie auch automatisch auf jemanden, der zu Ihnen spricht, und haben hinterher das Gefühl, daß Ihnen gar nichts anderes übrigblieb, als so und nicht anders zu reagieren. *Alles*, was sie tun, ohne sich darüber bewußt zu sein, kann als Beispiel dafür dienen.

In allen diesen Fällen reagiert Ihr *Ku*, Ihr Unterbewußtsein, mit Hilfe von gut eingeübten Gewohnheitsmustern auf die vorhandenen geistigen, energetischen oder physischen Reize, während gleichzeitig Ihr Bewußtsein seine Aufmerksamkeit an anderer Stelle konzentriert und manchmal den Eindruck macht, völlig abwesend zu sein. Es scheint zwar so, als träfe das Unterbewußtsein dann die Entscheidungen, aber das ist nur insofern wahr, als auch ein Computer Entscheidungen treffen kann. In Wirklichkeit reagieren beide nur auf vorherbestimmte Weise auf einen aus der Erinnerung bekannten Reiz. In einer völlig neuen Situation, für die es kein vorgefertigtes Programm gibt, hört der Computer auf zu funktionieren. Das Unterbewußtsein verläßt sich dann ganz auf eine Inspiration des Überbewußtseins oder einen Hinweis des Bewußtseins. Wenn keins von beidem eintrifft, hört das Unterbewußtsein auf zu arbeiten, indem es in Panik gerät und der Körper in Ohnmacht fällt, gefühllos, apathisch oder autistisch wird. Im allgemeinen passiert das jedoch nur, wenn das Unterbewußtsein wirklich davon überzeugt ist, daß das Bewußtsein völlig machtlos ist.

Für ein im Sinne des Huna erfolgreiches Leben ist es nötig zu erkennen, daß Sie in jedem Augenblick bewußter Aufmerksamkeit die Macht haben, selbst zu entscheiden, was Sie denken, fühlen und tun. Selbst wenn Sie völlig automatisch in vorherbestimmten Verhaltensmustern handeln, ist der Moment, in dem Sie sich dessen bewußt werden, der Moment, in dem Sie eine Entscheidung treffen und das Muster verändern können. Wenn Sie sich einem automatischen Verhalten hingeben oder in einen Automatismus verfallen, und sei er auch noch so verabscheuungswürdig, heißt das noch lange nicht, daß Sie versagt haben, daß Sie eine Niete sind und es ohnehin keinen Sinn hat, die Situation mit bewußter Aufmerksamkeit in den Griff zu bekommen. Solche Selbstvorwürfe wären lediglich Ausreden, um das Risiko nicht noch einmal einzugehen, weil Sie ja scheitern könnten. Jemand hat einmal gesagt, daß man nicht versagt hat, wenn man scheitert, sondern erst, wenn man scheitert und es nicht noch einmal versucht.

Jeder, der schon einmal versucht hat, eine Angewohnheit zu verändern, weiß, daß der Entschluß allein dazu noch nicht ausreicht. Viele versuchen es und sind dann schnell entmutigt, wenn die alte Gewohnheit sich immer wieder einschleicht. An dieser Stelle ist vielleicht eine andere Lexikondefinition des Willens hilfreich: »ein starkes und festes Ziel, Entschlossenheit«. Entschlossenheit, ein unerschütterlicher Wille, ist tatsächlich nichts anderes als die ständige bewußte Lenkung der Aufmerksamkeit und des Bewußtseins auf ein gegebenes Ziel zu einem bestimmten Zweck. Dies kann nur erreicht werden durch die beständige Erneuerung der Entschlüsse und Entscheidungen, die in Hinsicht auf ein bestimmtes Ziel getroffen wurden, und das selbst angesichts offensichtlicher Hindernisse und Schwierigkeiten. Ein Mensch, der diesen Willen, das heißt, eine solche Fähigkeit der beständigen Erneuerung seiner Entscheidungen, aufbringen kann, wird sich so schnell nicht entmutigen lassen, wenn er einmal einen Fehler macht oder sogar auf ganzer Linie scheitert. Wenn eine bestimmte Methode auch nach mehreren Versuchen nicht funktioniert, versucht er eine andere. Er wird solange sein Ziel verfolgen, bis er eine Methode findet, die funktioniert, sogar wenn das bedeutet, daß er sich selbst verändern muß, um sein Ziel zu erreichen. Eine sogenannte »willensschwache« Person hingegen setzt dieselbe bewußte Willenskraft ein, die alle haben, jedoch nur um sich schließlich doch gegen die Verfolgung eines bestimmten Zieles zu entscheiden. Sie trifft also eine andere Entscheidung, die Entscheidung, das Ziel nicht weiter zu verfolgen, während die »willensstarke« Person sich entschließt weiterzumachen. Es kann durchaus Fälle geben, in denen die »schwächere« Entscheidung die klügere ist. Eine willensstarke Person ist folglich eine, die ihre Entschlüsse nicht so leicht ändert, während eine willensschwache Person ihre Entschlüsse leicht ändert. Beide machen von derselben Entschlußkraft Gebrauch, nur auf verschiedene Weise.

Vielleicht sehen Sie nun ein, daß es völliger Unsinn ist, zu sagen, jemand könne seinen Willen einsetzen, um über einen anderen Menschen zu herrschen. Es gibt nichts, das da herrschen könnte. Man kann jemanden dazu bewegen, etwas zu tun, indem man mit Bestrafung droht, mit Belohnungen lockt oder physische Gewalt ausübt, aber nicht, indem man einen Entschluß faßt. Selbst wenn man hundert feste Entschlüsse faßt, wird sich dadurch nichts bewegen. Wenn jemand Ihrem Willen folgt, dann tut er das aus seinen eigenen Gründen und nicht aus Ihren, selbst wenn Sie Ihren Willen durch Drohungen, Versprechungen oder Gewalt verstärken. Es ist weder Ihr Wille noch Ihre Entschlußkraft, was andere dazu bringt, etwas zu tun.

Selbst in unserer aufgeklärten Zeit unterliegen die Menschen immer noch gewissen finsteren mittelalterlichen Vorstellungen wie der, daß es Menschen gibt, die über übernatürliche Fähigkeiten verfügen, die es ihnen ermöglichen, auf andere Menschen einen »psychokinetischen« Einfluß auszuüben, einen Einfluß, der es ihnen ermöglicht, ihre Mitmenschen zu willenlosen Marionetten zu machen, die sich vollkommen dem fremden Willen unterordnen. (Psychokinese ist die Fähigkeit, Gegenstände über Entfernungen ohne physischen Kontakt zu bewegen.) Sie verwechseln diese vermeintliche Fähigkeit mit »Willenskraft«, denn »Kraft« bedeutet auch »Energie«. Es stimmt zwar, daß man durch Überzeugungen und Gefühle anderer Menschen beeinflußt werden kann. Je mehr jemand über eine andere Person weiß, desto leichter fällt es ihm, bei dieser automatische Verhaltensmuster in Gang zu setzen. Es ist ebenfalls wahr, daß Telepathie und Psychokinese existieren. Allerdings kann Sie niemand gegen Ihren Willen dazu zwingen, etwas zu tun. Es ist kein fremder Wille, der Sie dazu bringt, Dinge zu tun, die Sie im Grunde nicht wollen, es sind Ihre eigenen Ängste, Überzeugungen, Hoffnungen, Sympathien und Antipathien sowie Ihre automatischen Verhaltensweisen. Der Einfluß einer fremden Person erlischt vollständig in dem Moment, in dem Sie bewußte Aufmerksamkeit erlangen und sich entschließen, sich nicht mehr länger beinflussen zu lassen. Der Wille der willensstärksten Person der Welt hat keinen Einfluß mehr auf Sie, sobald Sie diese Entscheidung getroffen haben.

Aufmerksamkeit und Gewahrsein

Huna lehrt, daß die wichtigste Fähigkeit des Bewußtseins darin besteht, die Aufmerksamkeit und das Gewahrsein bewußt zu lenken. Was ist nun eigentlich der Unterschied zwischen diesen beiden Qualitäten des Bewußtseins?

Aufmerksamkeit ist die Konzentration des Gewahrseins auf einen Aspekt Ihrer geistigen oder körperlichen Erfahrungswelt. Es ist die Wahrnehmung, die sich verstärkt auf einen bestimmten Punkt richtet. Wenn Sie beispielsweise zu Hause oder an Ihrem Arbeitsplatz sitzen und Ihre Aufmerksamkeit schweifen lassen, nehmen Sie vielleicht nacheinander einige Geräusche von draußen, einen Fleck an der Tapete, eine Erinnerung an das vorige Wochenende und ein angenehmes oder unangenehmes Gefühl in Ihrer Kleidung wahr. Während Ihre Aufmerksamkeit von einem Punkt zum nächsten wandert, konzentriert sie sich immer auf einen Punkt, hinter dem die anderen Wahrnehmungen verblassen oder ganz verschwinden.

Fortgesetzte Aufmerksamkeit nennt man Konzentration. Sie machen von ihr Gebrauch, wenn Sie an einer Aufgabe oder an einem Projekt arbeiten, einen Film sehen oder ein Spiel spielen. Auch in diesen Abläufen wandert Ihre Aufmerksamkeit umher, jedoch innerhalb eines relativ engen Rahmens.

Im Huna gibt es eine Regel: »Du bekommst, worauf du dich konzentrierst.« Das bedeutet, daß die Konzentration Ihrer Aufmerksamkeit eine Schwingung in Ihrer Aura erzeugt, die eine Erfahrung anzieht, die mit dem verwandt ist, worauf Sie sich konzentrieren. Eine kurze Spanne konzentrierter Aufmerksamkeit erzeugt normalerweise nur temporäre und unbedeutendere Erfahrungen. Je länger Ihre Aufmerksamkeit andauert und je mehr emotionale Energie Sie investieren, desto langwieriger und wichtiger sind die Erfahrungen, die Sie dadurch anziehen, seien sie positiv oder negativ. Wie alles andere kann auch die Konzentration auf einen Gegenstand zur Angewohnheit im Denken und Handeln werden. In diesem Fall übernimmt das Unterbewußtsein die Aufgabe, die Konzentration aufrechtzuerhalten, und wird dabei von der bewußten Aufmerksamkeit unterstützt. Diese Kombination erzeugt das, was wir als mehr oder weniger permanent erscheinende Erfahrung in unserem Leben kennen. Solche Erfahrungen werden so lange anhalten, bis wir uns dessen, was wir tun, bewußt werden und mit Bewußtsein und Willen den Brennpunkt unserer Aufmerksamkeit verschieben.

Bewußte Aufmerksamkeit ist die Gesamtheit dessen, was im jeweiligen Augenblick im Bewußtsein gegenwärtig ist. Das schließt das Erleben unserer körperlichen Sinne ebenso ein wie geistige Vorgänge. Selbstverständlich können wir uns nicht über *alles* bewußt sein, was in einem Augenblick geschieht. Dinge fallen in unser Gewahrsein hinein und dann wieder hinaus, je nachdem, was wir gerade tun.

Aufmerksamkeit und Gewahrsein sind nicht identisch, sie können aber auch nicht völlig getrennt voneinander betrachtet werden. Man kann sagen, daß die Aufmerksamkeit das Werkzeug des Gewahrseins ist.

Es ist wie mit einer Lampe und einem Punktstrahler. Das Gewahrsein ist wie eine Lampe, die den gesamten Raum erhellt, und die Aufmerksamkeit ist wie der Punktstrahler, der bestimmte Objekte aufhellt und die anderen im Halbdunkel läßt. Wenn das Gewahrsein eingeschränkt ist, beispielsweise auf einen einzelnen Raum, dann kann die Aufmerksamkeit dazu verwendet werden, ein Tor zu einem anderen Raum zu finden und damit das Gewahrsein zu erweitern.

Sowohl die Aufmerksamkeit als auch das Gewahrsein können erweitert und zusammengezogen werden, und wahrscheinlich können die meisten Menschen sogar beides gleichzeitig. Wenn Sie einen Film sehen oder ein Buch lesen, sind Sie – vorausgesetzt, das Buch oder der Film taugt etwas – von Natur aus geneigt, sich innerlich so stark zu beteiligen, daß Ihr Gewahrsein aller anderen Dinge in Ihrer Umgebung stark beeinträchtigt oder völlig abgeschaltet ist. Ein Kritiker jedoch, der das Buch oder den Film nicht unbedingt zum Vergnügen liest, beziehungsweise anschaut, muß seine Aufmerksamkeit einerseits auf der Handlung haben, aber gleichzeitig andere Aspekte im Auge behalten, wie etwa die literarische oder schauspielerische Qualität. Eine Technik, die in den fernöstlichen Kampfsportarten eingesetzt wird, besteht darin, die Aufmerksamkeit gleichzeitig auf dem Gegner und auf der Umgebung zu haben. Gute Autofahrer können sich am Steuer unterhalten und gleichzeitig einen Teil ihrer Aufmerksamkeit auf den Verkehr richten. Diese Beispiele sollen zeigen, daß Sie Ihre Aufmerksamkeit konzentrieren und gleichzeitig Ihr Gewahrsein ausdehnen können, womit bewiesen ist, daß beide nicht identisch sind.

Werterfüllung

Ein sekundäres, aber nicht minder wichtiges Attribut des Bewußtseins ist sein Drang nach Werterfüllung. Es ist das Bedürfnis, Absicht und Sinn des Lebens zu finden und zu erfüllen. Um das zu erreichen, wertet das Bewußtsein die Dinge aus, das heißt, es stellt fest, welchen Wert sie für das Leben haben. Das ist zwar gut und notwendig, führt aber oft dazu, daß permanent Werturteile gefällt werden, und alles entweder als gut oder schlecht eingeordnet wird. Das kann leicht zu Intoleranz, Ungerechtigkeit und vielen anderen schlechten Charaktereigenschaften führen. Einige machen sich Gedanken über den Sinn des Lebens, und andere grübeln über eine Bemerkung nach, die gerade jemand ihnen gegenüber gemacht hat. Es ist jedoch nicht so wichtig, was Sie mit Ihrem Bewußtsein auswerten, sondern wie Sie das tun.

Ein Beispiel: Die zahlreichen Methoden und Programme, mit denen man sein Leben verbessern kann, machen auf den ersten Blick den Eindruck, als hätten sie gleichzeitig eine werterfüllende Funktion. Es hängt jedoch sehr davon ab, wie Menschen diese Methoden und ihre Ziele im einzelnen interpretieren. Für viele ist Lebensverbesserung identisch mit persönlicher Bereicherung und individuellem Aufstieg. Alle für einen und jeder für sich selbst. Ein Großteil des Elends unserer Welt ist auf diese Interpretation zurückzuführen. Ruhmsucht, Gier, das Streben nach Macht über andere – all diese Eigenschaften basieren auf dem Verlangen nach persönlicher Bereicherung. Gleichzeitig gibt es jedoch jene, für die persönliche Bereicherung bedeutet, anderen zu helfen, nützliche neue Ideen zu verwirklichen und das eigene Wesen besser kennenzulernen.

So etwas wie einen Sinn des Lebens von Geburt an gibt es nicht, auch haben wir keine angeborenen persönlichen Zielsetzungen. Es gibt einen Sinn, der unserem Leben ganz allgemein zugrundeliegt und der in der Verantwortung des Höheren Selbst liegt. Dieser Sinn wird jedoch immer verwirklicht, ganz gleich, was wir tun. Unser persönlicher Sinn des Lebens muß auf einer bewußten Entscheidung basieren, wir müssen den Zweck unserer Existenz selbst erschaffen. Je mehr dieser im Einklang mit unserem Höheren Selbst steht, desto erfüllender wird er sein, wenn auch nicht unbedingt leichter. Wert, Bedeutung und Sinn müssen, wenn sie der bewußten Aufmerksamkeit unterliegen sollen, aufgrund bewußter Entscheidungen gestiftet werden. Der Wert und die Bedeutung, die wir einer Lebenserfahrung beimessen, spielt eine große Rolle. Durch ihn wird entschieden, ob in unserem Leben Glück und Lebensqualität erreicht werden. Die Richtschnur, nach der im Huna alles im Leben bemessen wird, ist die Liebe. Überall, wo noch keine Liebe herrscht, soll sie erzeugt, und dort, wo es sie bereits gibt, soll sie verstärkt werden.

Müheloser Wille

Ein letztes Wort über Willenskraft. Wir müssen erkennen, daß es keinerlei Mühe oder Anstrengung bedarf, unseren Willen auszuüben. Sie haben sicherlich schon einmal gehört, wie jemand sagte: »Er hat eine gewaltige Willensanstrengung vollbracht und sein Leben geändert.« Seine Anstrengung war dabei jedoch nicht im Willen, sondern in den Muskeln des Körpers.

Wenn wir versuchen, eine Gewohnheit im Denken oder Handeln zu verändern, beklagen wir uns oft, daß es zuviel Mühe macht. Andere kritisieren uns vielleicht, daß unser Wille nicht stark genug ist. In Wirklichkeit versuchen wir damit jedoch, unsere Gewohnheiten zu verändern, indem wir Muskelkraft dagegen aufwenden. Das gilt sowohl für Denk- als auch für Lebensgewohnheiten. Ein solcher gewaltsamer Versuch erzeugt lediglich Verspannungen, die die Energien des Körpers behindern und dazu führen, daß man sich müde und abgeschlagen fühlt. Wir kämpfen schließlich gegen uns selbst, was jedoch in den seltensten Fällen zu etwas führt. Alles, was Sie wirklich brauchen, ist, der willentliche Entschluß, Ihre Muskeln zu entspannen und Ihre Aufmerksamkeit in die Richtung zu lenken, in die Sie gehen wollen, bis die neue Angewohnheit gefestigt ist. Sollten Sie jemals das Gefühl haben, daß der Gebrauch Ihres Willens mit Anstrengungen verbunden ist, sollten Sie sich erst einmal entspannen und dann noch einmal von vorn anfangen.

Kapitel 5

Lernen Sie Ihr Unterbewußtsein kennen

Ihr Unterbewußtsein ist ein elementarer Bestandteil Ihrer Person. Dennoch können Sie manchmal den Eindruck gewinnen, es mit einem völlig Fremden zu tun zu haben, wenn die gedanklichen Grundlagen, auf denen das Unterbewußtsein aufbaut, anders sind, als Sie das bewußt anstreben. Viele Menschen haben den Kontakt zu ihrem Unterbewußtsein so weitgehend verloren, daß Bewußtsein und Unterbewußtsein sich wie zwei Menschen begegnen, die ausschließlich geschäftlich miteinander zu tun haben. Sie haben keine Ahnung, welche Hoffnungen und Wünsche, Vorlieben und Abneigungen, Ängste, Stärken und Schwächen der andere hat. Genau wie zwei Geschäftsleute, die täglich zusammenarbeiten, völlig verschiedene politische Ansichten haben können, so können auch Bewußtsein und Unterbewußtsein in vielen Dingen verschiedener Ansicht sein. Der Unterschied besteht freilich darin, daß letztere ständig miteinander auf engstem Raum zusammenleben müssen. Glauben sie nicht an dasselbe, sind Konflikte unausweichlich.

Überzeugungen des Unterbewußtseins

Die Überzeugungen, Einstellungen und Meinungen des Unterbewußtseins werden überwiegend bereits im frühen Kindesalter gebildet. Religiöse und moralische Erziehung sowie Hilfestellung, um »mit dem Leben fertig zu werden«, geben in Rat und Tat die Eltern. Diese Einflüsse können ein Leben lang wirksam bleiben, wenn sie nicht vom Bewußtsein verändert werden. Das *Lono* hält sich in den ersten Lebensjahren im Hintergrund und ist überhaupt nicht in der Lage, sämtliche Informationen, die vom *Ku* entgegengenommen und gespeichert werden, zu prüfen und zu modifizieren. Je mehr das Bewußtsein an Wissen und Erfahrung gewinnt, desto besser kann es die äußeren Einflüsse rationalisieren, das heißt, sie mit Hilfe des gesunden Menschenverstandes und der Logik prüfen, und verhindern, daß zu viele Fehlinformationen in den Datenbanken des Unterbewußtseins gespeichert werden. In der Kindheit jedoch akzeptiert das Unterbewußtsein praktisch alles, was ihm angeboten wird, als Tatsache und verhält sich entsprechend. Wenn beispielsweise ein Kind immer wieder gesagt bekommt, daß es eine Erkältung bekommen wird, wenn es nasse Füße hat, dann wird das Unterbewußtsein das als Tatsache verzeichnen und sicherstellen, daß der Körper Erkältungssymptome zeigt, sobald die Füße naß werden. Das *Lono* hat vielleicht in der Zwischenzeit gelernt, daß es keinen ursächlichen Zusammenhang zwischen nassen Füßen und einer Erkältung gibt. Trotzdem wird selbst der erwachsene Mensch aufgrund der Überzeugung seines Unterbewußtseins so lange von nassen Füßen eine Erkältung bekommen, bis er weiß, wie er sich dem *Ku* verständlich machen kann. Im religiösen Bereich ist diese Diskrepanz von ebenso großer, wenn nicht größerer, Bedeutung. Die Geschichte von dem überzeugten Atheisten, der, wenn er in Lebensgefahr gerät, plötzlich anfängt zu beten, ist schon fast ein Allgemeinplatz. Das Bekenntnis zum Atheismus geschieht mit dem Bewußtsein, aber das Unterbewußtsein glaubt noch immer an Gott. Schlimmer ist es, wenn angstbesetzte oder falsch verstandene religiöse Überzeugungen sich einer angemessenen Freude und Erfüllung im Leben in den Weg stellen.

Viele Überzeugungen, Einstellungen und Meinungen, die in früher Jugend gebildet werden, ändern sich im Lauf der Zeit ohne bewußtes Zutun, andere können mühelos bewußt verändert werden. Einige jedoch scheinen so fest verankert zu sein, daß nicht einmal Hammer und Meißel sie bewegen könnten. Das ist jedoch nur ein Problem, wenn sie ein Verhalten und Erleben fördern, das unangenehm, schmerzhaft oder gefährlich ist.

In den Fällen, in denen im Unterbewußtsein des menschlichen Biocomputers gespeicherte Verhaltens- und Erlebensweisen so schwer veränderlich sind, liegt das daran, daß sie von einer oder mehreren mächtigen Motivationen festgehalten werden. Das Verhalten und Erleben kann dabei zwar negativ sein, die Motivationen sind jedoch immer positiv. Ihr Unterbewußtsein wird immer in der Weise handeln, von der es *überzeugt ist*, daß sie die besten Resultate für Sie erbringt. Leider können diese Überzeugungen des Unterbewußtseins auf völlig irrigen Annahmen beruhen. Wenn jemand beispielsweise in einer wirtschaftlich sehr schwierigen Zeit aufwächst und mit der Überzeugung konfrontiert wird, daß alle Menschen geizig, habsüchtig, hochmütig und gemein sind, wird er sich als Erwachsener vielleicht wundern, daß er niemals finanziellen Erfolg hat, ganz gleich wie er sich auch abmüht. In diesem Fall ist es vielleicht sein *Ku*, das ihn in bester Absicht davon abzuhalten versucht, ebenfalls geizig, habsüchtig, hochmütig und gemein zu sein und von allen gehaßt zu werden. In einem anderen Fall könnte jemand in einem religiösen Haushalt aufgewachsen sein, in dem er die Vorstellung eingepaukt bekommen hat, daß er ein unwürdiger Sünder ist. Ein solcher Mensch wird es vielleicht als Erwachsener fast unmöglich finden, ein gesundes Selbstvertrauen und Selbstachtung zu entwickeln. In einem solchen Fall versucht wahrscheinlich sein *Ku*, ihn davor zu beschützen, Gott zu beleidigen (und dafür bestraft zu werden), indem er sich des sündhaften Stolzes schuldig macht.

Wenn Sie sich der Überzeugungen und Motive, die von Ihrem Unterbewußtsein gespeichert wurden, und der Motivationsstrukturen, die diese aufrechterhalten, bewußt sind, dann können Sie sie mit Hilfe von Logik und alternativen

Motivierungsstrategien verändern. Das Problem ist, daß viele unterbewußte Überzeugungen im Verborgenen aktiv sind, entweder weil sie zu offensichtlich sind, um überhaupt wahrgenommen zu werden, oder weil sie als Fakten statt als Überzeugungen angesehen werden oder aus Angst vor den Konsequenzen einer Veränderung überhaupt nicht ins Bewußtsein kommen. Um sich aber frei und ungehindert entwickeln zu können, müssen Sie den Inhalt Ihrer Psyche kennen. Sie müssen beginnen, Ihr Unterbewußtsein zu verstehen, denn nur dann können Sie es lenken und erkennen.

Es gibt verschiedene Möglichkeiten, dies zu tun. Auf jeden Fall erfordert es viel Zeit und Geduld. Nichts von Wert kommt ohne Anstrengung, aber Anstrengungen können Freude machen. Wenn Sie Ihr Unterbewußtsein kennenlernen, werden Sie eine ganze Welt reicher und vielfältiger Schönheiten, aber auch dunkle und schmerzhafte Gegenden entdecken. Diese Entdeckungsreise erfordert viel Mut, nur entschlossene Reisende, die vor einem inneren Abenteuer nicht zurückschrecken, werden sie unternehmen.

Geben Sie dem Ku einen Namen

Es ist eine alte Sitte im Huna, dem Unterbewußtsein einen Namen zu geben. Schon in grauer Vorzeit haben die Menschen bestimmten Ideen, Kräften, Energien, Dingen und Teilen von Dingen persönliche Namen verliehen, um eine persönliche Beziehung zu ihnen herzustellen. Im Falle des *Ku* sollten Sie darauf achten, daß der Name Ihnen kein Gefühl von Fremdheit vermittelt.

Sie können sich bewußt für Ihren zweiten Vornamen entscheiden, für einen erfundenen Namen oder für eine Ihrer Lieblingsfiguren aus Geschichte oder Literatur. Max Long hat sein Unterbewußtsein »George« genannt, nach dem Motto »let George do it«. (»George wird's schon machen.«)

Wenn Ihnen kein Name einfällt, schließen Sie vielleicht einfach einmal die Augen und fragen: »Nun, *Ku*, wie würdest du gerne genannt werden?« Dann nehmen Sie einfach den ersten Namen, der Ihnen einfällt.

Dem Unterbewußtsein einen Namen zu geben, ist sehr hilfreich, wenn man es dazu zu bringen will, Informationen preiszugeben, Veränderungen durchzuführen und bestimmte Anweisungen zu befolgen.

Gedächtniserforschung

Es gibt zwei Arten der Gedächtniserforschung. Beide sollten am besten in einer bequemen Position durchgeführt werden, entweder sitzend oder liegend, in einigermaßen ruhiger Umgebung. Dabei sollte man sich soweit wie möglich entspannen, die Augen muß man jedoch nicht unbedingt schließen.

Die erste Form der Gedächtniserforschung nennen wir nach Max Long »die Schatzsuche«. Beginnen Sie, indem Sie zu Ihrem Unterbewußtsein wie zu einer Person sprechen Sagen Sie ihm, daß Sie es gern näher kennenlernen möchten. Laden Sie es ein, ein Spiel mit Ihnen zu spielen. Wählen Sie ein angenehmes Erlebnis, an das Sie sich gern erinnern, und fordern Sie Ihr *Ku* auf, in Ihrem Gedächtnis nachzuforschen und sich das Erlebnis mit möglichst vielen Details vorzustellen. Als Alternative können Sie Ihr Unterbewußtsein auch einfach auffordern, seine eigenen Lieblingserinnerungen hervorzuholen. Vielleicht dauert es eine Weile, aber wenn Ihr *Ku* erst einmal gemerkt hat, worauf das Spiel hinausläuft, können Sie sich auf einige interessante Erfahrungen gefaßt machen. Erinnerungen an Dinge, die Sie schon längst vergessen geglaubt hatten, werden wieder auftauchen. Gefühle und Emotionen aus längst vergangenen Zeiten werden fast so lebendig wie damals wieder hervorkommen. Sie können dabei sogar taktile

Empfindungen und Gerüche erneut erleben, den Duft eines frischgebackenen Apfelkuchens zum Beispiel, oder das Rascheln und den Geruch des Laubes im Herbst. Wenn Sie diese Übung ein paar Tage lang durchführen, werden Sie eine Menge über Ihr Unterbewußtsein lernen, über seine Vorlieben und Abneigungen. Auch das Auslassen von bestimmten Erinnerungen kann vielsagend sein. Vielleicht möchten Sie sich gern an etwas Bestimmtes erinnern, aber Ihr *Ku* weigert sich, es hervorzuholen. Das kann ein Hinweis auf einen Angstkomplex oder eine wichtige Blockierung im Denken in Hinsicht auf das jeweilige Erlebnis sein. Sie sollten sich das merken und in Zukunft noch einmal näher auf diese Blockierung eingehen.

Die zweite Form der Gedächtniserforschung wollen wir »Müllabfuhr« nennen. Dafür sollten Sie über starke Nerven verfügen, denn Sie werden Ihr *Ku* jetzt bitten, seine schlimmsten Erinnerungen in allen Details hervorzuholen. Das Ziel dabei ist, objektiv zu sein und nicht zu vergessen, daß alles, was da hervorkommt, lediglich gespeicherte Informationen sind, einschließlich der damit verbundenen Gefühle. Nach ein wenig Erfahrung mit dieser Übung werden Sie in der Lage sein, eines oder mehrere Muster wahrzunehmen. Die Erinnerungen werden bestimmten Themen folgen, die Ihnen Hinweise auf gewisse Bockaden geben können, die Ihrer Entwicklung im Wege stehen. Zum Beispiel könnten Sie herausfinden, daß eine ganze Serie von »schlimmen« Erinnerungen unter der Rubrik »Angst vor Zurückweisung« oder »Zwang zur Selbstbeherrschung« einzuordnen sind. Achten Sie auf Hinweise und machen Sie sich Notizen zum weiteren Studium.

Symbolsprache

Ihr Unterbewußtsein kann sich sehr gut mit Hilfe von Symbolen verständlich machen, oft sogar besser als über Worte oder Erinnerungen.

Um von dieser Methode Gebrauch zu machen, richten Sie Ihre Aufmerksamkeit nach innen und denken Sie an ein bestimmtes Problem oder einen Bereich Ihres Lebens, über den Sie gern mehr in Erfahrung bringen möchten. Sagen Sie dann: »Gib mir ein Bild« oder »Gib mir ein Symbol« für den Gegenstand, um den es geht. Das erste Bild, das auftaucht, ganz gleich wie seltsam oder scheinbar beziehungslos es auch sein mag, ist eine symbolische Botschaft darüber, wie Ihr *Ku* zu der angesprochenen Situation steht. Beispielsweise könnten Sie sich auf Ihre berufliche Situation konzentrieren und das Bild einer Folterkammer erhalten. Das kann dann die eigene Art Ihres *Ku* sein, seine Gefühle über Ihren Beruf zum Ausdruck zu bringen. Es liegt an Ihnen, wie Sie diese Symbole interpretieren. Einigen Menschen wird es leichter fallen als anderen. Sie können jedoch Ihr Unterbewußtsein bitten, Ihnen ein anderes Bild zu übermitteln, wenn das erste nicht klar genug ist. Dabei ist es wichtig festzustellen, daß diese Symbole lediglich die gegenwärtigen Gefühle und Überzeugungen des *Ku* zum Ausdruck bringen. Sie dürfen auf keinen Fall den Fehler machen, diese Bilder als Vorhersagen oder Prophezeiungen anzusehen, sonst könnten Sie sich selbst aus lauter Angst der Möglichkeiten einer positiven Veränderung berauben.

Rücksprache

Diese Methode der Kommunikation mit dem *Ku* nutzt den inneren Dialog oder das innere Streitgespräch, das viele Menschen täglich erleben. Sie läßt die unterbewußten Überzeugungen des *Ku* deutlich zutage treten.

Richten Sie Ihre Aufmerksamkeit nach innen und wiederholen Sie vier bestimmte Aussagen drei- bis fünfmal langsam hintereinander. Lassen Sie dazwischen genügend Zeit für eine innere Antwort. Die Antwort wird normalerweise in Form von Worten kommen, aber gelegentlich wird es auch rein körperliche Reaktionen oder sogar innere Bilder geben, die entweder allein oder zusammen mit den Worten auftreten.

Positive Antworten (ermutigende Worte, gute Gefühle oder positive Bilder) bedeuten, daß es für das, was Sie tun wollen, eine solide unterbewußte Unterstützung gibt. Eine negative Reaktion (Kritik oder Widerspruch, schlechte Gefühle, Muskelverspannungen, negative Bilder oder überhaupt keine Reaktion) bedeutet, daß Sie innere Widerstände haben, die überwunden werden müssen. Wenn die Rücksprache in Worten erfolgt, werden Sie ein besseres Verständnis für die Einstellungen bekommen, die über den jeweiligen Gegenstand vorherrschen. Die vier Aussagen sind:

1. Ich habe die Kraft (Fähigkeit), zu …
2. Ich habe das Recht (ich verdiene), zu …
3. Ich habe den Wunsch, zu …
4. Ich habe den Willen (ich bin entschlossen), zu …

Ergänzen Sie die Sätze mit Ihren Absichten.

Ideomotorische Reaktion und der Gebrauch des Pendels

Die Übung der ideomotorischen (unbewußten, unwillkürlichen) Reaktion schließt den Gebrauch eines einfachen Pendels ein. Sobald das *Ku* das gelernt hat und weiß, was davon zu erwarten ist, ist es eine schnelle und einfache Weise, mit dem Unterbewußtsein Kontakt aufzunehmen. Die Methode besteht einfach darin, einen Gegenstand an einem Stück Schnur oder einer Kette hängend zwischen Daumen und Zeigefinger zu halten und eine Frage zu stellen. Das Pendel wird als Reaktion darauf zu schwingen anfangen, oft zur kompletten Verblüffung des Zuschauers.

Leider hat der Gebrauch eines Pendels mittlerweile einen etwas abergläubischen Beigeschmack, und Menschen, die sich in ihrem Denken für wissenschaftlich halten, sind geneigt, diese Praxis wegen der Assoziation mit dem Spiritismus abzulehnen. Das liegt daran, daß von Leuten, die offenbar keine Ahnung hatten, wovon sie sprechen, behauptet wurde, es seien die Geister von Verstorbenen, die das Pendel bewegen. Ich möchte hier keineswegs behaupten, daß es keine körperlosen Geister gibt, sondern lediglich darauf hinweisen, daß diese nichts mit der Funktion eines Pendels zu tun haben.

Eine vernünftigere und einleuchtendere Erklärung ist die, daß das Pendel vom Unterbewußtsein durch sehr kleine Muskelbewegungen bewegt wird. Diese wirken auf die von der Hand gehaltete Schnur oder die Kette. Die so entstandenen minimalen Bewegungen übertragen sich auf das Gewicht, das dann hin und her schwingt. Das Ganze ist kein bißchen mysteriöser als andere Körperbewegungen, die vom *Ku* hervorgerufen werden. Der Unterschied besteht darin, daß im Fall des Pendels dem *Ku* die Gelegenheit gegeben wird, direkt mit dem Bewußtsein in Verbindung zu treten. Das Verfahren wird auch von vielen Psychoanalytikern eingesetzt, nachdem alle anderen Methoden gescheitert sind.

Um den Vorgang in Gang zu setzen, ist es notwendig, dem *Ku* sehr sorgfältig zu erklären, was man von ihm erwartet. Das ist jedoch nicht so schwer, wie es im ersten Augenblick erscheint. Das Unterbewußtsein ist immer wach. Es liest, was Sie lesen, hört, was Sie hören, weiß, was Sie denken. Das Problem besteht nicht darin, das *Lono* dazu zu bringen, mit dem *Ku* zu kommunizieren, sondern genau umgekehrt. Die Aussagen des Pendels werden am besten in Form einer Kombination von Worten und Körperbewegungen zum Ausdruck gebracht. Zu diesem Zweck sollten sie Ihrem Unterbewußtsein mitteilen, daß Sie ihm zeigen werden, wie es mit Ihnen kommunizieren kann.

Zeichnen Sie einen Kreis mit ungefähr zehn Zentimetern Durchmesser auf ein Stück Papier. Nehmen sie ein Pendel an einer ungefähr fünfzehn bis zwanzig Zentimeter langen Kette. Sie können dieses Pendel entweder kaufen oder selbst herstellen. Wenn Sie sich selbst eines basteln wollen, nehmen Sie einfach einen Ring und einen Faden. Selbst ein Autoschlüssel tut es für den Anfang. Einer der ersten Hinweise darauf, daß Ihr Unterbewußtsein ein selbständiger Denker ist, besteht vielleicht darin, daß es ein bestimmtes Pendel einem anderen vorzieht.

Der nächste Schritt besteht in der Planung einer Reihe von festgelegten Schritten. Sie möchten, daß Ihr Unterbewußtsein in der Lage ist, auf Fragen in beständiger und deutlicher Weise zu antworten. »Ja« und »Nein« sind die wichtigsten Antworten, aber es gibt auch andere Reaktionsmöglichkeiten. Dazu hier einige Vorschläge:

Sie können beginnen, indem Sie das Pendel über den Mittelpunkt des Kreises halten, den Sie gezeichnet haben, am besten, indem Sie den Ellenbogen auf den Tisch stützen. Bewegen Sie das Pendel bewußt im Uhrzeigersinn und sagen

Sie Ihrem Unterbewußtsein wiederholt leise oder auch laut, daß diese Reaktion ein »Ja« bedeutet. Halten Sie dann das Pendel an und bewegen Sie es entgegen dem Uhrzeigersinn, wobei Sie sich einprägen, daß diese Reaktion ein »Nein« bedeutet. Ein kreuzweises Hin- und Herschwingen kann dann ein »Ich möchte mich dazu nicht äußern« bedeuten und ein unbewegtes Pendel »ich weiß nicht« oder »ich verstehe die Frage nicht«. Die Bedeutung der verschiedenen Schwingungsarten ist jedoch beliebig. Sie können sie nach Ihrem persönlichen Geschmack auch völlig anders gestalten. Es gibt kein allgemeingültiges Muster für die Art und Weise, in der das Unterbewußte reagiert.

Nachdem Sie Ihrem Unterbewußtsein gezeigt haben, was es tun soll, versuchen Sie, das Pendel völlig bewegungslos über dem Kreis zu halten und eine Frage zu stellen, auf die Sie die Antwort bereits kennen. Versuchen Sie nicht zu verhindern, daß das Pendel sich bewegt, aber versuchen Sie auch nicht, es bewußt in Schwingungen zu versetzen. Wenn Sie sich nicht sicher sind, ob Sie es bewußt bewegen, dann tun Sie es wahrscheinlich auch nicht. Wenn es funktioniert, kann die Bewegung langsam anfangen und allmählich immer weiter ausschwingen. Sie wird jedoch niemals so stark sein, wie wenn Sie das Pendel bewußt bewegen, es sei denn, durch die Frage werden sehr starke Emotionen freigesetzt. Die Finger und die Hand werden sich dabei scheinbar überhaupt nicht bewegen, oder es gibt kaum merkliche Zuckungen und ruckartige Bewegungen. Achten Sie darauf, das Pendel zwischen den Fragen zum völligen Stillstand zu bringen, um nicht den Schwung der vorherigen Bewegung mit einer Antwort zu verwechseln.

Meistens wird die Antwort unmittelbar erfolgen. Es ist, als ob das Unterbewußtsein schon ungeduldig auf eine Gelegenheit gewartet hätte, sich mitzuteilen. Einige Menschen bekommen jedoch anfänglich überhaupt keine Reaktion. Wenn das der Fall ist, hat das *Ku* die Anweisungen entweder nicht vollständig verstanden, oder man ist irgendwie unsicher, was die Benutzung des Pendels angeht. Die Lösung dieses Problems besteht darin, geduldig noch einmal von vorn anzufangen und sich klar zu machen, daß die Bewegungen des Pendels ihren Ursprung ausschließlich in muskulären Bewegungen haben und nichts Mysteriöses dabei ist. In seltenen Fällen kann es möglich sein, daß tatsächlich lange Zeit keine Reaktion eintritt. Das kann daran liegen, daß *Ku* und *Lono* sich in wesentlichen Dingen uneinig sind. In solchen Fällen sollte man andere Methoden versuchen.

Eine andere Art von Reaktion kann sein, daß das Pendel sich scheinbar völlig ziellos hin- und herbewegt, ohne daß ein Muster erkennbar wäre. Dies könnte eines der Spielchen des Unterbewußten sein, das sich erst nach einer Weile bequemen will, deutliche Antworten zu geben. Vielleicht ist es auch ein Signal, daß es auf andere Weise antworten will. Oft hilft auch die Demonstration durch eine andere Person weiter, wenn das Pendel sich fortwährend undeutlich bewegt. Falls auch das nichts hilft, sollten andere Methoden der Kommunikation mit dem Unterbewußtsein ausprobiert werden, bis das *Ku* mehr Respekt vor dem *Lono* zeigt.

Wenn Sie erst einmal eine positive Reaktion erhalten haben, können Sie anfangen, Fragen zu stellen, die zu einem besseren Verständnis Ihres Unterbewußtseins führen. Als Anfänger wird man sich wundern, wie zutreffend und präzise die Antworten sind. Sehr viele Menschen haben die Erfahrung gemacht, daß diese Methode eine hohe Trefferquote erzielt, vorausgesetzt, es sind die richtigen Fragen und sie werden richtig gestellt. Das Unterbewußtsein nimmt die Dinge wörtlich, eine Frage muß also frei von Zweideutigkeiten sein, um eine unzweideutige Antwort zu erhalten. Wenn Sie eine Antwort bekommen, die unzutreffend erscheint, oder ein »ich möchte darauf nicht antworten« signalisiert bekommen, formulieren Sie die Frage noch einmal aufs neue. Seien Sie nicht erstaunt, wenn Sie eine Antwort bekommen, die Ihnen nicht gefällt. Es ist nämlich gut möglich, daß es sich um eine unbequeme Wahrheit handelt, der Sie immer aus dem Weg gegangen sind. Seien Sie aber ebenfalls nicht erstaunt, wenn Sie eine Antwort erhalten, die sich völlig mit dem deckt, was Sie bewußt wissen und für richtig halten. Immerhin befragen Sie ja einen Teil Ihrer eigenen Psyche.

Was die Fragen anbelangt, die Sie stellen können, so sind Ihrer Phantasie keine Grenzen gesetzt. Sie müssen lediglich mit den vorgegebenen Antwortmustern beantwortbar sein. Erwarten Sie nicht, daß Ihr Unterbewußtsein Fragen beantworten kann, die außerhalb seines Wissens- und Erfahrungsbereiches liegen. Fragen über Ihren geistigen und körperlichen Gesundheitszustand können beispielsweise sehr aufschlußreich sein. Religiöse Überzeugungen, die das *Ku* vertritt, können erforscht werden und ebenso, was es von anderen hält. Das *Ku* kann durchaus eine Antipathie für Menschen entwickeln, die Sie für Freunde halten, und andere, denen Sie lieber aus dem Wege gehen, sehr sympathisch finden. Wenn Sie weiter nachfragen, können Sie auch die Gründe dafür erfahren. Einige benutzen das Pendel auch, um herauszufinden, welche Art von Ernährung das Unterbewußtsein für den Körper vorzieht oder welche Nährstoffe ihm fehlen könnten. Auch zur Traumdeutung kann das Pendel eingesetzt werden. Die Symbolik der Träume mag dem *Lono* seltsam vorkommen, aber das *Ku* kennt ihre Bedeutung. Nach ein paar Wochen Übung mit dem Pendel werden Sie feststellen, welch reiche Informationsquelle Sie in sich tragen.

Es gibt jedoch immer wieder Menschen, die von diesem Prozeß so begeistert sind, daß sie den Kontakt zur Realität verlieren und zuviel vom *Ku* erwarten. Fragen über die Zukunft zum Beispiel kann es auch nicht besser beantworten, als eine kluge Prognose aufgrund gegebener Tatsachen. Das Unterbewußtsein ist alles andere als allwissend. Daher wäre es auch falsch, die Aussagen des *Ku* zur Grundlage aller Entscheidungen zu machen. Es kann Ihnen sagen, was es angesichts einer bestimmten Situation für ein Gefühl hat, und sogar gegebenenfalls eine Empfehlung geben, die Sie jedoch mit der gleichen Distanz betrachten sollten wie den Rat eines guten Freundes.

Kapitel 6
Die Realität des Unsichtbaren

Einer der wichtigsten Begriffe im Huna ist das *Aka*. In Wörterbüchern wird das *Aka* als »Schatten, Reflexion, Ähnlichkeit, Bild, Essenz (im Gegensatz zu Substanz), Klarheit, Helligkeit, Embryo« und »Durchsichtigkeit« definiert. Ein verwandter Begriff in unserer Sprache wäre Äther, ätherische oder astrale Materie oder Aura. Die Vorstellung vom Äther beinhaltet eine Art unsichtbare »Urmaterie«, die alles im physischen Universum verbindet und durchdringt und als Medium für die Wirkungen von Energie fungiert. Der Begriff der Urmaterie erfreute sich in der Wissenschaft nur sehr kurze Zeit der Popularität, jetzt wird er, ebenso wie der Begriff der Aura, überwiegend als unwissenschaftlich abgetan.

Bis vor ganz kurzer Zeit war die Existenz des *Aka* abhängig von den Aussagen hellsichtiger und übersinnlich begabter Menschen, die für sich in Anspruch nahmen, den *Aka*-Körper, der den physischen Körper umgibt, sehen zu können, wenn die richtigen Bedingungen dafür gegeben waren. Einige behaupteten, sie könnten das *Aka* sehen, das unbelebte Gegenstände und Pflanzen umgibt. Einige wenige hielten sich sogar für fähig, eigenständige Gegenstände oder Wesenheiten aus reinem *Aka* erschaffen zu können, die von jedem gesehen oder gefühlt werden könnten. Natürlich gab es dann noch eine ganze Reihe von Leuten, die den *Aka*-Körper von Verstorbenen und die Gestalt von »Naturgeistern« oder anderen Wesen sehen konnten. Da diese Effekte im Labor nicht meß- und reproduzierbar waren, riefen sie bei Wissenschaftlern nur Spott hervor, und sie kümmerten sich nicht weiter darum. Es gab zwar einige couragierte Ausnahmen, aber deren Wort hatte in der Wissenschaft kein Gewicht.

Dann jedoch gelang es einem Ehepaar namens Kirlian, sehr eigentümliche Phänomene zu fotografieren, die auftraten, wenn eine hohe elektrische Spannung durch belebte und unbelebte Gegenstände geschickt wurde, die auf einer lichtempfindlichen Platte lagen. Ein nebelhafter blauer Strahlenkranz (Korona) erschien um die Gegenstände, oder zumindest auf ihrem Abbild auf der Platte. Weitergehende Experimente zeigten, daß sich Form und Größe des Strahlenkranzes abhängig von den emotionalen Zuständen der fotografierten Menschen und vom Grad des Zerfalls der Pflanzenteile veränderten. Man fand heraus, daß Menschen mit offensichtlich heilenden Kräften größere, manchmal leicht rot getönte Strahlenkränze hatten. Außerdem erschienen an Stellen, an denen Pflanzenteile abgeschnitten worden waren, sogenannte »Phantombilder«, die den Verlauf des unversehrten Blattes zeigten. Die meisten Wissenschaftler stimmen mittlerweile darin überein, daß diese fotografischen Effekte durch elektrische Feldveränderungen verursacht werden. Niemand ist jedoch bisher dahintergekommen, wodurch diese Veränderungen an dem fotografierten Gegenstand bewirkt werden. Manche meinen, daß sie Veränderungen in der Aura beziehungsweise im *Aka*-Körper widerspiegeln.

Immer mehr Wissenschaftler beschäftigten sich mit dem Phänomen der Kirlian-Fotografie. Sie stießen dabei auf die Arbeiten und Forschungen jener wenigen Wissenschaftler, die es gewagt hatten, vor ihnen auf diesem Gebiet ihre Forschungen anzustellen. Einer von ihnen war Baron von Reichenbach, der Entdecker des Kreosot, der im neunzehnten Jahrhundert viele visuelle und taktile Eigenschaften des *Aka* entdeckte. Dr. Kilner, ein englischer Arzt, der zu Anfang des zwanzigsten Jahrhunderts Mittel und Wege fand, die Aura zum Zweck der Diagnose sichtbar zu machen, war ein weiterer Pionier auf diesem Gebiet, ebenso Dr. Wilhelm Reich, der viele Eigenschaften des *Aka* publik machte, einschließlich der so oft sichtbaren blauen Farbe. Außerdem machte Dr. Reich die Wirkungen des

Aka mit Hilfe eines Geigerzählers und eines Elektroskops meßbar. Ein weiterer Pionier auf diesem Gebiet war Dr. Harold Burr, ein Zeitgenosse Reichs, der mit einem Voltmeter erfolgreich das elektrische Feld gemessen hat, das Lebewesen umgibt.

Viele Menschen können das *Aka* sehen, und sein Zusammenhang mit Elektrizität kann gemessen werden. Es ist ein Teil unserer Wirklichkeit. Am Ende dieses Kapitels finden Sie einige Experimente, mit deren Hilfe Sie die Realität des *Aka* selbst überprüfen können.

Elektrische Felder

Bevor wir die spezifischen Merkmale des *Aka* beschreiben, müssen wir einen Unterschied machen zwischen der Energie und dem Medium, durch das die Energie sich verwirklicht. Ähnlich wie Wasser und Kupferdraht als Medium für elektrischen Strom dienen, stellt *Aka* ein Medium für die Lebenskraft, *Mana*, dar. Wenn Sie eine Aura sehen, dann sehen Sie in Wirklichkeit ein *Aka*-Feld, oder, um es anders auszudrücken, Sie sehen die Wirkungen einer *Mana*-Aufladung in *Aka*-Substanz. Manchmal ist es einfacher, nur von der Energie selbst zu sprechen, so wie Reich das mit seiner Orgontheorie getan hat, aber manchmal muß das *Aka* berücksichtigt werden, um das Phänomen angemessen zu erklären und in der Praxis damit umzugehen.

Zuerst sollten wir die Feldwirkungen betrachten. Ich habe bereits die Aura erwähnt, die die Kahunas *Kahoaka* nannten. Stellen Sie sich die Aura nicht einfach als etwas vor, das Sie umgibt, sondern als ein Feld, das als Energiematrix für Ihren Körper dient. In der Praxis sprechen wir von einem *Aka*-Körper, der den physischen Körper durchdringt und über diesen hinausgeht, beziehungsweise ihn umgibt. Im Schlaf oder unter besonderen Umständen, zufällig oder durch Körperbeherrschung, kann sich ein größerer Teil dieses *Aka*-Körpers von dem physischen Körper lösen und auf Reisen gehen. Das kann der Person, der das geschieht, bewußt sein oder nicht. Zwischen dem reisenden *Aka*-Körper und dem physischen Körper bleibt eine Art Verbindung bestehen, die von denen, die außerhalb ihres Körpers auf Reisen gehen, oft als »Silberschnur« wahrgenommen wird. Durch diesen Kontakt fließen Informationen über Sinneswahrnehmungen, so daß im Fall von Schwierigkeiten oder Unannehmlichkeiten an einem der beiden Enden das *Kahoaka* sich blitzartig zurückzieht, was häufig zu einem Zusammenzucken des physischen Körpers führt.

Eine andere Feldwirkung besteht in der Veränderung von Größe, Dichte und energetischer Kapazität des *Aka*-Körpers durch Emotionen, Vorstellungen und/oder Absicht. Jede starke Emotion wird normalerweise Größe und Helligkeit der Aura steigern und im umgekehrten Fall, bei emotionaler Unterdrückung und Krankheit, vermindern. Dieselben Wirkungen können jedoch auch durch starke Vorstellungskraft bewußt erzeugt werden. Sie können die Dichte Ihres Energiefeldes absichtlich oder über Ihre Vorstellung so verändern, daß in einem Moment mehrere Menschen Sie kaum hochheben können und Sie im nächsten leicht wie eine Feder sind. Sie können ebenfalls lernen, die Aura auszudehnen und damit Ihre Sinneswahrnehmungen, Ihre Sehkraft, Ihr Gehör und Ihren Tastsinn auf die entfernteren Teile Ihrer unmittelbaren Umgebung zu erweitern.

Das *Aka*-Feld dient gleichzeitig als Gedächtnisspeicher. Traditionelle Wissenschaftler behaupten, daß Gedanken in den physischen Gehirnzellen gespeichert werden, obwohl noch niemals irgendwelche Spuren für solche Aufzeichnungen gefunden worden sind. Dabei stützt man sich hauptsächlich auf die Beobachtung, daß eine elektrische Stimulation bestimmter Teile des Gehirns lebhafte Erinnerungen hervorrufen kann. Dieselben Erinnerungen können jedoch auch durch Stimulation anderer Teile des Gehirns und sogar durch Stimulation von Körperteilen hervorgerufen werden. In der Theorie des Huna bewirkt jeder Gedanke eine entsprechende Zellveränderung, *die schon vom nächsten Gedanken wieder verändert werden kann.* Das könnte erklären, warum bisher noch keine bleibende Spur des Gedächtnisses im Körper nachgewiesen werden konnte. Der Gedanke selbst (und das gilt auch für Erfahrungen) wird tatsächlich in der *Aka*-Substanz gespeichert. Das Unterbewußtsein zapft diese Quelle für sein Gedächtnis an. Aus diesem Grund können wir uns an vergangene Leben erinnern, an Träume, Phantasien, Visionen und andere Formen inneren Erlebens, die keine physische Entsprechung haben.

Die Speicherfunktion des *Aka*-Feldes gestattet es uns, Erinnerungen hervorzuholen oder uns auf sie einzustimmen, egal ob sie persönlicher Natur sind oder nicht. Selbst Erinnerungen, die mit uns persönlich nichts zu tun haben, können hervorgeholt werden. Vielleicht haben Sie schon einmal von den »Akasha-Chroniken« gehört. Dieser Begriff kommt aus dem Indischen und wurde im Westen leider oft gründlich mißverstanden. Beachten Sie die Wurzel »*Aka*« im Wort »*Akasha*«. Die ursprüngliche Bedeutung des indischen Begriffes ist identisch mit dem Konzept des *Aka* im Huna. Alle Ereignisse, einschließlich der Gedanken, werden in der *Aka*-Substanz aufgezeichnet oder hinterlassen in ihr einen Eindruck. Mit der richtigen geistigen Einstellung und Konzentration ist es möglich, sich auf alles einzustimmen, was jemals gedacht worden ist. Wegen unserer engen Verbindung und unserer ständigen Sorge um den physischen Körper sowie unserer kulturellen Konditionierung fällt es uns leichter und scheint uns selbstverständlicher, uns Dinge und Ereignisse unseres eigenen Lebens ins Gedächtnis zu rufen. Es gibt jedoch besonders sensitive oder übersinnlich begabte Menschen, die mehr oder weniger regelmäßig auch andere Arten von Erinnerung hervorrufen können.

Energieübertragung

Als Medium für die Übertragung von Energie wird *Aka* eingesetzt, um Informationen und Erfahrungen von einem Punkt zu einem anderen zu übertragen. Wir wollen uns jetzt hauptsächlich mit den übersinnlichen Aspekten dieses Phänomens beschäftigen.

Im Huna gibt es im wesentlichen zwei Arbeitshypothesen, um das Funktionieren übersinnlicher Übertragung und Beeinflussung zu erklären. Die erste, die von Max Long vertreten wurde, verwendet die Analogie von »*Aka*-Fäden«, »-Strängen« und »-Fingern« und läßt dabei die Existenz eines allgemeinen *Aka*-Feldes völlig außer Betracht. Gemäß dieser Analogie bleiben wir mit allem, was wir sinnlich wahrnehmen, durch »klebrige« *Aka*-Fäden in Verbindung, die niemals zerbrechen und sich niemals verheddern. Jedesmal wenn wir einen Kontakt wieder aufnehmen, wird ein neuer Faden gebildet, so daß wir mit manchen Menschen und Orten durch regelrechte Stränge aus vielen Fäden verbunden sind. Außerdem können wir kraft unserer Gedanken einen »*Aka*-Finger« nach Orten oder Menschen ausstrecken, zu denen wir noch niemals einen Kontakt hatten, und auf diese Weise an Informationen kommen oder einen Einfluß ausüben. Es heißt – um in der Analogie zu bleiben – daß das Unterbewußtsein einen Teil unserer Wahrnehmungsfähigkeit aussendet, um Eindrücke festzuhalten oder etwas in Gang zu setzen. Telepathie ist in diesem Zusammenhang als die Fähigkeit zu verstehen, einen bestimmten Faden mit *Mana* zu aktivieren, um durch ihn zu senden oder zu empfangen. Hellsehen ist demnach das Aussenden eines »Fingers«, um etwas zu beobachten, und Psychokinese ist die Verstärkung eines Fingers, bis er stark genug ist, um etwas zu bewegen.

Die Analogie von Fäden, Strängen und Fingern ist in mancher Hinsicht nützlich, sollte aber nicht als Dogma angesehen werden.

Die zweite wesentliche Arbeitshypothese besagt, daß das *Aka* eine alles durchdringende ätherische Substanz ist, die als vollkommener Leiter für Energiestrahlen aller Art dient. Die Analogie dazu wären die Wellen, die sich von einer Schall-, Licht- oder Wärmequelle in alle Richtungen gleichzeitig ausbreiten und von allen Gegenständen, die auf die richtige Frequenz eingestimmt sind, empfangen oder beeinflußt werden können.

Diese Theorie umfaßt auch das Konzept der Radiowellen und des Elektromagnetismus. In dieser Analogie ist der Geist der Empfänger, und *Mana* ist die Energie, von der er gespeist wird. Je mehr *Mana* Sie haben, desto besser ist Ihre Fähigkeit zu empfangen oder zu senden. Telepathie ist folglich davon abhängig, wie gut man sich auf die Gedanken, die von einer Person ausgesendet werden, einstimmen kann. Hellsichtigkeit ist davon abhängig, wie gut man sich auf die Strahlungen, die von einem bestimmten Ort ausgehen, einstimmen kann, und Psychokinese davon, wie gut man seine Energieübertragungen regeln kann, um eine Induktionswirkung auf einen bestimmten Gegenstand zu erzielen. Nach dieser Theorie sind vergangene Ereignisse Schwingungen oder Frequenzmuster, die noch immer aktiv durch das Medium *Aka* ihre Energie aussenden, aber zu langsam sind, um mit den gewöhnlichen Sinnen wahrgenommen zu werden, während Ereignisse in der Zukunft zu schnell schwingen, als daß sie auf normale Weise wahrgenommen werden könnten.

In der Praxis ist diese Theorie äußerst nützlich und wirksam, sie erfordert jedoch eine technische Denkweise, die manchen Menschen nicht leicht fällt. Die Analogie der Schallwellen ist wahrscheinlich die treffendste, um das Konzept verständlich zu machen.

Nebenbei könnte die Frage auftauchen, warum man das *Aka* nicht ganz einfach aus sich selbst erklären kann und statt dessen Analogien zu Hilfe nehmen muß. Das setzt jedoch voraus, daß es hinter allen Erscheinungen und Theorien eine absolute Wahrheit gibt. Das wird im Huna nicht so gesehen. Die einzige annehmbare Definition einer absoluten Wahrheit wäre: »Alles, was ist, war und sein wird und alles, was möglicherweise irgendwo irgendwann sein könnte.« Unter einer solchen Voraussetzung ist die Wahrheit immer das, was Sie daraus machen und was Sie für wahr halten, und die wirksamste Wahrheit ist die, die für die jeweils anstehende Aufgabe am besten funktioniert.

Materialisierungen

Aka ist nicht nur der alles durchdringende Äther, der Ereignisse aufzeichnet und Energie überträgt, sondern auch die Matrix aller physischen Formen. Die Kahunas lehren, daß eine Gedankenform, die in das allgemeine *Aka*-Feld hinein ausstrahlt, verschiedene Wirkungen hervorbringt, die von der Klarheit, der Intensität und der Dauer des Gedankens abhängig sind. Diese Wirkung kann sich als eine unsichtbare gedankliche Form manifestieren, die nur von bestimmten besonders sensitiven Menschen wahrgenommen werden kann, oder als zeitweilig sichtbare Form, die oft fälschlicherweise für den Geist eines Verstorbenen gehalten wird. Die Form kann, noch während sie unsichtbar ist, genau die Materie oder Gegebenheiten anziehen, die notwendig sind, um ihre physikalische Entsprechung in den Bereich der menschlichen Erfahrbarkeit zu bringen, oder sie kann sofort vom ätherischen in den physikalischen Zustand übergehen und so lange bestehen bleiben, wie alles andere in der dinglichen Welt. Zwischen diesen beiden Möglichkeiten gibt es noch eine Unzahl von Variationen, dies sind jedoch die wichtigsten.

In Tagträumen oder auf Phantasiereisen sind die vorgestellten Personen und Gegenstände die Produkte unserer Einbildungskraft. Dennoch sind sie materielle Produkte, aus

Aka-Substanz gebildet. Normalerweise lösen sie sich in ungeformtes *Aka* auf, sobald der Traum oder die Reise zu Ende ist, aber die Dauer ihrer Existenz richtet sich danach, wieviel *Mana* ihnen zuteil wird. Je öfter etwas visualisiert wird, desto mehr Energie erhält es durch den Prozeß der Visualisierung. Bei gewöhnlichen Tagträumen ohne starke emotionale Beteiligung ist die Menge der Energie, die von dem Bild jeweils empfangen wird, sehr gering, aber nach Jahren fortgesetzter Visualisierung desselben Gegenstandes hat die *Aka*-Gedankenform eine immer größere Wirkung auf das Leben, selbst wenn die physische Entsprechung sich niemals manifestieren sollte. Sie können sich diese Gedankenformen als Bilder vorstellen, die in Ihrem persönlichen *Aka*-Feld treiben, von wo aus sie sich unterbewußt auf Ihre Lebensperspektive, Ihre Reaktionen und die Reaktionen anderer Menschen auf Sie auswirken.

Aka-Gedankenformen können in der Größe von mikroskopisch klein bis unvorstellbar groß variieren. Am kleinsten sind die Bilder, die offenbar ausschließlich vor Ihrem »inneren Auge« existieren. Sie denken an eine Begebenheit oder eine Person und stellen sie sich im Geiste vor. Die Wirkung ist ziemlich die gleiche, wie wenn Sie sich an etwas erinnern. Derartige Gedankenformen werden in der Tat in Form von Erinnerungen festgehalten, obwohl sie eigentlich in keiner Beziehung zur Welt der tatsächlichen physischen Erfahrung stehen.

Von etwas anderer Größe und Wirkung sind die äußeren *Aka*-Bilder, die vom Bewußtsein konstruiert werden. Es handelt sich dabei um eine Art der Visualisierung, die zum Beispiel in der Pantomime eingesetzt wird. Gemäß der Huna-Theorie ist das, was Sie aufgrund der Gestik des Pantomimen erleben, nicht nur eingebildet. Der Pantomime visualisiert lebensgroße Objekte direkt vor sich auf der Bühne und geht mit ihnen um, als seien sie völlig real. Das Publikum sieht nichts, aber wenn der Darsteller seine Visualisierung gut macht, dann werden seine Reaktionen so realistisch sein, daß das Publikum genau weiß, was er darstellen will, denn es wird im Geiste für sich dieselben *Aka*-Bilder hergestellt haben. Bestimmte Werke der chinesischen und japanischen Malerei sind der Pantomime sehr ähnlich, indem sie viele Elemente der dargestellten Szene nur andeuten und es der Phantasie des Betrachters überlassen, den Rest hinzuzufügen. Der Betrachter konstruiert eine nach außen projizierte *Aka*-Gedankenform, die die fehlenden Elemente liefert. Es kann sehr interessant sein, die Details zu vergleichen, die verschiedene Betrachter desselben Bildes hinzugefügt haben.

Unter Hypnose können Menschen dazu gebracht werden, sich selbst in den verschiedensten Umgebungen zu sehen und Gespräche mit Menschen zu führen, die überhaupt nicht anwesend sind. Für den Hypnotisierten sind sie gegenwärtig, in Form von *Aka*-Bildern, die von ihm selbst hergestellt worden sind.

Es gibt Berichte von Massenhalluzinationen, bei denen eine ganze Gruppe hellwacher Menschen Zeuge eines Ereignisses geworden ist, das objektiv überhaupt nicht stattgefunden hat. Ein gutes Beispiel dafür ist der berühmte indische Seiltrick. Eine große Menschenmenge sieht das Seil hoch in die Luft fliegen und dort hängenbleiben, einen Jungen daran hinaufklettern und verschwinden. Der Fakir klettert hinterher und wirft blutige Körperteile des Jungen herunter, klettert wieder hinab und setzt die Teile des Jungen wieder zusammen, bis dieser fröhlich wieder in seiner ganzen Gestalt sichtbar ist. Es existiert ein Film, mit dem versucht wurde, dieses unerhörte Ereignis aufzuzeichnen. Auf dem Film kann man sehen, wie der Fakir und der Junge die ganze Zeit still neben einem schlaff herunterhängenden Seil stehen. Was war geschehen? Der Fakir hatte *Aka*-Bilder von sich selbst, dem Jungen und dem Seil konstruiert, die so dicht waren, daß sie von allen Beteiligten gesehen werden konnten, aber gleichzeitig so fein, daß die Filmkamera sie nicht aufzeichnen konnte.

In gewissem Sinne war der Fakir natürlich ein Gaukler, aber gleichzeitig lieferte er einen eindrucksvollen Beweis für seine Beherrschung des *Aka*.

Experimente

● *Aka sehen*: Die einfachste Methode, um das *Aka* sichtbar zu machen, besteht darin, daß Sie Ihre Hand mit gespreizten Fingern etwa zehn Zentimeter über eine ebene dunkle oder helle Oberfläche halten. Wenn Sie einen hellen Hintergrund nehmen wollen, sollten Sie darauf achten, daß der Schatten Ihrer Hand nicht direkt unter ihr ist. Schwarzer Filz ist ideal als Hintergrundfläche. Wenn Ihre Hand über der Fläche schwebt, konzentrieren Sie Ihren Blick auf den Zwischenraum zwischen Ihren Fingern und ein kleines Stück über Ihren Fingerspitzen auf den Raum selbst, nicht direkt auf den Hintergrund oder auf Ihre Hand. Sie werden dort, entweder sofort oder nach einer Weile, eine schwache, verschwommen leuchtende Umrißlinie um Ihre Finger herum sehen. Was Sie da sehen, ist der dichtere Teil Ihres *Aka*-Feldes. Wenn Sie etwa zwanzig Zentimeter weiter weg schauen und dann wieder zurück, werden Sie den kontrastierenden Schleier, der Ihre Finger umgibt, noch deutlicher sehen können.

Eine andere Möglichkeit, das *Aka* zu sehen, besteht darin, daß man einen Freund bei schwacher Beleuchtung ohne Schatten vor eine leere Wand setzt und dann ein kleines Stück über seinen Kopf schaut. Ein ähnlicher Schleier wird um seinen Kopf und seine Schultern sichtbar werden.

● *Aka spüren*: Ihr *Aka*-Feld ist leichter zu spüren, wenn es mit Energie geladen ist. Eine einfache Methode, um das zu demonstrieren, besteht darin, daß Sie Ihre Handflächen einen Moment lang gegeneinander reiben (was die Freisetzung von *Mana* aus Ihren Händen begünstigt) und sie dann zwanzig bis dreißig Zentimeter voneinander entfernt halten. Daraufhin bewegen Sie Ihre Hände mehrere Male ganz langsam aufeinander zu und wieder voneinander weg. Es wird sich so anfühlen, als formten Sie einen weichen Ballon zwischen Ihren Händen. Auf jeden Fall werden Sie ganz deutlich das Gefühl haben, als sei da etwas Unsichtbares, das sich der Bewegung Ihrer Hände entgegenstellt. Das ist das *Aka.* Sobald Sie dafür empfindlicher werden, brauchen Sie Ihre Hände nicht mehr aneinander zu reiben, um es zu spüren, und Sie werden die Aura um die Körper Ihrer Mitmenschen immer besser wahrnehmen können und schließlich auch um unbelebte Gegenstände. Indem Sie Ihr Bewußtsein des *Aka* schärfen, werden Sie Ihre Empfindlichkeit für feinere Sinneswahrnehmungen erhöhen, die von Ihrem Unterbewußtsein ausgehen. Diese Art der Wahrnehmung wird sich für Ihre innere Entwicklung als sehr hilfreich erweisen.

KAPITEL 7

Mana, die mysteriöse Lebenskraft

Mana ist die Energie, aus der alles Leben stammt und eine potentielle Quelle unglaublicher Kraft. Von konservativen westlichen Wissenschaftlern wurde diese Energie völlig ignoriert, obwohl sie immer wieder von etwas wagemutigeren und aufgeschlosseneren Menschen entdeckt und erforscht wurde.

Franz Anton Mesmer entdeckte *Mana* im achtzehnten Jahrhundert und gab ihm den Namen »animalischer Magnetismus«. Diese Entdeckung hatte offenbar etwas sehr Bedrohliches an sich, denn der Name Mesmers wird heutzutage fast ausschließlich mit dem Hypnotismus in Verbindung gebracht, der jedoch lediglich ein Nebenprodukt seiner Arbeit mit der elementaren Lebenskraft war.

Fünfzig Jahre später überprüfte ein gewisser Baron von Reichenbach die Behauptungen, die Mesmer über die Lebenskraft aufgestellt hatte. Er bewies die Existenz einer solchen Kraft anhand vieler Experimente und nannte sie »Odem«. Reichenbachs Forschungen wurden jedoch trotz seiner Verdienste, die er sich durch die Entdeckung des Kreosot erworben hatte, ignoriert und von den meisten seiner wissenschaftlichen Kollegen verspottet.

Auch Freud nahm die Existenz dieser Kraft an und nannte sie »Libido«. Ein Arzt namens Abrams erforschte dann die bioelektrischen Eigenschaften der Libido. Wilhelm Reich, ein Schützling Freuds, machte noch weitergehende Entdeckungen über die Lebenskraft, führte ausführliche Experimente dazu durch, schrieb Bücher darüber und erfand Geräte, um sie zu erzeugen. Die Regierung der Vereinigten Staaten schickte ihn ins Gefängnis, verbrannte seine Bücher und beschlagnahmte seine Gerätschaften. Reichs Name für die Lebenskraft war »Orgonenergie«.

Der Franzose Bovis entdeckte die Kraft der Pyramiden, später experimentierten Wissenschaftler in verschiedenen Ländern des Ostblocks mit ihr unter dem Namen »biotronische Energie«. In vielen Kulturen ist die Vorstellung von der Lebenskraft ein geläufiges Konzept. Sie ist unter Namen wie *Prana*, *Baraka*, *Mungo*, *Ch'i* und *Ki* bekannt, um nur einige zu nennen. Der Begriff, den ich benutzen will, ist *Mana*, aus dem Polynesischen, und im folgenden Kapitel werde ich mich hauptsächlich mit dem biologischen Aspekt von *Mana* befassen.

Ebbe und Flut

Mana ist lebensspendende Energie, es ist Ihre »Lebenskraft«. Eine der Haupteigenschaften des Lebens, wie wir es kennen, ist Bewegung, die sich auf verschiedene Weise ausdrücken kann, zum Beispiel als Blutkreislauf, als Verdauung oder als elektrische Aktivität des Nervensystems. Im Huna gibt es die Theorie, daß alle diese Lebensvorgänge durch die beständige Bewegung von *Mana* durch den Körper und um ihn herum ermöglicht werden. Man kann sich vorstellen, daß das *Mana*, welches sich durch den Körper bewegt, wie ein elektrischer Strom ist, während das, was um den Körper herumfließt, wie ein elektrisches Feld ist. Eine Verstärkung des einen wird auch das andere verstärken, und eine Verminderung des einen wird eine Verminderung des anderen nach sich ziehen. Ebenso können verschiedene Umwelteinflüsse Veränderungen sowohl im elektrischen Fluß als auch im Feld hervorrufen, die dann ihre Wirkung auf Gesundheit, Stimmung und Gedanken haben. Persönliches Verhalten, emotionale Angewohnheiten und geistige Haltungen können Ebbe und Flut des *Mana* ebenfalls beeinflussen.

Wenn der Fluß Ihres *Mana* stark und klar ist, sind Sie auf der Höhe Ihrer körperlichen Gesundheit. Sie verfügen über eine Fülle von Energie und Stärke und können selbst unter den schwierigsten Bedingungen Ihre Ruhe und Ihren Enthusiasmus bewahren. Sie können klar und effektiv denken, sind zuversichtlich und großherzig. Sie sind glücklich, und Ihre physischen und psychischen Fähigkeiten sind aufs höchste entwickelt.

Wenn Ihr Energiefluß jedoch niedrig und eingeengt ist, sind Sie von schwacher Gesundheit und fühlen sich abgespannt und müde. In schwierigen Situationen sind Sie reizbar und ängstlich, Ihr Denken ist verworren, Sie leiden unter einem Mangel an Selbstvertrauen und haben nur wenig Mitgefühl für Ihre Mitmenschen. Sie sind sehr unglücklich und haben Schwierigkeiten, Ihre Fähigkeiten zum Ausdruck zu bringen. Dies sind die beiden Extreme. Die meisten Menschen erleben sie zwar von Zeit zu Zeit, befinden sich jedoch zumeist in einem gemischten Zustand: In einigen Bereichen ihres Lebens fließt die Energie, in anderen ist »Ebbe«.

Im folgenden werden wir die Hauptfaktoren betrachten, die bestimmen, ob bezüglich der Lebenskraft Ebbe oder Flut herrscht.

Ernährung

Ich habe in vielen Teilen der Welt gelebt und viele verschiedene Ernährungsweisen ausprobiert. Mittlerweile bin ich der Überzeugung, daß es, was die Lebenskraft anbelangt, keine Rolle spielt, *was* Sie essen. Einige Dinge sind jedoch zu beachten:

die Qualität der Nahrung,
ob Sie im Streß sind, wenn Sie essen,
wo Ihre Aufmerksamkeit beim Essen ist.

Die Qualität der Nahrung schließt ihren Nährwert, die Frische, die Art und Weise der Zubereitung sowie ihre äußerliche Erscheinung und ihren Geruch ein, letzteres hauptsächlich aus psychologischen Gründen. Ob die Nahrung aus Fisch, Geflügel, Fleisch oder Gemüse besteht, ist unerheblich. Die Unterschiede sind reine Glaubenssache. Unter bestimmten Umständen kann es jedoch nützlich sein, bestimmte Nahrungsmittel nicht zu essen. So wichtig die Qualität der Nahrungsmittel auch ist, so ist sie doch sekundär gegenüber den anderen beiden Faktoren.

Wenn Sie unter Streß stehen, während Sie essen – gleich, ob es sich um geistigen, emotionalen oder körperlichen Streß handelt –, werden Sie den Speisen nicht nur weniger Nährwert entnehmen können, sondern im Prozeß der Umsetzung der Nahrung in Energie kann Ihr Körper auch einen Teil davon in Gifte umsetzen. Das wird Ihren Streß noch vergrößern und Ihre Lebenskraft noch weiter erschöpfen.

Das mechanische Essen – das heißt mit der Aufmerksamkeit fast vollständig auf etwas anderes gerichtet, auf Lesen, Fernsehen oder eine Unterhaltung – wird zur Folge haben, daß die Nährstoffe nicht richtig aufgenommen werden und ein großer Teil der Energie aus der Nahrung in Fett umgesetzt wird. Das heißt, daß weniger *Mana* fließt und zum täglichen Gebrauch zur Verfügung steht. Ich plädiere nicht unbedingt für totale Aufmerksamkeit auf das Essen, obwohl das sicherlich das beste wäre und durchaus geeignet ist, eine Mahlzeit zu einem ganz besonderen Ereignis zu machen. Ich empfehle lediglich, daß Sie wenigstens einen Teil Ihrer Aufmerksamkeit auf das Essen konzentrieren und es sich schmecken lassen, ganz gleich, was um Sie herum geschieht und was Sie beim Essen sonst noch tun.

Ein vierter wichtiger Faktor – der jedoch etwas zu speziell ist, um in diesem Rahmen weiter darauf einzugehen – ist die innere Einstellung gegenüber der Nahrung, die Sie zu sich nehmen, und gegenüber dem Vorgang des Essens an sich.

Atmen

Das Atmen ist zum Überleben noch wichtiger als das Essen. Es sind Fälle bekannt, in denen Menschen längere Zeit am Leben geblieben sind und ihre Gesundheit behalten haben, ohne zu essen, niemals aber ohne zu atmen. Auf der physischen Ebene führt das Atmen den Lungen Sauerstoff zu, was es den Zellen ermöglicht, die Nährstoffe im Blutkreislauf zu nutzen. Laut Huna werden in diesem Prozeß auch der *Mana*-Fluß und das *Mana*-Feld gestärkt.

Weil das Atmen so wichtig ist, ist es in vielen Kulturen ein Symbol des Lebens und der Lebenskraft schlechthin. Man hat zahlreiche Techniken entwickelt, um den Atemvorgang zu regulieren und das *Mana* zu lenken oder zu vermehren. Richtiges Atmen ist jedoch eine sehr einfache Angelegenheit. Eine weit verbreitete schlechte Angewohnheit in unserer Zivilisation ist zu flaches Atmen – oft eine Folge von chronischem Streß –, bei dem die Menschen nur einen kleinen Teil ihrer Lungen gebrauchen, um Luft aufzunehmen, und sich so eine der besten Quellen von Lebenskraft entgehen lassen. Wenn Sie zu denen gehören, die im allgemeinen flach atmen, wird eine so einfache Technik wie vollständig ein- und wieder auszuatmen, bemerkenswerte Auswirkungen auf Ihre Gesundheit und die Klarheit Ihres Denkens haben. Tiefes Atmen wird Ihnen auch helfen, sich zu beruhigen, wenn Sie nervös sind, und Ihnen mehr Energie verleihen, wenn Sie zu Müdigkeit neigen.

Die vielleicht beste Form der tiefen Atmung ist eine Yogaübung, die als »Vollständige Atmung« bekannt ist. Sie wird auch im Huna angewandt. Beginnen Sie damit, die Luft in Ihren Lungen möglichst vollständig auszuatmen. Stoßen Sie die Luft hinaus, indem Sie den Bauch einziehen. Wenn Sie Ihre Hand auf den Bauch legen, können Sie spüren, wie die Bauchdecke sich immer weiter auf die Wirbelsäule zubewegt.

Lassen Sie die Luft dann wieder tief in Ihre Lungen hineinströmen und Ihren Bauch sich heben. Wenn Ihre Bauchdecke sich nicht mehr weiter ausdehnen kann, atmen Sie trotzdem noch weiter ein und füllen auch noch die oberen Spitzen Ihrer Lungen. Wenn Ihre Brust vollständig ausgedehnt ist, lassen Sie die Luft zuerst aus den Spitzen der Lungen hinaus und atmen dann stoßweise auch noch den Rest aus, indem Sie den Bauch wieder einziehen. Einen solchen Atemzyklus nennt man eine »vollständige Atmung«. Das anfängliche Ausatmen zählt dabei nicht, es ist lediglich eine gute Art zu beginnen. Die Atmung sollte langsam und leicht sein. Vier vollständige Atemzüge sind ausreichend für den Anfang, bis diese Art des Atmens etwas Natürliches geworden ist. Wenn Sie diese kleine Übung regelmäßig wiederholen, wird sie sich in allen Bereichen Ihres Lebens als lebensspendender Einfluß bemerkbar machen.

Innere Haltung

Geistige und emotionale innere Einstellungen können den Fluß von *Mana* in Ihrem Wesen entweder behindern oder fördern. Im allgemeinen werden negative Haltungen inneren Streß verursachen, der sich in körperlichen Verspannungen äußert und Organe und sogar Zellen beeinträchtigen kann. Diese Spannung behindert den Fluß von *Mana* unmittelbar. Wenn innere Haltungen daran beteiligt sind und unverändert bleiben, wird jeder äußerliche Versuch, etwas daran zu ändern (wie etwa Vitamintabletten, Sport oder besondere Atemübungen), nur eine zeitweise Verbesserung bringen, obgleich es manchmal auch möglich ist, die innere Haltung durch einen vermehrten Fluß von *Mana* zu ändern.

Die direkteste Methode, den Fluß von *Mana* zu verbessern, besteht darin, negative innere Haltungen durch positive zu ersetzen, besonders wenn sie mit Angst, Zweifeln, Ablehnung und Schuld zu tun haben. Wenn Sie eine positivere innere Haltung einnehmen, müssen Sie lernen, vor negativen Gedanken und Gefühlen, die von Zeit zu Zeit auftauchen, keine Angst zu haben. Es spielt überhaupt keine Rolle, wann sie auftauchen, Sie sollten sich lediglich ihrer bewußt sein und sie verscheuchen. Sie dürfen sie auf keinen Fall bei sich behalten. Die einfachste und direkteste Methode, eine negative innere Haltung in eine positive zu verwandeln, besteht darin, sich der negativen Gedanken oder Gefühle bewußt zu werden, sobald sie auftauchen, und sie bewußt in ihr positives Gegenteil zu verkehren. Sie können das immer tun, unabhängig davon, ob die Fakten der jeweiligen Situation es zuzulassen scheinen oder nicht. Wenn Sie das beständig praktizieren, werden Sie staunen, wie sich Ihr Leben auf allen Ebenen, einschließlich Ihrer Gesundheit und Ihrer Lebenskraft, verbessern wird.

Visualisierung

Die Technik der Visualisierung kann eingesetzt werden, um den Fluß des *Mana* zu verstärken. Das kann sich in vielen Lebensbereichen positiv auswirken und ist für alle möglichen Vorhaben förderlich. Wir wollen hier zeigen, wie Sie die Visualisierung nutzen können, um eine gewaltige Ladung von *Mana* in sich zu erzeugen. Am besten funktioniert das mit einer Kombination aus Tiefenatmung, Visualisierung und physischen Reizen. Das ist insbesondere für jene interessant, die einen überdurchschnittlich guten Gesundheitszustand anstreben, außergewöhnliche Leistungen zu vollbringen haben oder ihr Bewußtsein erweitern wollen.

Sie sollten mindestens vier Tiefenatmungen durchführen und Ihrem Unterbewußtsein dabei den bewußten Befehl geben, eine hohe Ladung von *Mana* anzusammeln. Visualisieren Sie, während Sie tief atmen, wie Sie allmählich von der

Energie erfüllt werden. Sie können sich vorstellen, wie sie in Form eines Sonnenstrahls oder des Leuchtens eines Sterns von oben in Ihren Kopf eindringt, oder wie eine Wolke, die von Ihnen absorbiert wird, oder als energetische Flüssigkeit, die Ihren Körper wie einen Kelch anfüllt, oder auf irgendeine andere Weise, die Ihnen das Gefühl gibt, daß etwas Besonderes geschieht. Die Visualisierung dient als Plan für Ihr Unterbewußtsein und unterstützt den Befehl oder die Aussage, die Sie ihm einprägen wollen. Wenn Sie sich für eine bestimmte Visualisierung entscheiden, sollten Sie auf die Vorlieben und Abneigungen Ihres Unterbewußtseins achten. Sie müssen entdecken, was für Ihr *Ku* am wirksamsten funktioniert, denn die Wirkung ist wichtiger als das Bild.

Der Sinn des physischen Reizes liegt darin, Ihr Unterbewußtsein davon zu überzeugen, daß Sie es ernst meinen. Schon die Tiefenatmung allein wird Ihr *Mana* recht gut verstärken, aber Sie haben es darauf abgesehen, eine außerordentliche Ladung von *Mana* zu erhalten. Zuerst müssen Sie jedoch Ihr *Ku* gut trainieren, sonst ist die Visualisierung nur ein Tagtraum. Ein physischer Reiz wird Ihr *Ku* durch ein größeres Realitätsgefühl zusätzlich beeindrucken, und seine Reaktion darauf wird für Ihren Erfolg von wesentlicher Bedeutung sein. Leichte körperliche Übungen wie der »Hampelmann« (Luftsprünge mit gespreizten Beinen und Klatschen über dem Kopf), auf der Stelle laufen oder andere aerobische Bewegungen können leicht den Ausschlag geben. Ebensogut geeignet ist eine Art der Bewegungsmeditation wie das T'ai Ch'i Ch'uan. Sportliche Bewegungen sind jedoch keineswegs notwendige Voraussetzung. Sie können ebensogut einen bestimmten Gegenstand halten, ein spezielles Ritual vollführen oder sich an einen besonderen Ort begeben – alles funktioniert, solange Sie etwas Körperliches tun, das Sie mit einer Vermehrung von *Mana* in Verbindung bringen können.

Ich empfehle, den körperlichen Reiz kurz vor oder gleichzeitig mit der Atmung und der Visualisierung einzusetzen.

Wenn Sie diese Kombination einige Male eingesetzt haben, können sie den Reiz weglassen und Ihre *Mana*-Aufladung allein durch Atmung und Visualisierung erreichen, ganz gleich in welcher Situation Sie sich gerade befinden. Wenn Ihre Visualisierungsfähigkeit bereits so weit ausgebildet ist, daß Sie sich etwas Materielles so gut vorstellen können, daß es Ihnen erscheint, als sei es real, dann können Sie den körperlichen Reiz von Anfang an gleich weglassen.

Die Wirkungen der Mana-Aufladung

Während Sie die Vermehrung von *Mana* praktizieren, sollten Sie auf eventuelle körperliche Reaktionen achten, besonders wenn Sie ein Kribbeln an irgendeiner Stelle Ihres Körpers verspüren, vielleicht in den Händen, im Solarplexus oder in der Mitte der Stirn. Sie können auch eine Art elektrischen Strom mitten in Ihrem Körper oder an Ihrer Wirbelsäule auf- und abfließen spüren. Das ist völlig normal, es bedeutet lediglich, daß sich Ihre psychoenergetische Sensibilität steigert. Wer mit Kundalini vertraut ist, wird diesen Prozeß kennen. Er wird dort als das aufsteigende Feuer bezeichnet und ist nichts anderes als die Ansammlung von zusätzlichem *Mana*.

Eine andere Wirkung einer großen Ansammlung von *Mana* kann das Gefühl der Schwerelosigkeit oder ein Drehen sein. Falls Ihnen das unangenehm ist, sollten Sie die Augen solange geöffnet halten, bis Sie sich daran gewöhnt haben. *Mana* hat eine Wirkung, die der Schwerkraft entgegengesetzt ist und zur Levitation führen kann, das Gefühl der Schwerelosigkeit kann also sehr real sein. Natürlich wirkt es in erster Linie auf Ihren *Aka*-Körper, den leichtesten Bestandteil Ihres Wesens, und es wird keine meßbare Erleichterung Ihres physischen Körpers hervorbringen. Die heilige Theresia, die spanische Mystikerin, war jedoch eine der vielen, die tatsächliche Levitationen erlebt haben.

Einige Wirkungen des *Mana* können mit bloßem Auge gesehen werden, sobald sich Ihre Sensibilität dafür verstärkt. Konzentrieren Sie Ihren Blick in einem verdunkelten Raum auf einen Punkt etwa einen halben Meter vor sich auf dem Boden, nachdem Sie eine zusätzliche Menge von *Mana* angesammelt haben. Wenn Ihre Augen sensibel genug geworden sind, werden Sie um sich herum etwas sehen können, das wie aufsteigende Hitzewellen aussieht. Dieses Phänomen wird einen »geisterhaften« Eindruck auf Sie machen, lassen Sie sich aber davon nicht irreleiten. Was Sie da sehen, sind keineswegs Geister, sondern lediglich die Auswirkungen von *Mana*, ebenso wie jene seltsamen tanzenden Lichter, die man manchmal einen Augenblick lang sehen kann. *Mana* kann auch mit den Händen gespürt werden, wie bereits ausgeführt wurde.

Mana und PSI

Alle Praktiken im Huna benutzen *Mana* als die Energie, die ihnen Kraft verleiht. Telepathische Übermittlungen beispielsweise werden sehr viel klarer ausfallen, wenn die Energie, die Sie in den projizierten Gedanken legen, größer ist. Energie ist nicht identisch mit dem Wunsch oder dem Willen, etwas zu tun. Sie ist lediglich die Menge der zur Verfügung stehenden Lebenskraft.

Ganz praktisch gesehen steht *Mana* direkt in Verbindung mit Emotion. Je größer die innere Erregung, desto größer der Vorrat an *Mana*, und desto effektiver wird die Praxis sein. Dasselbe gilt für die Heilkunde, für das visionäre Sehen über große Distanzen hinweg, für Projektion sowie für alle anderen Praktiken. Sie brauchen sich bewußt überhaupt nicht darum zu sorgen, wie Ihr Unterbewußtsein das *Mana* einsetzt, um zu erreichen, was Sie wollen, genausowenig wie Sie sich um Ihre Verdauung oder Zellerneuerung zu sorgen brauchen. Das Unterbewußtsein weiß genau, was es zu tun hat.

Das *Ku* muß lediglich davon unterrichtet werden, was es tun soll, und überzeugt werden, daß es in der Lage ist, es zu tun.

Für die Psychokinese, das Bewegen von Gegenständen ohne physische Mittel, ist ein sehr großer Vorrat von *Mana* vonnöten. Man hat festgestellt, daß sogenannte »Klopfgeist-Phänomene« meistens in Gegenwart oder in der Nähe von Heranwachsenden auftreten, die gerade die Pubertät durchleben, eine Lebensphase, in der neue Körperzentren zum Leben erwachen und *Mana* in wesentlich erhöhtem Maße fließt. In solchen Fällen ist der Jugendliche jedoch zumeist emotional frustriert, was dazu führt, daß das *Mana* sich aufstaut und dann mit einem enormen Ausbruch unbändiger Energie entlädt. Geister haben damit überhaupt nichts zu tun. Es ist reine, rohe Energie. Normalerweise verschwinden diese Fähigkeiten, sobald sich der Stoffwechsel des Jugendlichen stabilisiert und die Frustrationen sich ausgeglichen haben. Es ist für einen Erwachsenen durchaus möglich zu lernen, mit Hilfe von *Mana* Gegenstände zu bewegen. Die Schwierigkeit besteht darin, einen außergewöhnlichen Vorrat von *Mana* anzusammeln und ihn zu kontrollieren. Außerdem muß das Unterbewußtsein davon überzeugt werden, daß das Ganze die Anstrengung wert ist.

Mana kann allmählich oder auch plötzlich angesammelt und gespeichert werden. Es ist so natürlich wie Wasser und so vielseitig wie Elektrizität oder Magnetismus. Es wird Sie am Leben erhalten oder Ihr Leben verändern. Es liegt in Ihrer Hand.

KAPITEL 8

Freier Zugang zum Weg der Macht

Ihr persönlicher Weg zur Macht – gemeint ist die Macht, Ihre persönliche Realität frei und freudig selbst zu gestalten – ist gepflastert mit Ihrem Glauben, was menschenmöglich beziehungsweise unmöglich ist. Was diesen Weg verbaut und Sie davon abhält, ihn zu beschreiten, selbst wenn Sie etwas für möglich halten, ist ein spezielles Sortiment von Überzeugungen, Einstellungen und Verhaltensmaßregeln, die wir einen »Komplex« nennen. Der Begriff des Komplexes, der die Funktionen eines Menschen behindert, ist dank der Popularität der Psychologie allgemein bekannt. Üblicherweise wird die Entdeckung der psychologischen Komplexe Freud zugeschrieben, aber die alten Kahunas kannten ihn schon viele tausend Jahre vor Freud. Sie wußten nicht nur über Komplexe Bescheid, sondern ihr Wissen darüber war auch weit umfangreicher, und sie verfügten über viel effektivere Methoden, mit Komplexen umzugehen.

Komplexe verstehen

Das Wort »Komplex« kommt aus dem Lateinischen und heißt soviel wie »eng verbunden, ineinander verwoben« oder »vernetzt«. In der Psychoanalyse weist es besonders auf eine Gruppe emotionaler Einstellungen hin, die teilweise unbewußt sind und das Verhalten einer Person betreffen. Die hawaiische Sprache hat eine große Zahl von Begriffen, die sich auf Komplexe beziehen, die meisten davon haben ihre Wurzel in dem Wort »Gewebe«.

Wenn wir sagen, daß emotionale Einstellungen einen Komplex ausmachen, setzen wir voraus, daß sie Teil des Unterbewußtseins oder des *Ku* sind. Ein Komplex ist eine Gruppe von Vorstellungen oder Haltungen über einen bestimmten Gegenstand, die das Unterbewußtsein für wahr hält. In diesem weiteren Sinne sind unsere Überzeugungen über Gott, Vaterland, Liebe und Geld sämtlich Komplexe. Wenn wir jemanden fragen: »Was hast du für ein Gefühl zum Geld?«, können wir damit rechnen, daß er uns einen komplizierten Komplex präsentiert, der sich in ihm durch Erziehung und Erfahrungen auf diesem Gebiet gebildet hat. Es ist in diesem Zusammenhang wichtig, daß wir das Wort »Gefühle« verwenden, das in die Domäne des *Ku* fällt.

Wir wissen, daß das Unterbewußtsein alles, was uns geschieht, in einem Gedächtnisspeicher aufzeichnet. Alle Eindrücke, die einen Gegenstand oder ein Ereignis umgeben, werden vom *Ku* zusammengebracht, damit es sie abrufen kann, um eine möglichst vollständige Erinnerung daran zu präsentieren. Abstrakte Begriffe wie zum Beispiel Liebe bilden ebenfalls eine Art Zentrum, um das herum sich Erfahrungen, Lehren und Eindrücke im Gedächtnisspeicher gruppieren, um gespeichert und abgerufen zu werden. Die Gefühle, die Sie beispielsweise über die Liebe haben, hängen sehr von der Art Ihrer Erfahrungen ab, von dem, was Sie gelernt haben, und von anderen Eindrücken, die mit Liebe zu tun haben und die Ihr *Ku* dem grundlegenden Begriff zuordnet. Wenn alles in Ordnung ist, wächst Ihr Verständnis des Begriffes mit der Menge der Informationen, die Sie erhalten. Jede neue Erfahrung wird den früheren zugeordnet und bildet im Idealfall jedesmal eine neue Synthese.

Leider verfestigen sich die Komplexe, die normalerweise wachsen sollten, irgendwann, meistens schon in früher Jugend. Wenn das geschieht, gibt es kein Wachstum und kein neues Verständnis mehr. Neue Erfahrungen und Lehren, die nicht mit dem verfestigten Komplex in Übereinstimmung zu bringen sind, werden beiseitegeschoben und irgendwo gespeichert, wo sie völlig zusammenhanglos und isoliert sind. Eine Person mit einem solchen Komplex kann zu einem bestimmten Zusammenhang eine Reihe völlig verschiedener Erinnerungen haben, aber die einzigen, die ihr zur Verfügung stehen, sind die, die mit dem Komplex in Zusammenhang stehen. Die anderen Erinnerungen schweben irgendwo im luftleeren Raum. Ein besonders gravierendes Beispiel von einem Komplex ist der Rassismus. Ein Mensch, der in dem festen Glauben aufgewachsen ist, daß eine andere Rasse minderwertig ist, kann offenbar sein Leben lang blind bleiben für Tausende von Beispielen, die das Gegenteil beweisen. Vielleicht akzeptiert er sogar vom Verstand her, daß alle Rassen gleichwertig sind, aber emotional ist er unfähig, sich damit abzufinden.

Was bringt einen Komplex dazu, sich zu verfestigen? Zum einen kann es der Schock sein, der auftritt, wenn das Bewußtsein nicht imstande ist, eine Erfahrung zu rationalisieren oder im Zusammenhang mit früheren Erfahrungen akzeptabel zu machen. Ein Beispiel ist ein Baby, das von einem Tier erschreckt wurde und danach vor allem Angst hat, was ein Fell trägt, sogar vor einem bärtigen Mann. Ein anderer Komplex (ich gebrauche das Wort jetzt ausschließlich im Sinne eines verfestigten Komplexes) tritt unter Schockeinwirkung ein, wenn ein Mensch ohnmächtig geschlagen wird. Das Bewußtsein ist außer Kraft gesetzt, aber das *Ku* ist noch immer aktiv. Angenommen, ein junger Mann wird ohnmächtig geschlagen, und jemand, der neben dem Ohnmächtigen steht, erwähnt einem Freund gegenüber, daß der junge Mann zweifellos einen Gehirnschaden davontragen wird. Dann ist es möglich, daß das *Ku* des jungen Mannes diese Aussage als eine Tatsache annimmt und dazu beiträgt, daß der junge Mann, wenn er aufwacht, tatsächlich so handelt, als habe er einen Gehirnschaden. Das kann für den Rest seines Lebens Auswirkungen haben, selbst wenn körperlich alles in Ordnung ist.

Wesentlich weiter verbreitet als die schockbedingte Bildung von Komplexen ist jedoch deren Entstehung durch Wiederholung bestimmter Ideen, die von Autoritätspersonen vorgetragen werden, besonders wenn diese Wiederholungen starke Emotionen hervorrufen, wie zum Beispiel Angst. Viele Komplexe, die mit Religion und Sünde zu tun haben, werden auf diese Weise aufgebaut. Wenn einem Menschen, besonders einem jungen, immer wieder mit ewiger Verdammnis gedroht wird, falls er von dem Pfad abweichen sollte, der von jemandem verordnet wird, der als Stellvertreter Gottes akzeptiert wird, dann ist ein Komplex über diese Verordnung fast zwangsläufig vorherbestimmt.

Komplexe haben ihren Sitz im Unterbewußtsein. In vielen Fällen werden wir uns ihrer erst bewußt, wenn etwas eintritt, das die verfestigten Überzeugungen in Frage stellt. Daran können Sie sehen, daß ein Komplex eigentlich eine Art Angewohnheit ist, die nur zum Tragen kommt, wenn die Umstände es erfordern.

Es gibt jedoch auch eine Art von Komplex, die vom Bewußtsein gebildet und festgehalten wird. In diesem Fall übernimmt das Bewußtsein die Überzeugungen des Unterbewußtseins und kooperiert mit diesem, indem es sie gemeinsam mit ihm aufrechterhält. Ein Beispiel dafür ist eine politisch oder wissenschaftlich begründete Überzeugung über die Richtigkeit einer bestimmten Theorie. Solche Überzeugungen können selbst angesichts einer überwältigenden Beweislage für das Gegenteil sehr schwer aufzulösen sein. Solche bewußten Komplexe werden am ehesten durch ein intensives Gefühl der Unsicherheit gefördert. Die Überzeugung des Komplexes repräsentiert etwas Solides, an das man sich halten kann.

Verfestigte Komplexe sind nicht notwendigerweise schädlich. Ein Komplex, der die Überzeugung beinhaltet, daß man eine Erkältung bekommt, wenn man in Zugluft sitzt, wird niemandem schaden, obwohl er vielleicht eine Menge Erkältungen nach sich zieht. Ein Komplex, daß Rauchen Lungenkrebs erzeugt, kann sogar eine heilsame Wirkung haben – vorausgesetzt, man hört daraufhin mit dem Rauchen auf. Erst wenn ein Komplex unser Verhalten und unsere menschlichen Entwicklungsmöglichkeiten zu beeinträchtigen beginnt, sind wir in Gefahr. Ein Minderwertigkeitskomplex hat eine schwer behindernde Wirkung. Der Glaube, daß man von anderen verfolgt wird, kann zur Selbstzerstörung führen. Komplexe, die mit Haß und Angst, Besessenheit und Zwanghaftigkeit zu tun haben, können alle möglichen Schwierigkeiten nach sich ziehen.

Angst- und Schuldkomplexe

Die wohl verheerendste und hartnäckigste Form von Komplex ist der sogenannte »Schuldkomplex«. Das ist der feste Glaube daran, an etwas schuld zu sein und es daher zu verdienen, bestraft zu werden. Im schlimmsten Fall ist der Schuldkomplex mit der Vorstellung verbunden, daß das, was man getan hat, so schlimm war, daß man sogar unwürdig ist, Vergebung zu bekommen.

Der Schuldkomplex ist die Reaktion des *Ku* auf die Unverträglichkeit eines Menschen mit einem anderen Komplex. In den meisten Fällen hat er etwas mit religiösen Überzeugungen über die Sünde zu tun. In anderen Fällen kann es die Schuld sein, die man empfindet, weil man unethisch gehandelt hat, etwa weil man einen Mitmenschen finanziell ruiniert hat, selbst wenn die verursachende Handlung völlig legal war.

Wenn die Schuld vom Bewußtsein geteilt wird, kann sie sich auch deutlich im Verhalten zeigen. Eine Person, der bewußt ist, daß sie in einem bestimmten Bereich sehr egoistisch ist, und die sich daher schuldig fühlt, ist geneigt, sich selbst zu bestrafen oder die Schuld zu kompensieren, indem sie sich auf einem anderem Gebiet übertrieben großzügig zeigt. Rüde Geschäftsmethoden werden oft durch großzügige wohltätige Stiftungen kompensiert, und Eltern, die nur wenig Zeit für ihre Kinder erübrigen, zeigen sich oft besonders großzügig mit Geld, Geschenken und anderen Privilegien.

Wenn Schuldgefühle nicht bewußt sind, können sie neurotisches Verhalten und psychosomatische Krankheiten fördern. Psychosomatische Leiden sind in unserer Gesellschaft sehr weit verbreitet. Wir können daraus schließen, daß verborgene Schuldgefühle ebenfalls an der Tagesordnung sind, obwohl wir annehmen können, daß nicht alle Krankheiten direkt von Schuldgefühlen verursacht werden. Neurosen und Krankheiten, die von Schuldgefühlen herrühren, sind in den meisten Fällen eine Form von Selbstbestrafung, die vom *Ku* ausgeht, um einer noch schlimmeren Bestrafung durch Mutter, Vater oder Gott vorzubeugen.

Ebenso ernstzunehmen wie Schuldkomplexe, und manchmal in Verbindung mit diesen stehend, sind Angstkomplexe. Sie können einen Menschen davon abhalten, bestimmte Dinge zu tun oder etwas zu lernen, das er gerne lernen möchte. Auch Angstkomplexe haben ihre Wurzeln in der frühkindlichen Erziehung. Weil Huna Wissen einschließt, das einst als tabu galt (in manchen Kreisen gilt vieles davon noch heute als tabu), ist es keineswegs ungewöhnlich, daß jemand anfängt, sich mit Huna zu beschäftigen, aber es dann auf unterbewußten Druck hin fallenläßt. Die Informationen, die darin gegeben werden, oder die damit verbundenen Erfahrungen stehen in Konflikt mit Überzeugungen des Komplexes. Eine solche Person wird in ihrem spirituellen und geistigen Wachstum stagnieren und sich nach dem Diktat der Überzeugungen anderer richten. Die einzige Möglichkeit, dem zu entgehen, ist, das eigene *Ku* dazu zu bringen, offen zu sein und sich weiterzubilden, Vergleiche anzustellen, zu üben und dann ein Urteil zu fällen, das auf Tatsachen basiert. Kein Wissen, auch nicht das des Huna, sollte in blindem Vertrauen angenommen werden, noch sollte je etwas ohne gründliche Erwägung von vornherein abgelehnt werden.

Ein ungesunder Komplex kann an den Wirkungen erkannt werden, die er zeigt, sobald er in Frage gestellt und herausgefordert wird. Alle plötzlich auftretenden Krankheiten sollten daraufhin untersucht werden, ob sie Sie von etwas abhalten, das gegen Prinzipien oder Überzeugungen verstoßen könnte, die Sie vertreten oder vertreten haben könnten. Die Wirkungen einiger Komplexe können jedoch so abwegig sein, das heißt, ihre Ursache ist so verborgen, daß es nicht möglich ist, zu erkennen, woher sie kommen, jedenfalls nicht durch eine oberflächliche Analyse. Andere verteilen ihre Wirkung über einen so langen Zeitraum, daß es ebenfalls sehr schwierig ist, ihre Ursache zu erkennen. Die am leichtesten zu erkennenden Komplexe sind solche, die eine übertriebene emotionale Reaktion hervorbringen, sei es in Politik, Religion oder Wissenschaft.

Komplexe Energie

Emotion ist eine Funktion des Unterbewußtseins. Unsere Gefühle kommen durch eine Freisetzung von Energie zustande, die vom *Ku* in bestimmter Weise vorprogrammiert ist. Psychosomatische Krankheiten auf der anderen Seite scheinen eine programmierte Blockierung von Energie zu oder an den betroffenen Teilen zu sein. Der Komplex selbst wird durch Energie oder *Mana* zusammengehalten. Es ist ganz offensichtlich, daß eine Blockierung von *Mana* eine Behinderung unserer Handlungsfähigkeit in der Welt darstellt. Nicht so offensichtlich ist, daß eine solche Blockierung auch unsere spirituelle Entwicklung und unsere übersinnlichen Fähigkeiten beeinträchtigt oder ganz verhindert. Für beides benötigen wir *Mana*. Wenn der überwiegende Teil unseres *Mana*s in Komplexen gebunden ist, steht uns viel weniger davon zur spirituellen und geistigen Nutzung zur Verfügung. Ebenfalls kann der Komplex, sei es ein Schuld- oder Angstkomplex, spezifisch darauf programmiert sein, gerade einen solchen Gebrauch zu blockieren. Das kann bedauerliche Folgen haben. Das *Ku* kann sich weigern, wegen seiner Komplexe, die das Gefühl der Unwürdigkeit oder die Angst vor dem Verlust der Kontrolle beinhalten, an Gebet oder Meditation teilzuhaben.

Bezüglich übersinnlicher Funktionen gilt, je weniger *Mana* produziert wird, desto weniger funktionieren sie und desto weniger können Sie sich auf sie verlassen, denn alle PSI-Phänomene sind von Energie abhängig. Wenn das *Ku* stark mit Angst vor dem Unbekannten oder vor übersinnlichen Phänomenen besetzt wurde, wird es den Zugang zu ihrer Beherrschung blockieren. Das heißt nicht, daß eine Person, die diese Angst hat, niemals übersinnliche Erfahrungen haben wird, denn sie sind genauso natürlich wie das Atmen. Es heißt lediglich, daß sie sich weigern könnte, sie anzunehmen. Mit Sicherheit bedeutet es jedoch, daß jemand mit einer solchen Angst nicht in der Lage sein wird, seine übersinnlichen Fähigkeiten bis zu einem Punkt zu entwickeln, an dem er sie vollständig beherrscht. Zuwenig *Mana* ist die Hauptursache für die Unfähigkeit, das eigene übersinnliche Potential zu nutzen. Angst vor diesem Potential ist die zweitwichtigste Ursache, unabhängig davon, wieviel *Mana* produziert wird. Die letzte, am leichtesten zu überwindende Ursache ist, daß man nicht weiß, was man mit diesem Potential anfangen kann.

Bis jetzt haben wir uns mit der negativen Seite der Selbsterkenntnis beschäftigt. Komplexe sind Hindernisse auf dem Weg zur Macht über das Übersinnliche. Wenn es uns nicht gelingt, diese Hindernisse zu überwinden, indem wir sie erkennen, werden wir weiterhin im Dunklen tappen. Wir werden uns blind in einem unbekannten Raum umherbewegen, der mit seltsamen Gegenständen angefüllt ist. Es ist zwar unter erheblichen Mühen möglich, den Ausweg durch Versuch und Irrtum zu finden, viel leichter ist es jedoch, wenn das Licht angeschaltet ist und wir wieder sehen können.

Noch besser ist es allerdings, wenn wir die Hindernisse völlig beiseiteräumen und lernen, wie wir uns dauerhaft von ihnen befreien können.

Psychoanalyse

Eines der bekanntesten Systeme, um Komplexe beseitigen zu helfen, ist die Psychoanalyse. Vereinfacht gesagt, ermöglicht sie einer Person, sich an Ereignisse aus der Vergangenheit zu erinnern, die zu dem gegenwärtigen Komplex geführt haben. Die Theorie ist, daß die bloße Erinnerung und das Verstehen der Ursachen den Komplex auflösen.

Es gibt zwar gute Gründe für diese Annahme, aber die Methode der Psychoanalyse ist oft zu langwierig und zu kostspielig, um dem Durchschnittsmenschen weiterhelfen zu können. In der Vergangenheit hat es zahlreiche Versuche gegeben, die Psychoanalyse populärer zu machen. Nach wie vor gilt jedoch jemand, der eine Psychoanalyse macht, oft als krank, und der Analytiker bezeichnet die Personen, die er in der Analyse unterstützt, als »Patienten«. Oft bewirkt die Erinnerung und das bewußte Verstehen auch keinerlei Veränderung in der Einstellung und im Verhalten, denn das *Ku* hat es ja nicht anders gelernt. Erst wenn jemand die Erkenntnis zum Anlaß nimmt, sein eigenes Verhalten zu ändern, kann man von einem Erfolg sprechen. Wenn man jedoch erwartet, daß man sich von selbst ändert, wird man mit Sicherheit scheitern. Erstaunlicherweise scheinen das die meisten Psychoanalytiker nicht zu sehen.

Massage

Ziemlich neu im Westen, aber uralt in anderen Teilen der Welt, ist ein System der tiefen Massage, das dazu dient, chronische Muskelverspannungen zu lösen, die mit verfestigten psychologischen Komplexen in Zusammenhang stehen. Gleichzeitig dient eine solche Massage dazu, die gebundene emotionale Energie, die den Komplex aufrechterhält, zu lösen. Indem die tiefsitzenden, verborgenen und unterdrückten Emotionen freigesetzt werden, wird der Komplex aufgelöst (jedoch nicht die spezifischen Erinnerungen und Gedanken, aus denen er zusammengesetzt war). Die bekanntesten Techniken in dieser Richtung sind Bioenergetik und Rolfing. Beide können sehr wirksam sein und Komplexe viel schneller auflösen als die Psychoanalyse. Sie haben jedoch beide den Nachteil, daß sie das Wesen des *Ku* nicht berücksichtigen. Alle Energie, die den Komplex aufrechterhält, kann freigesetzt werden, und man kann sich nach der letzten Sitzung vollkommen geheilt fühlen. Jedoch erst wenn ein neues Verhalten an die Stelle des alten gesetzt wird, kann man sichergehen, daß das *Ku* nicht sofort danach beginnt, den Komplex wieder aufzubauen.

Allen diesen Systemen, einschließlich den verschiedenen psychotherapeutischen Methoden, die die Freisetzung von Emotionen als Methode der Klärung verwenden, liegt die Vorstellung zugrunde, daß die Menschen eine Menge unterdrückter emotionaler Energie mit sich herumtragen und daß man sich völlig befreit fühlt, wenn diese gesamte Energie freigesetzt wird. Viele Menschen tragen sehr viel aufgestaute Energie in Form von Muskelverspannungen in sich, aber Emotionen entstehen immer spontan in der Gegenwart durch Gedanken und Handlungen, die in gewisser Weise den Komplex »nähren« und ihn am Leben erhalten. Die Freisetzung von Emotionen beziehungsweise Energien kann nützlich sein, aber sie allein ist noch nicht in der Lage, unsere tiefsitzenden Komplexe zu beseitigen.

Lockerung

Die erste Methode, Komplexe aufzulösen, die wir hier vorstellen wollen, ist *Kala*. Die äußeren Bedeutungen dieses Begriffes sind: »lockern, losbinden, befreien, rückgängig machen, vergeben, entschuldigen; verkünden, ankündigen; jemanden von einem schlechten Einfluß befreien«. Die verschlüsselte Bedeutung ist: »das Unkraut vom Pfad des Lebens jäten«. Unkraut ist im Huna ein Symbol für verfestigte Komplexe. *Kala* schließt viele verschiedene Techniken ein, zwischen denen wir aus westlicher Perspektive auf den ersten Blick keinen Zusammenhang erkennen. Das liegt daran, daß die Kahunas die Dinge als Energiefluß sehen. Sie stehen auf dem Standpunkt, daß ein Gedanke oder eine Überzeugung einen Energiefluß genauso blockieren kann wie eine Muskelverspannung. Ein Teil des *Kala* ist daher das *Lomi-Lomi*, das man vielleicht am besten als »bioenergetische Massage« umschreibt. Das ist jedoch nicht ganz zutreffend, denn im *Lomi-Lomi* arbeitet der Behandelnde auch psychisch mit dem Empfänger der Behandlung. *Lomi-Lomi* ist also eine Art Kombination aus schwedischer oder Esalen-Massage, Akupressur, Polarity-Therapie und positiver psychischer Programmierung. Die Körper- und Energiearbeit hilft dabei, die Blockaden aufzulösen, während gleichzeitig die psychische Arbeit der Energie eine neue Richtung gibt und neue Wege eröffnet.

Kala schließt auch praktische Vergebung ein, sowohl für sich selbst als auch für andere. Es ist erstaunlich, wieviel Energie Menschen in Schuld und Feindseligkeit binden und vergeuden, Energie, die viel besser genutzt werden könnte, um zu heilen und schöpferisch zu arbeiten. Die Technik der Vergebung schließt das Bekenntnis ein – ein offenes Zugeständnis, auch vor sich selbst, was man falsch gemacht hat – ebenso wie die Reue und das Verzeihen. In der katholischen Kirche wurde das in einem institutionalisierten Ritual formalisiert, aber derselbe Prozeß findet ebenfalls statt, wenn man jemandem ganz spontan verzeiht.

Allein das Bekenntnis einer Schuld hilft, einen Fluß schmerzhaft blockierter Energie in Gang zu setzen. Dabei spielt es keine Rolle, wem man diese Schuld bekennt. Viele Menschen fühlen sich sehr erleichtert, wenn sie ihre Schuld und Feindseligkeit einem Freund, einem Psychotherapeuten, einem Geistlichen, vielleicht auch nur einem Baum bekennen. Auch wenn Sie Ihre Fehler einmal für sich selbst aufschreiben, können Sie überraschend viel Energie lösen. Es kommt nur darauf an, die Situation voll ins Bewußtsein zu bringen.

Der Begriff der Reue, die Buße beinhalten kann, ist in der Vergangenheit oft sehr mißverstanden worden. Fast immer bedeutete Reue, sich wegen etwas, das man getan hat, schlecht oder schuldig zu fühlen. Das nützt jedoch weder dem Betroffenen noch irgendjemand anderem. In Wirklichkeit bedeutet Reue, daß man sein Denken verändert und in Zukunft anders handelt. Daß einem etwas einfach nur leid tut, ist völlig bedeutungslos, man muß schon Taten folgen lassen. Das kann die Veränderung einer inneren Einstellung sein oder etwas, das man aus eigenem Antrieb tut, um die Schuld wiedergutzumachen. Das nennt man oft auch »Sühne«.

Sühne ist ein weiterer Begriff, der in der Vergangenheit schwer mißverstanden wurde. Normalerweise versteht man unter Sühne die Rückzahlung für etwas, das man falsch gemacht hat, an seinen Mitmenschen, an der Gesellschaft oder vielleicht sogar an Gott. Diese Rückzahlung kann in Form von Geld oder einer guten Tat stattfinden, oder indem man eine Strafe auf sich nimmt. Das alles ist jedoch eine Verzerrung. Sühne heißt in Wirklichkeit, daß man sich »versöhnt«, wieder zum Freund wird, Wiedergutmachung leistet. Wiedergutmachung heißt, daß man sein Verhalten ändert, sich wieder zu einem guten Menschen macht, und nicht, daß man für etwas bezahlt oder etwas ausgleicht.

Der dritte Schritt der Vergebung ist das Verzeihen oder die Absolution. »Absolution« kommt aus dem Lateinischen und heißt soviel wie »Freisetzung«. Sie ist im wesentlichen eine Erklärung, daß jemand von Schuld, Anschuldigungen oder Verpflichtung frei ist.

Damit man sich selbst vergeben kann, muß man sich zunächst seine Fehler eingestehen. Dann muß man sein Verhalten ändern und sich entschließen, sich seine Fehler nachzusehen. Natürlich ist es schön, wenn andere uns vergeben, aber es hat keine Wirkung, wenn wir es nicht selbständig annehmen und uns selbst vergeben können. Wenn Sie sich gewohnheitsmäßig schuldig fühlen, werden Sie diese Gewohnheit ändern und sie durch die Gewohnheit, sich vergeben zu lassen, ersetzen müssen. Wenn Sie das Gefühl haben, daß Sie bestraft werden sollten, dann müssen Sie diese Vorstellung entweder ersatzlos aus Ihrem Unterbewußtsein streichen oder einen Weg finden, sich *einmal* so zu bestrafen, daß die Strafe ihre Wirkung auf das *Ku* nicht verfehlt und es davon ausgehen kann, daß dem damit Genüge getan ist. Sie müssen jedoch aufpassen, daß Sie sich dabei keinen Schaden zufügen.

Um einem anderen Menschen vergeben zu können, müssen Sie erst einmal dessen Fehler in Ihrem eigenen Denken identifizieren. Dabei spielt es keine Rolle, ob die Person selbst ihren Fehler eingesteht, denn im Grunde ist es ja Ihr eigener Komplex, mit dem Sie arbeiten. Dann müssen Sie sich ein neues Bild von der Person machen, die Sie wegen ihres Fehlers verachtet haben, und sich ihr gegenüber anders verhalten. Schließlich müssen Sie ganz bewußt den Entschluß fassen, daß Sie ihr verzeihen. Es gibt verschiedene Möglichkeiten, wie Sie das Bild, welches Sie von einer Person haben, ändern können. Sie können Ihre Erwartungen an sie verändern (ich halte oft Menschen dazu an, anderen nachzusehen, daß sie nicht vollkommen sind) oder Ihre Toleranz erhöhen. Vor allem aber können Sie, was das Verhalten Ihrer Mitmenschen angeht, mit dem Wörtchen »sollte« etwas vorsichtiger umgehen. Ich habe es in diesem Zusammenhang immer als sehr wirkungsvoll erlebt, meinen Mitmenschen bewußt zuzugestehen, daß sie das tun, was sie tun, und so sind, wie sie sind. Das heißt nicht, daß es auch gut sein muß oder daß Sie es gut finden, was sie tun. Das innere Einverständnis mit dem Verhalten anderer und mit ihrem Dasein hilft Ihnen jedoch, sich von den Auswirkungen, die dieses Verhalten hat, zu befreien. Ich behaupte nicht, daß es leicht ist, eine Abneigung zu überwinden, aber wenn ein solcher Komplex Ihrer Gesundheit, Ihrem Lebensglück oder Ihrem Erfolg im Wege steht, dann ist es der Mühe wert.

Hypnose

Eine weitere Methode der Kahunas, um Macht über sich selbst zu bekommen und sich zu befreien, ist die Hypnose, einschließlich der Selbsthypnose. Ich gebrauche dafür das hawaiische Wort *Kupono*. Hypnose ist im wesentlichen ein Prozeß, durch den das Unterbewußtsein davon überzeugt wird, daß etwas wahr ist. Wenn sich das zu einer gewohnheitsmäßigen Überzeugung entwickelt, wird es sich automatisch im Denken und Verhalten äußern. Die Hypnose ist besonders geeignet, um Ängste zu überwinden und durch Zuversicht zu ersetzen. Es gibt eine Vielzahl verschiedener Bücher über die Hypnose, die eine Vielzahl verschiedener hypnotischer Techniken beschreiben. Ein absolut wesentlicher Bestandteil einer erfolgreichen Hypnose ist die fortgesetzte oder wiederholte Konzentration auf einen Gedanken in einer Weise, daß die Reaktion darauf zu einer Gewohnheit wird. Wenn Sie sich beispielsweise Sorgen über Geld machen, können Sie die Hypnose einsetzen, um diese Angst durch Selbstvertrauen, positive Gefühle und einen veränderten Umgang mit Geld zu ersetzen. Wenn Sie Angst vor fremden Menschen haben, kann Ihnen die Hypnose helfen, ein sicherer Redner und ein unterhaltsamer Mensch zu werden.

Die Hauptwerkzeuge der Hypnose sind Worte, Bilder und Gefühle. Die Worte (Beschreibungen, Suggestionen, Befehle und/oder Anweisungen) und die Bilder (Vorstellungen, die möglichst viele Sinne einschließen, sind am besten) werden gebraucht, um positive emotionale und körperliche Gefühle zu erzeugen, die mit dem gewünschten Ziel in Verbindung stehen. Wenn keine blockierenden Komplexe im Wege stehen, kann eine Hypnose praktisch sofort ihre Folgen haben. Ist dennoch ein Komplex da, kann es zwischen ein paar Minuten bis zu einigen Monaten dauern, je nachdem, wie der Komplex beschaffen ist und wie stark und dauerhaft Ihre Motivation ist, sich zu verändern.

Das folgende ist eine einfache selbsthypnotische Programmierung, die wirkungsvoll eingesetzt werden kann, um Komplexe loszuwerden.

- Werden Sie sich klar darüber, was Sie ändern wollen.
- Definieren Sie das positive Gegenteil (zum Beispiel Angst in Zuversicht, Mangel in Überfluß und so weiter).
- Stellen Sie sich vor, sich bereits verändert zu haben oder beschreiben Sie in allen Einzelheiten, wie es wäre, wenn ...
- Wiederholen Sie immer wieder die positiven Vorstellungen oder Beschreibungen vor Ihrem inneren Auge und zwingen Sie sich dazu, sich zu sagen, beziehungsweise sich daran zu erinnern, daß »Sie es schaffen können«. Wenn Sie daraus ein positives Gefühl gewinnen, werden Sie wissen, daß Sie Ihr Unterbewußtsein erreicht haben. Sobald die neuen Umstände in Ihrem Leben zur Gewohnheit geworden sind, wird Ihnen klar sein, daß Ihr Unterbewußtsein sie vollständig akzeptiert hat.

Wiederholen Sie diesen Vorgang so oft, bis Sie erreicht haben, was Sie wollen. Bei dieser Form der Selbsthypnose müssen Sie weder die Augen schließen, noch sich vollkommen entspannen oder sonst etwas Außergewöhnliches tun, es sei denn, Sie möchten es. Natürlich kann ein guter Hypnosetherapeut, dem Sie vertrauen können, enorm hilfreich sein, aber Sie können es auch ganz allein tun, indem Sie ein gutes Buch über Selbsthypnose zu Rate ziehen, vorausgesetzt, Sie besitzen die nötige Selbstdisziplin.

Die Aktivierung der Kraft

Eine dritte Kahuna-Methode trägt den Namen *Hana Mana*, die Aktivierung der Kraft. Dahinter steht eine Reihe von Techniken, um die persönliche Macht zu vergrößern. Der Gedanke, der dem zugrundeliegt, ist, daß alle Komplexe auf der Voraussetzung beruhen, daß auf einem Gebiet Hilflosigkeit und Unsicherheit herrschen. Wenn wirkliche Kompetenz oder Kraft auf diesem Gebiet entwickelt werden kann, dann können auch die Komplexe beseitigt werden. Ich sage bewußt »wirkliche« Kraft, denn Komplexe sind lediglich Versuche, eine Unsicherheit mit Hilfe von Manipulationen statt mit Kraft und konsequentem Verhalten zu überwinden. Dies ist jedoch weder befriedigend noch sehr effektiv.

Jemand, der wirkliche Kraft oder *Mana* entwickelt hat, tritt damit aus einer defensiven Grundhaltung gegenüber sämtlichen Problemen, die sich ihm in den Weg stellen, heraus und kann aus einer Position tiefer innerer Stärke heraus handeln. Auf dieser Ebene kommt er bewußt in Berührung mit seinen Motivationen und Zielen und denkt und handelt nicht mehr in Reflexen, sondern der Situation angemessen. Diese Ebene können auch Sie erreichen, indem Sie ihre Stärken oder Ihre Macht wie folgt entwickeln:

Geistige Stärke, indem Sie zielgerichtetes Denken praktizieren. Das heißt, Sie wählen selbst die Qualität und das Wesen Ihrer Gedanken, einschließlich Ihrer Phantasien, und verneinen bewußt all die Gedanken, von denen Sie meinen, daß sie nicht gut für Sie sind. Dabei unterdrücken Sie diese Gedanken nicht, sondern weisen sie bewußt zurück, löschen sie und scheiden sie aus.

Körperliche Stärke, indem Sie zielgerichtetes Funktionieren einüben. Dabei sagen Sie Ihrem Körper bewußt, was er tun, wie er sich verhalten und fühlen soll. Das schließt ein, daß Sie die verschiedenen Teile oder Systeme Ihres Körpers bewußt lenken können. Körperliche Stärke beschränkt sich in diesem Sinne nicht nur auf Muskelkraft. Sie schließt auch Gefühle ein, denn sie werden über den Körper wahrgenommen

Seelische Stärke, indem Sie die Lebenskraft oder das *Mana* zielgerichtet einsetzen. Das bedeutet gleichzeitig, daß Sie sich mehr und mehr darüber bewußt werden, wie das *Mana* in Ihnen und um Sie herum fließt, sowie daß Sie diesen Fluß, seine Intensität und seine Wirkung durch Worte, Bilder und Willenskraft lenken lernen.

Während Verstand, Körper und Geist unter Ihrer bewußten Leitung stärker werden, lösen sich alte Komplexe, die auf Angst und Zweifeln basieren, auf und verschwinden allmählich. Ich kann an dieser Stelle nicht detailliert auf die *Hana Mana*-Methode eingehen, aber will Ihnen einige einfache Richtlinien geben, mit denen Sie sehr weit kommen können. Sie sind geeignet, die Kräfte, die Sie entwickeln, in der Praxis zu kultivieren.

Für Ihren Verstand ist es gut, wenn Sie eine positive Grundhaltung über jeden Ihrer Mitmenschen und alles, was Sie umgibt, pflegen. Das heißt nicht, daß Sie so tun sollen, als sei alles in Ordnung. Vielmehr heißt es, daß Sie das Gute in allem sehen sollen, und wenn Sie nichts Gutes finden, einen Weg finden sollen, etwas Gutes hinzuzufügen.

Für Ihren Körper ist es wichtig, daß Sie eine positive Selbstwahrnehmung pflegen. Das schließt Ihr Auftreten, Ihre

Aktivitäten und Ihre Gefühle ein. Erziehen Sie sich selbst dazu, Ihre Ideale Wirklichkeit werden zu lassen.

Für Ihre Seele können Sie etwas tun, indem Sie sich eine tiefe Atmung angewöhnen und etwas über die Kunst der bioenergetischen Heilung und Meditation lernen.

Die Befreiung von Komplexen

Ein verfestigter Komplex ist einer außergewöhnlich starken Angewohnheit vergleichbar. Einige Angewohnheiten sind jedoch leichter zu überwinden als andere, je nachdem wodurch ihre Existenz motiviert ist. Die folgenden Ausführungen beziehen sich auf alles gewohnheitsmäßige Verhalten, sei es im Denken, Fühlen oder Handeln.

Nehmen wir zum Beispiel die Angewohnheit des Zigarettenrauchens. Wenn dies eine gewöhnliche Angewohnheit ist, läuft der Veränderungsprozeß etwa folgendermaßen ab: Der Raucher entschließt sich, mit dem Rauchen aufzuhören, verspürt ein leicht gesteigertes Bedürfnis zu rauchen, weigert sich, dem nachzugeben, und das Bedürfnis wird zusammen mit der Angewohnheit verschwinden. Man hat geschätzt, daß etwa achtzig Prozent aller Raucher, die das Rauchen aufgeben, dies einfach tun, allein und ohne große Schwierigkeiten.

Wenn im Zigarettenrauchen ein Komplex zum Ausdruck kommt, sieht es jedoch normalerweise etwas anders aus: Der Raucher entschließt sich, mit dem Rauchen aufzuhören, erfährt eine vehemente Verstärkung des Bedürfnisses zu rauchen und weigert sich, dem nachzugeben. Das Bedürfnis wird stärker und stärker. Die Person fühlt sich hilflos und gibt schließlich doch dem Bedürfnis nach, weil sie nicht verrückt werden will.

Das Schlüsselwort dabei ist »hilflos«. Der Zweck von Angewohnheiten, die aus Komplexen entstehen, besteht darin, einer Person zu ermöglichen, mit Situationen fertig zu werden, in denen sie sich hilflos oder fehl am Platz fühlt. Wenn diese im Grunde hilfreiche Angewohnheit der Entwicklung der Person und ihrem persönlichen Wohlergehen nicht im Wege steht, dann gibt es keinen direkten Grund, sie zu verändern. Stellt die Angewohnheit jedoch ein Hindernis dar, dann werden die besten Ergebnisse erzielt, wenn es gelingt, daß die betroffene Person ganz allgemein ihr Gefühl für Stärke, Macht und Kompetenz anheben kann. Sobald sich das Niveau der persönlichen Kraft erhöht, wird sowohl die Hilfs-Angewohnheit als auch ihre Ursache, der Komplex, überflüssig. Beide werden daraufhin verschwinden, denn das Unterbewußtsein hält keine Gewohnheiten oder Komplexe aufrecht, die keinem speziellen Zweck dienen.

Während Sie sich von einem Komplex und den dazugehörigen Angewohnheiten (oft auch in Form von zwanghaftem oder besessenem Handeln) befreien, müssen Sie darauf gefaßt sein, daß der Zwang sich anfangs noch verstärkt und die Angewohnheit weiter festigen will. Diese Verstärkung ist zwar nur vorübergehend, aber sie kann zeitweise unüberwindlich erscheinen. Sie sollten auf keinen Fall nachgeben, falls Sie es irgendwie schaffen, und alle Huna-Methoden als angemessene Hilfen einsetzen, um sich von Ihren Blockaden zu befreien. Dabei sollten Sie nicht vergessen, daß jeder Gedanke und jedes Gefühl, dem Sie entgegenwirken, sich anfangs verstärken, und jeder Gedanke und jedes Gefühl, auf das Sie überhaupt nicht einwirken, immer schwächer werden wird.

Kapitel 9

Der Weg zur Meisterung des Selbst

Herrschaft über Ihr »tiefes Selbst« bedeutet nichts anderes, als daß Sie lernen, mit Ihrem Unterbewußtsein eine Beziehung einzugehen, in der Sie die Führung übernehmen. Sie können lernen, Ihr Unterbewußtsein zu kontrollieren, jedoch nicht nach der Art von Herr und Sklave, denn ein solches Verhältnis würde nicht lange halten. Strenge und autoritäre Kontrolle über Ihr Unterbewußtsein führt letztlich zum körperlichen, emotionalen und spirituellen Zusammenbruch. Auf der anderen Seite führt die totale Aufgabe jeglicher bewußter Kontrolle dazu, daß Sie von Ihrem Unterbewußtsein und all den verschiedenen Einflüssen, denen es unterliegt, kontrolliert werden. Unter solchen Umständen ist es nicht möglich, daß Sie sich weiterentwickeln. Sie sollten statt dessen eine feste Führung mit Hilfe Ihres Bewußtseins entwickeln. Wenn Sie im Huna irgendetwas erreichen wollen, ist es unerläßlich, daß Ihr Bewußtsein die Hauptverantwortung als Lehrer und Führer des Unterbewußtseins übernimmt.

Emotionale Freiheit

Eine der seltsam anmutenden Lehren im Huna lautet, daß Sie sich teilen müssen, um sich zu vereinen. Das bedeutet, daß Sie, um Ihr Unterbewußtsein zu meistern, sich seiner durch einen Prozeß der Auflösung der Identifikation bewußt werden müssen. Nur dann können Sie Ihr *Ku* bewußt integrieren und die Führung übernehmen. Dieser Prozeß ähnelt dem

Erlernen einer körperlichen Fähigkeit, wie zum Beispiel einer Kampfsportart. Sie können es sich leicht machen, einfach die Bewegungen erlernen und damit sogar einigermaßen erfolgreich sein. Wenn Sie jedoch ein richtiger Experte auf dem Gebiet werden wollen, müssen Sie Ihren Geist vom Körper trennen, um Anatomie und Physiologie des Körpers kennenzulernen. In diesem Bewußtsein können Sie dann Geist und Körper wieder neu integrieren und sich mit größerer Präzision und Kontrolle bewegen.

Wichtig dabei ist, daß Sie aufhören, sich mit den emotionalen Reaktionen Ihres Unterbewußtseins zu identifizieren. Wenn Sie sagen: »Ich ärgere mich«, dann identifizieren Sie sich mit dem Unterbewußtsein, und es bereitet Ihnen wahrscheinlich große Schwierigkeiten, sich von Ihrem Ärger wieder zu befreien. Tatsache ist, daß Sie sich ihres Ärgers bewußt sind, ihn fühlen oder erleben. Aus einer Position heraus, in der Sie unbeteiliger Zeuge des Geschehens sind, können Sie die Emotion objektiver sehen und besser in der Lage sein, in das Geschehen einzugreifen. Das Bewußtsein an sich ist nicht emotional. Wenn eine emotionale Reaktion Sie dazu veranlaßt, sich »ohne nachzudenken« zu einer Handlung hinreißen zu lassen, dann hat das Bewußtsein Ihrem Unterbewußtsein gestattet, die Führung zu übernehmen. Indem Sie lernen, sofort, wenn Emotionen an die Oberfläche kommen, einen objektiven Standpunkt einzunehmen, können Sie ihre Richtung bestimmen oder ihnen, wenn nötig, ihre Kraft nehmen.

Emotionen können aus unendlich vielen Ursachen heraus entstehen. Einige haben eine vernünftige Basis, andere erscheinen völlig unlogisch. Eine Methode besteht darin, das Ziel und die Herkunft einer Emotion zu analysieren, sobald sie entsteht. Sie können sich dazu Fragen stellen wie: »Woher kommt diese Emotion?«, »Warum fühle ich mich jetzt so?«, »Ist das der Situation angemessen?«, »Sollte es anders sein?«, »Was führt dazu, daß mein Unterbewußtsein sich jetzt so fühlt?«. Wenn Absicht und Herkunft der Emotion nicht sofort gefunden werden können, spielt das im Moment jedoch noch keine große Rolle. Es ist erst einmal wichtiger, daß Sie Ihr Bewußtsein aus der Reaktion herauslöen und verhindern, daß Sie von ihr fortgetragen werden. Wenn Sie beharrlich genug sind, werden Sie bald herausfinden, daß allein schon eine Analyse dazu dienen kann, der Emotion ihre Kraft zu nehmen, denn Sie lenken die Energie der Emotion auf den bewußten Denkprozeß.

Selbst wenn die Emotion ihre Kraft behält, haben Sie die Möglichkeit, sie bewußt in eine andere Richtung zu lenken. Vor Wut möchten Sie am liebsten jemanden ohrfeigen, aber Sie können genausogut ein Kopfkissen an die Wand werfen. Vielleicht findet Ihr Unterbewußtsein nicht ganz seine Befriedigung, aber die Wirkung wird fast dieselbe sein – und weitaus weniger gefährlich, denn das Kopfkissen kann nicht zurückschlagen. Wenn Sie vor lauter Frust am liebsten laut schreien würden, halten Sie sich nicht zurück. Gehen Sie irgendwo hin, wo Sie niemand hört, und schreien Sie, so laut Sie können. Die Energie der Emotion wird auf harmlose Weise entladen, und Sie werden sich danach wesentlich besser fühlen. Auch schwere körperliche Arbeit ist ein bekanntes Mittel, um negative Emotionen abzuarbeiten. Aus der Huna-Sicht ist es jedoch genauso wichtig, ein objektives Bewußtsein der Emotion zu bewahren, wie sie zu entladen oder in eine andere Richtung zu lenken.

Sie sollten die Emotion jedoch auf keinen Fall unterdrücken. Die Unterdrückung einer Emotion bedeutet nichts anderes, als daß man irgendwo im Körper seine Muskeln verspannt, um die Emotion nicht mehr zu fühlen. Viele Menschen beherrschen diese falsche Methode so gut, daß sie überhaupt nicht mehr merken, was da vor sich geht. Ihr Unterbewußtsein wendet sie aus reiner Gewohnheit an. Je mehr Emotionen Sie auf diese Weise aus Ihrem Bewußtsein verdrängen, desto anfälliger werden Sie für körperliche Leiden, unglückliche Beziehungen, unterbewußte Beeinflussungen und die Kontrolle durch andere. Das Problem der unterdrückten Emotionen hat seine Ursache hauptsächlich in der falschen Vorstellung, die von vielen Menschen vertreten wird, daß man auf eine Emotion hin sofort, wenn man sie verspürt, handeln sollte. Das ist schlicht falsch. Es ist durchaus möglich, eine Emotion sehr stark zu fühlen und nichts weiter zu tun, als sie einfach nur zu fühlen. Die Kahuna-Technik, die das ermöglicht, besteht darin, die Muskeln willentlich zu entspannen. Es ist eine physiologische Tatsache, daß Sie keinerlei körperliche Anstrengung unternehmen können, wenn Ihre Muskeln vollständig entspannt sind. Ebenso steht fest, daß Sie eine starke Emotion nicht einmal wahrnehmen können, wenn Ihre Muskeln vollständig entspannt sind. Um also eine Emotion zu fühlen, ohne körperlich aktiv zu werden, müssen Sie Ihre Muskeln gerade soweit entspannen, daß Sie sich nicht mehr bewegen können (nicht festhalten, entspannen!). Auf der anderen Seite können Sie, wenn Sie eine Emotion überhaupt nicht mehr wahrnehmen wollen, lernen, Ihre Muskeln vollständig zu entspannen.

Natürlich möchten Sie in erster Linie alle negativen Emotionen beherrschen lernen. Es ist jedoch gut, auch die Objektivität positiver Emotionen zu erleben, wenn auch nur, um zu erkennen, daß auch sie ihren Ursprung im Unterbewußtsein und nicht im Bewußtsein haben. Deswegen brauchen Sie sich noch lange nicht in eine blutleere Maschine zu verwandeln. Selbst positive Emotionen können negative Folgen haben, und Emotionen sollten immer *für* und niemals gegen Sie arbeiten. Indem Sie die Fähigkeit entwickeln, »abseits« zu stehen, wenn Emotionen Sie überkommen, werden Sie einen Riesenschritt hin zur Meisterung Ihres Selbst gehen.

Die Erweiterung der Aufmerksamkeit

Um Ihr Unterbewußtsein zu beherrschen, müssen Sie zuerst einmal wissen, wie Sie ihm zuhören können. Das Unterbewußtsein wird den ganzen Tag über in jedem Augenblick mit einer riesigen Menge Sinneseindrücke bombardiert, das meiste davon wird jedoch vom Bewußtsein ausgeblendet und ignoriert. Das ist auch nötig, sonst würden wir ja ständig abgelenkt. Auf der anderen Seite entgeht uns auf diese Weise in unserem Leben auch eine Menge. Um ein Beispiel zu geben: Angenommen, Sie sprechen mit einem Freund oder einem Geschäftspartner über ein wichtiges Projekt. Sie können seinen Gesichtsausdruck sehen, seine Worte hören, vielleicht auch seine Hand oder seinen Arm berühren. Normalerweise ist das alles, worauf Sie Ihre Aufmerksamkeit richten. Ihr Unterbewußtsein nimmt jedoch außerdem noch wahr, wie Ihr Gegenüber sitzt, die Haltung seiner Arme und Beine, die Veränderungen seiner Haut, den Tonfall seiner Stimme, die Bewegungen seiner Augen und die »Atmosphäre«, die ihn umgibt. Alles zusammen sagt Ihnen, was Ihr Gegenüber wirklich von dem Thema der Unterhaltung hält. Das sind Informationen, derer Sie sich bewußt vergewissern können. Sie können lernen, sie zu interpretieren und im täglichen Leben zu nutzen. Dabei sollten Sie beachten, daß alles, was um die andere Person herum vor sich geht, etwas über diese Person – nicht über Sie selbst – aussagt.

Wenn andere Menschen ständig Signale über sich aussenden, dann tun Sie das auch, sowohl innerlich als auch äußerlich. Je mehr Sie sich Ihrer eigenen Signale bewußt werden, desto besser können Sie sie nach Ihren eigenen Vorlieben lenken. Achten Sie beispielsweise, wenn Sie mit einer Gruppe von Menschen zusammen sind, einmal auf Ihren Körper. Wenn Sie genau aufpassen, werden Sie merken, wie sich, wenn bestimmte Menschen in Ihrer Nähe sind oder bestimmte Themen angeschnitten werden, in bestimmten Teilen Ihres Körpers kleine

Muskeln verspannen. Normalerweise wird das an den Hüften, in den Beinen und in den Schultern der Fall sein. Wenn Sie sich dieser Verspannungen bewußt geworden sind, können Sie sie bewußt loslassen und dabei gleichzeitig auf eventuelle Gefühle achten, die währenddessen auftauchen. Diese Verspannungen und Gefühle werden Ihnen zusätzliche Informationen über Ihre unbewußten Reaktionen in bestimmten Situationen geben, wodurch Sie in die Lage versetzt werden, sich selbst in Ihrer Entwicklung eine positive Richtung zu geben.

Auf ähnliche Weise können Sie lernen, sich unterbewußter Gedanken oder Bilder bewußt zu werden, die in bestimmten Situationen oder in Gegenwart bestimmter Menschen in Ihnen auftauchen. Die meisten Menschen werden versuchen, diese Bilder und Gedanken zu unterdrücken oder zu verscheuchen, wenn sie unerwünscht oder unangenehm sind. Viel wirksamer ist jedoch ein geistiger Entspannungsprozeß. Um den in Gang zu setzen, konzentrieren Sie Ihre Aufmerksamkeit auf Ihre Außenwelt. Sie können beispielsweise auf einen Gegenstand in Ihrer Umwelt schauen und sich seiner Farbe, Form und Beschaffenheit bewußt werden. Sie können auf etwas hören und sich der Tonart, Tonhöhe und Lautstärke bewußt werden, oder Sie berühren etwas und werden sich der Dichte, Gestalt und Beschaffenheit des Gegenstandes bewußt. Wenn Sie das tun, wird sich Ihr Geist entspannen können. Es ist, als entspannten sich Ihre geistigen Muskeln, und Sie können Ihre Gedanken auf bewußte Weise in eine neue Richtung lenken.

Neuprogrammierung

Ihr Unterbewußtsein wird wie jedes Gewohnheitswesen eine Sache so lange auf eine bestimmte Weise tun, bis Sie sich die Zeit nehmen, es etwas anderes zu lehren, beziehungsweise bis es eine neue Verhaltensweise ohne Ihr Wissen von jemand anderem lernt. Viele haben das erfahren, als sie Auto fahren gelernt haben. Zuerst muß man sich sehr auf jede einzelne Bewegung konzentrieren. Nach einer Weile kann man dann das meiste beim Fahren dem Unterbewußtsein überlassen, während man sich unterhält, Radio hört oder die Landschaft anschaut. Wenn man dann aber das Auto wechselt, besonders von einem Auto mit Schaltgetriebe zu einem Automatikwagen oder umgekehrt, merkt man, daß die alten Gewohnheiten nicht mehr funktionieren, und das Unterbewußtsein muß vom Bewußtsein eine neue Art zu fahren lernen. Genauso wie Sie physische Gewohnheitsstrukturen entwickeln, verfallen Sie auch im Denken in bestimmte Gewohnheiten. Gewohnheitsmäßige Denkvorgänge sind noch schwerer zu verändern als physische Gewohnheiten, aber es ist sicherlich nicht unmöglich. Die meisten von uns werden es sogar tun *müssen*, wenn sie wachsen und sich entwickeln wollen.

Das Bewußtsein steht in der Verantwortung, die gedanklichen Reaktionen des Unterbewußtseins zu programmieren, beziehungsweise ihre Richtung zu bestimmen. Wenn Sie das gewohnheitsmäßige Denken des Unterbewußtseins ändern wollen, müssen Sie bewußt die gewünschte Richtung eine Zeitlang immer vor Augen haben, damit sich das Unterbewußtsein diese Richtung allmählich zu eigen machen und neue Gewohnheiten bilden kann. Das ist das Erfolgsrezept des »positiven Denkens« sowie von Selbstbestätigung und hypnotischer Therapie. Das Unterbewußtsein ist sehr empfänglich für wiederholte Suggestionen. Wenn die Neuprogrammierung jedoch unvollständig ist, wird es, wenn die Wiederholungen aufhören, nach einer Weile wieder auf seine alten Angewohnheiten zurückgreifen. Die meisten scheitern mit den erwähnten Methoden nur, weil sie nicht genügend Ausdauer haben. Der Gebrauch von Suggestionen ist nicht wie das Wedeln mit einem Zauberstab. Man macht es nicht nur ein paarmal oder für eine kurze Zeit und lehnt sich dann zurück, um die Wirkung zu beobachten. Selbstsuggestion ist eher wie der Gebrauch eines Werkzeugs. Sie benutzen es solange, bis die Arbeit getan ist und Sie die beabsichtigten Ergebnisse erzielt haben. Im Grunde müssen Sie solange mit den Suggestionen fortfahren, bis Ihr Unterbewußtsein davon überzeugt ist, daß das, was Sie sagen, wahr ist. Erst dann – und nur dann – wird die neue Gewohnheit eingerichtet sein. Je nachdem, was Sie im Augenblick für Ängste, Zweifel oder gegenläufige Ideen mit sich herumtragen, werden Sie entweder nur eine einzige Suggestion oder Selbstbestätigung brauchen, oder Sie brauchen eine Million. Das Geheimnis ist jedoch immer dasselbe: nicht aufhören, bevor das Ziel erreicht ist.

Die Ziele können vielfältiger Natur sein: Haß kann in Liebe verwandelt werden, Unsicherheit und Minderwertigkeitsgefühle in Selbstvertrauen, Frustration in geduldige Hinnahme, ein Gefühl der Nutzlosigkeit in starken Ehrgeiz. Den Möglichkeiten, uns selbst und damit auch die Art und Weise, wie andere auf uns reagieren, zu verändern, sind praktisch keine Grenzen gesetzt. Wir müssen nur ein Ziel haben und das Bedürfnis und die Kraft, es durchzusetzen. Vielen scheint selbst das zuviel. Wenn Sie sich weigern, von den Werkzeugen Gebrauch zu machen, die Ihnen zur Schaffung eines besseren Lebens zur Verfügung stehen, dann sind Sie allein dafür verantwortlich.

Die Vermehrung Ihrer Kraft

Eine der Funktionen Ihres Unterbewußtseins ist es, als Kraft- oder Energieverteiler zu funktionieren. Es ist jedoch nicht die Quelle Ihrer Kraft – das ist die Funktion Ihres Höheren Selbst. Ihr Unterbewußtsein bestimmt durch das Wesen seiner Angewohnheiten, wieviel Kraft oder Energie Sie zu einem gegebenen Zeitpunkt zur Verfügung haben. Ihre potentielle Energie ist unbegrenzt. Ihre tatsächliche Energie ist durch Ihre unbewußten Überzeugungen und Gewohnheiten begrenzt. Um Ihre wirksame Energie und Kraft zu vermehren, müssen Sie eine Möglichkeit finden, sämtliche Beschränkungen, die Sie sich im Laufe der Zeit selbst auferlegt haben, wieder zu beseitigen oder zu verändern.

Alles, was in der Welt geschieht, kommt durch die Transformation von einer Energieart in eine andere zustande. Das gilt genauso für die persönlichen Umstände Ihres Lebens wie für den Wechsel des Aggregatzustandes des Wassers von flüssig zu gasförmig oder für die Verwandlung von Benzin in die Antriebsenergie für ein Auto. Die Menge von Energie oder *Mana*, die in Ihrem System fließt, bestimmt Ihren Gesundheitszustand, Ihr Selbstvertrauen, Ihre Wirkung auf andere und die Erfüllung Ihrer Ziele. Wenn nur eine kleine Menge von persönlicher Energie in Ihrem System fließt, werden Sie in Ihrem Leben auch nur eine kleine Wirkung erzielen, selbst wenn Ihr Unterbewußtsein alle Ihre Suggestionen und Aussagen akzeptiert hat. Je mehr Energie Sie haben, desto größer sind die Wirkungen, die Sie hervorbringen können. Eine erhebliche Verstärkung Ihrer persönlichen Energie kann sogar ohne viele Suggestionen und Aussagen ein Gutteil Ihrer Zweifel und Ängste beseitigen. Bedenken Sie nur einmal, wie zuversichtlich Sie sich fühlen, wenn Sie sich gleichzeitig sehr gesund fühlen. Gesundheit ist nichts anderes als ein Zustand hoher Energie. Je mehr Energie in Ihnen fließt, desto gesünder sind Sie.

Jetzt ist es jedoch wichtig, fließende Energie nicht mit Verspannungsenergie zu verwechseln. Wenn Sie mit fließender Energie gefüllt sind, fühlen Sie sich gleichzeitig gesund, zuversichtlich, stark, entspannt und voller Energie. Wenn Sie hingegen mit Verspannungsenergie gefüllt sind, fühlen Sie sich nervös, reizbar, gehemmt, verärgert, unausgeglichen und schon nach einer geringen körperlichen Anstrengung völlig erschöpft. Der Unterschied besteht darin, daß fließende Energie aus dem unbegrenzten Reservoir des Universums schöpft und Verspannungsenergie aus der Energie, die Sie jeweils gerade im Körper vorrätig haben. Es ist wie der Unterschied zwischen der Verstärkung eines Wasserstrahls, indem man den Hahn weiter öffnet, und der Verstärkung, die man erzielt, wenn man den Schlauch am Ende zusammenpreßt.

Wie finden wir nun den Zugang zur universellen Energie? Nicht, indem wir es bewußt wollen. Sie müssen die Prozesse beherrschen, die das Unterbewußtsein dazu bringen, daß es sich der Energie öffnet und sie sich vermehren läßt. Diese Prozesse können in drei Kategorien unterteilt werden: visuell, auditorisch und kinästhetisch. Im folgenden finden Sie einige wirkungsvolle Beispiele für alle drei Arten.

Visuell

Stellen Sie sich vor, Sie stehen mitten in einem Wasserfall reiner, erfrischender Energie, die jede Zelle Ihres Körpers durchdringt.

Stellen Sie sich vor, daß es Verbindungslinien aus Licht gibt, die Sie mit allen Sternen und Galaxien verbinden. Dann stellen Sie sich vor, daß auf Ihren Befehl hin all diese Energie in Lichtwellen aus dem Kosmos auf Sie übergeht.

Auditorisch

Suggerieren Sie sich wiederholt, daß Sie allmählich mit unbegrenzter Universalenergie angefüllt werden.

Rezitieren Sie ein kraftvolles Mantra wie *OM* oder *Aumakua Kia Manawa*.

Kinästhetisch

Atmen Sie sehr langsam und tief durch, bis Sie sich voller Energie fühlen.

Machen Sie ein paar heftige Übungen oder Bewegungen und lassen Sie sich durch sie auf positive Weise stark emotional anregen.

Kombination
Stellen Sie sich vor, daß Sie etwas erreichen, das Sie sich sehr gewünscht haben. Bestätigen Sie sich innerlich, daß Sie über unbegrenzte Kraft und Energie verfügen, um Ihr Ziel zu erreichen. Lassen Sie sich emotional davon anregen, daß Sie es schaffen, und freuen Sie sich über das Gute, das Ihnen dadurch zuteil wird. Nehmen Sie sich bewußt und fest vor, es zu tun.

Letzteres ist eine Möglichkeit, Ihr Unterbewußtsein zu mobilisieren und zu motivieren, auf das Ziel hinzuarbeiten, das Sie vor Augen haben, und die Energie zur Verfügung zu stellen, die nötig ist, um es zu verwirklichen.

Sprechen Sie mit sich selbst

Ihr Unterbewußtsein hört immer auf das, was Sie sagen und achtet auf das, was Sie sich vorstellen. Es lebt in vollkommenem sympathischen Mitgefühl mit Ihrer inneren Verfassung. Gleichzeitig stellt es Ihrem Bewußtsein ständig Ideen, Bilder und Gefühle zur Verfügung, damit dieses etwas damit anfängt. Oft werden diese Eindrücke durch äußere Ereignisse hervorgerufen und sind nicht unbedingt Teil Ihres gewöhnlichen oder gewohnheitsmäßigen Denkens. Was auch immer Ihre bewußte Reaktion auf diese Präsentationen Ihres Unterbewußtseins ist, Ihr Unterbewußtsein faßt alles, was das Bewußtsein darauf sagt, als einen direkten Befehl auf. Es enthält nichts außer instinktiven Antrieben wie Hunger und Verdauung und dem, was Sie selbst bewußt hineingetan, in ihm zugelassen oder nicht weiter beachtet haben. Trotzdem wird es Ihnen ständig Dinge zu Bewußtsein bringen, damit Sie sie beurteilen können, gleich, ob Sie wissen, was da geschieht, oder nicht.

Das Unterbewußtsein braucht und sucht verzweifelt nach Führung. Es kann ohne direkte Anleitung nichts anfangen.

Wenn Sie sie ihm nicht geben können, dann holt es sie sich aus der Welt: von Ihren Eltern, Ihren Lehrern, Ihren Freunden und Kollegen sowie von religiösen und weltlichen Führungspersönlichkeiten. Wie viele Ideen stammen wirklich von Ihnen selbst, und wie viele haben Sie von jemandem übernommen, ohne sie wirklich zu durchdenken? Hören Sie sich selbst einmal zu, wenn Sie sprechen, und Sie werden erstaunt sein, wie viele andere Menschen durch Ihren Mund sprechen. Wenn Sie nicht selbst Ihrem Unterbewußtsein Anweisungen geben, dann wird es jemand anders tun.

Die vollkommene Meisterung des verborgenen Teils Ihres Wesens besteht darin, die bewußte Führung und Verantwortung für alles zu übernehmen, was Ihr Unterbewußtsein tut. Das heißt jedoch nicht, daß Sie versuchen sollen, alles, was es tut, zu kontrollieren. Sie übernehmen keineswegs Ihren Herzschlag oder setzen beim Gehen bewußt ein Bein vor das andere. Aber Sie sagen Ihrem Unterbewußtsein, was es zu tun hat, selbst wenn es bereits getan wird, um es noch besser zu machen.

Eine einfache und höchst effektive Methode dies zu tun, ist folgendes: Sie beginnen jeden Tag, indem Sie Ihr Unterbewußtsein ansprechen. Sie sprechen einfach mit ihm, so wie Sie mit jemandem sprechen würden, der bereit und willens ist, Ihre Anweisungen, Direktiven oder Instruktionen entgegenzunehmen. In einigen Dingen wird Ihnen Ihr Unterbewußtsein freudig folgen, in anderen wird es sich zögernd verhalten und in wiederum anderen wird es sich glattweg weigern, Ihre Anweisungen auszuführen. Sie dürfen dann jedoch nicht nachlassen, die Direktiven, die Sie erfüllt haben wollen, zu wiederholen, bis Sie Ergebnisse sehen. In mancher Beziehung ist das Unterbewußtsein wie eine träge Bürokratie, die sich an bestimmte Vorgänge gewöhnt hat, ganz gleich, ob sie nun effektiv sind oder nicht. Wenn man dieser Analogie folgt, dann wären Sie so etwas wie der neu ernannte Direktor dieser Bürokratie, der beabsichtigt, die alten Gepflogenheiten und schwerfälligen Prozeduren zu verändern. Dort, wo die Vorteile für die »Angestellten« auf der Hand liegen, werden Sie auf Kooperation stoßen, und dort, wo der Nutzen für die Beteiligten nicht so offensichtlich ist oder wo keine spürbare Verbesserung gegenüber der alten Art, die Dinge anzugehen, zu sehen ist, werden Sie auf Widerstand stoßen. Aber auch die Kooperation wird nur von Dauer sein, wenn die »Angestellten« sicher sein können, daß Ihre Absichten aufrichtig sind und Sie die neuen Verfahrensweisen solange fortführen, bis sie sich eingespielt haben.

Um diese Führungsrolle zu übernehmen, schlage ich vor, daß Sie von einer Idee Gebrauch machen, die von Dr. Frederick Eikerenkoetter entwickelt wurde. Anstatt zu Ihrem Unterbewußtsein als Einheit zu sprechen, reden sie mit Ihren Gedanken, Ihren Gefühlen und Ihrem Körper getrennt etwa folgendermaßen:

»Hört mir einmal zu, ihr Gedanken! Ich möchte, daß ihr jetzt aufhört, so zerstreut zu sein und eure Energie mit Ängsten, Zweifeln, Sorgen und alten Erinnerungen zu vergeuden, die uns ja doch nichts nützen. Von jetzt an möchte ich, daß ihr ausschließlich gute, positive und liebevolle Gedanken faßt. Denkt über die schönen Dinge des Lebens nach, über unsere Ziele und unsere Pläne, über Möglichkeiten, wie wir anderen helfen und unser eigenes Leben verbessern können. Denkt nur gute Gedanken. Wenn irgendwelche anderen auftauchen, schaut sie euch an, werft sie hinaus und geht wieder zu euren guten Gedanken über.«

»Gefühle, hört einmal zu! Ich möchte, daß ihr aufhört, euch an Ängsten und Hemmungen, an alten Wunden und altem Groll, an Ärger, Vorurteilen, Schuldgefühlen, Eifersüchteleien und anderem Unsinn festzuhalten. Wenn irgend etwas Derartiges auftaucht, fühlt es ruhig ein wenig, aber laßt es dann allmählich verschwinden und ersetzt es durch gute, glückliche, zuversichtliche, erfolgreiche und liebevolle

Gefühle. Ich möchte, daß ihr von nun an nur noch solche Gefühle habt.«

»Hör mir einmal zu, Körper! Du bist ein großartiger Körper und du tust so viele wunderbare Dinge wie Blut pumpen und alte Zellen erneuern. Ich brauche dir nicht einmal zu sagen, daß du es tun sollst. Aber jetzt möchte ich, daß du es noch besser tust als vorher. Ich möchte, daß du deine Energie, deine Kraft und deine Gesundheit verbesserst und in allem, was du tust, noch geschickter und eleganter vorgehst, daß du die Nahrung und die Luft noch wirksamer nutzt, als du das jetzt bereits tust, und daß du aufhörst, Dinge zu tun, die unserer Kraft, unserer Energie und unserer Gesundheit in irgendeiner Weise schaden könnten. Und, Körper, ich möchte, daß du dich mehr entspannst, dich mehr freuen und dein Leben besser genießen kannst und anderen mehr Freude schenkst.«

»Ich danke euch, ihr Gedanken, ihr Gefühle. Ich danke dir, Körper. Ich danke dir, Gott, der du in mir wohnst.«

Sie können diese Sätze natürlich Ihren persönlichen Zielen entsprechend umgestalten. Sie werden Ihnen auf jeden Fall dabei helfen können, Ihr tiefes Selbst zu meistern.

Kapitel 10
Das Überbewußtsein

Das Überbewußtsein oder »Höhere Selbst« wird im Huna *Aumakua* genannt. Das bedeutet laut Wörterbuch »persönlicher Gott«, wird aber auch als bildhafter Ausdruck für eine »vertrauenswürdige Person« benutzt. Im Huna wird dieses Wort in der ersten Bedeutung verwendet. Da der Code der hawaiischen Sprache der Schlüssel zum Verständnis des Huna ist, wollen wir zunächst die verborgenen Bedeutungen des Wortes *Aumakua* erforschen.

Das elterliche Selbst

Au, die erste Silbe, bedeutet unter anderem »Selbst«, und *Makua* heißt »Elternteil« (entweder Vater oder Mutter). Eine einfache Übersetzung für *Aumakua* wäre also »elterliches Selbst«.

Einige der frühen Missionare dachten, dies sei ein Hinweis auf einen Ahnenkult. Die genauere Bedeutung für die Kahunas könnte jedoch besser mit »ursprüngliches Selbst« umschrieben werden, denn sie sind sich wohl bewußt, daß unser eigentlicher Ursprung im Geist liegt und unsere leiblichen Eltern und Vorfahren lediglich eine Durchgangsinstanz für unser Wesen, nicht seine Schöpfer sind. Wie deutlich das erkannt wurde, kann an der Tatsache abgelesen werden, daß das Wort für »Vorfahren« *Kapuna*, soviel heißt wie »Quelle des Unterbewußtseins«. Das ist ein Hinweis darauf, daß Glaube, innere Haltungen und physisches Erbgut durch ein unterbewußtes Gedächtnis von Generation zu Generation weitergegeben werden.

Au Makua heißt »dein Vater«, und *A'u Makua* heißt »mein Vater«. Ich werde auf die Bedeutung dieses kleinen Unterschiedes später noch zu sprechen kommen. *Au* heißt auch »älter«, was das Elterliche betont und darauf hinweist, daß das Höhere Selbst weiter entwickelt ist als die leibliche Persönlichkeit.

Dasselbe Wort bedeutet auch »Strömung«, etwa die Strömung eines Flusses. Das ist ein Hinweis auf den Fluß des *Mana* zwischen dem bewußten, dem unterbewußten und dem überbewußten Selbst, auf die »Bewegung der Gedanken« und auf die Führung durch das Überbewußtsein, dessen Gedanken und Ideen uns zu Bewußtsein kommen.

Andere Bedeutungen, die mit schwimmen und tauchen zu tun haben, enthüllen, daß das Höhere Selbst uns *Mana* verleiht und lehrt, wie wir zu leben haben. *Makua* wurde später gebraucht, um den »Herrgott« der Christen zu bezeichnen. Aus diesen verschiedenen Bedeutungen erhalten wir ein gutes Bild von einem hoch entwickelten, unterstützenden und schutzgebenden Geist, einem idealen elterlichen Wesen.

Der sich verwirklichende Geist

Der Wortstamm *Ma* wird übersetzt mit »mittels«. Als Teil des Wortes *Aumakua* bezieht er sich auf die Rolle des Höheren Selbst als die Instanz, die Dinge geschehen läßt. Durch die Hinzufügung der Silbe *Kua* wird dieser Bezug noch deutlicher, denn *Kua* bedeutet »etwas aus Holz schnitzen«, »Tapa-Tuch weben« oder »Dinge auf dem Amboß formen«. Dies sind Analogien für die Produktion von etwas physisch Erfahrbarem aus einem nicht-physischen Gedanken und *Aka*, ätherischer Materie. Diese Bedeutung wird noch durch die Wurzel *Maku* verstärkt, was soviel heißt wie »härten, Gestalt annehmen, verfestigen«.

Im Huna glaubt man, daß die sichtbare physische Materie und die Gegebenheiten dieser Welt zuerst als Gedankenformen oder »T-Felder« aus *Aka*-Materie existieren. Diese Felder werden von einem Minimun an *Mana* zusammengehalten, gerade soviel, um sie in einer spezifischen Weise aufrechtzuerhalten. Damit etwas als sichtbare, greifbare oder meßbare Realität existieren kann, muß es aus der Welt der Formen in unsere dreidimensionale Welt »heruntergebracht« werden. Das kann nur dann geschehen, wenn das *Aka*-T-Feld eine ausreichende Menge von *Mana* erhält, die es ihm gestattet, sich zu verwirklichen.

Unser ganzes Universum war offenbar zuerst ein immenses T-Feld, das von einem höchsten Wesen erschaffen und dann durch und durch mit *Mana*, der Ur-Energie des Universums, geladen wurde.

Auf einer viel begrenzteren, lokalen Ebene umgeben wir Menschen uns ständig mit T-Feldern oder Gedankenmustern aus unserer eigenen Produktion. Wir laden diese Muster stets aufs neue mit *Mana*, indem wir jahraus jahrein immer wieder dieselben Gedanken haben. Dadurch gehen sie so in Gewohnheit über und werden so gestärkt, daß wir überhaupt nicht mehr bewußt über sie nachdenken. Dennoch bilden sie das Grundmuster für die Verwirklichung unseres alltäglichen Lebens.

Die Verwirklichung einer persönlichen Realität erfordert das Zusammenwirken der drei Teile des menschlichen Wesens, obwohl das Bewußtsein offenbar nicht unbedingt Bescheid wissen muß, was da vor sich geht. Um diesen Prozeß besser verstehen zu können, beschreiben wir ihn in einzelnen Schritten:

- Das Bewußtsein konzentriert seine Aufmerksamkeit auf etwas (einen Gedanken, einen Gegenstand oder ein Ereignis).
- Das Unterbewußtsein behandelt die Konzentration der Aufmerksamkeit als Ereignis und behält sie in Erinnerung.

- Das Überbewußtsein benutzt die Erinnerung als Muster oder Plan, um eine gleichwertige physische Erfahrung herbeizuführen.

Das ist eine extrem vereinfachte, aber im wesentlichen zutreffende Beschreibung des Prozesses der Verwirklichung. Vorausgesetzt, es gibt keine Überzeugungen oder Zweifel, die dem entgegenstehen, wird die bloße Konzentration der Aufmerksamkeit das Überbewußtsein zum Handeln anregen. Nehmen wir beispielsweise einmal an, Sie hören einen ungewöhnlichen Namen und denken eine Weile über diesen Namen nach. Solange Ihre Kanäle offen sind, ist es sehr wahrscheinlich, daß der Name daraufhin in Ihrem Leben auf verschiedene Weise eine Zeitlang immer wieder auftauchen wird, ohne daß Sie irgendetwas dazutun. Wenn das Bewußtsein sich auf etwas konzentriert und entscheidet, daß es zum Leben dazugehört, dann wird das Unterbewußtsein das als Überzeugung oder gewohnheitsmäßige Haltung übernehmen und zu einem mehr oder weniger permanenten Bestandteil Ihres Lebens machen.

Das Überbewußtsein manifestiert Ihre physische Erfahrungswelt, indem es die Muster aus Ihren bewußten und unterbewußten Denkvorgängen benutzt. Dazu braucht es kein *Mana* und keine Energie von diesen, denn es steht direkt in Kontakt mit der unendlichen Energie. Die Vorstellung, daß Sie dem Höheren Selbst *Mana* senden müssen, bevor es aktiv werden kann, ist unzutreffend und hat in der Vergangenheit unter Leuten, die sich mit Huna auseinandergesetzt haben, große Verwirrung gestiftet. Die Tatsache, daß in Ihrem Leben permanent Ihre Erfahrungswelt verwirklicht wird, und das ohne jegliche Anstrengung oder Energiezufuhr, ist ein klarer Beweis dafür, daß das Überbewußtsein Zugang zu ausreichend Energie hat, mit der es arbeiten kann. Dennoch scheint eine bewußte Zufuhr von *Mana*, besonders emotionalem *Mana*, oft bessere Resultate zu bringen. Woran liegt das?

Tatsächlich kann die Sammlung von *Mana* durch Wünsche, Enthusiasmus, Erregung, tiefe Atmung, Visualisierung und so weiter einem wichtigen Ziel dienen, nämlich der Überwindung bestehender Überzeugungen und Zweifel, die der Manifestation, die Sie anstreben, entgegenstehen. Es ist also Ihr Unterbewußtsein, das mehr *Mana* braucht, nicht Ihr Überbewußtsein. Überzeugungen sind energiegeladene Gedanken, die ein ständiges Muster bilden. Einige Überzeugungen haben eine höhere Ladung als andere. Sie könnten sagen, daß einige »hartnäckiger« sind als andere und daher eher vom Überbewußtsein wahrgenommen werden können. Um einen solchen Zustand verändern zu können, müssen Sie entweder die Überzeugungen beseitigen, die die Grundlage für die Erfahrung bilden, oder Sie müssen einige neue oder positivere Gedanken »aufdringlich« genug machen, um die anderen zu übertönen. Bewußt Ihr persönliches *Mana* zu erhöhen, während Sie gleichzeitig Ihr Ziel im Auge behalten, ist eine Möglichkeit, alte Ängste und Zweifel zu überwinden.

Die Verwirklichung folgt der Aufmerksamkeit. Je mehr Aufmerksamkeit Sie einer Sache bewußt oder unbewußt schenken, desto mehr wird sie sich in Ihrem Leben manifestieren. Je »reiner« die Aufmerksamkeit, desto klarer werden die Ergebnisse sein, und je zerstreuter die Aufmerksamkeit, desto vermischter. Bewußte Aufmerksamkeit ist von Ihrer persönlichen Entscheidung abhängig, unterbewußte Aufmerksamkeit von Ihrer Gewohnheit. Das Überbewußtsein wird immer das verwirklichen, worauf Sie sich konzentrieren, unabhängig davon, ob es Ihnen angenehm ist oder nicht, aber es wird Sie immer auf irgendeine Weise inspirieren, Ihre Konzentration in eine bessere Richtung zu lenken, vorausgesetzt, Sie sind bereit zu hören.

Das Göttliche

Wenn wir nach weiteren verborgenen Bedeutungen von *Aumakua* suchen, finden wir, daß *Akua* »Gott, Geist«, oder »etwas Göttliches« bezeichnet. Dieses Konzept eines innewohnenden Gottes findet sich auch in der Darstellung des Vaters im Himmel, die Jesus im Neuen Testament gegeben hat. Eine Dekodierung des Evangeliums zeigt deutlich, daß das, was Jesus als Vater im Himmel bezeichnete, nichts anderes ist als das Überbewußtsein, so wie es im Huna erkannt wird. Zu Beginn der Erläuterungen von *Aumakua* erwähnte ich den kleinen Unterschied zwischen »mein Vater« und »dein Vater«. Wenn man das Neue Testament sorgfältig liest, kann man feststellen, daß Jesus mit einer einzigen Ausnahme immer von »eurem« und »meinem« Vater spricht. »So soll euer Licht leuchten vor den Menschen, damit sie eure guten Werke sehen und euren Vater, der in den Himmeln ist, verherrlichen« (Matthäus 5:16), »ihr sollt nun vollkommen sein, wie euer himmlischer Vater vollkommen ist« (Matthäus 5:48), »alles ist mir übergeben von meinem Vater« (Lukas 10:22) und »ich verordne euch, wie mein Vater mir verordnet hat, ein Reich« (Lukas 22:29). Der Gebrauch von »mein« und »dein« ist ein deutlicher formaler Hinweis darauf, daß Jesus das Höhere Selbst des Menschen gemeint hat.

Noch deutlicher wird das, wenn wir die einzige Stelle betrachten, in der überliefert wird, daß Jesus von »unser Vater« gesprochen hat. Diese Stelle findet sich bei Matthäus 6:9, wo Jesus die Formel für das richtige Beten lehrt. Der entsprechende Ausdruck im Hawaiischen ist *E ko makou Makua*. Im Hawaiischen gibt es sechzehn verschiedene Formen des Wortes »unser«. Als die Kahunas, die den Missionaren halfen, die Bibel ins Hawaiische zu übersetzen, an diese Stelle kamen, mußten sie also ein sehr spezifisches Verständnis davon haben, was da gemeint war. In diesem Fall ist ein einzelner Gegenstand gemeint, den mehrere Menschen gleichzeitig individuell besitzen. Es ist ungefähr so, als würde man zu einer Menge von Leuten, die nicht miteinander verwandt sind, sagen: »Wir wollen alle unseren gemeinsamen Vater am Vatertag ehren.« Jesus bezog sich also eindeutig auf das Überbewußtsein jedes einzelnen. Bemerkenswert ist jedoch, daß Lukas (11:12) an dieser Stelle das »unser« vollständig ausläßt.

Ein Blick auf den Buddhismus zeigt uns, daß auch hier das Huna-Konzept von einem individuellen persönlichen göttlichen Wesen vorhanden ist. Buddhisten verbeugen sich voreinander, nicht um einander als Menschen Referenz zu erweisen, sondern der höheren »Buddhanatur« im anderen.

Was ist aber nun mit Gott selbst, dem Absoluten, dem allerhöchsten Wesen? Ein solches existiert ganz sicher, sonst gäbe es kein geordnetes Universum, aber es sollte nicht mit dem persönlichen Überbewußtsein verwechselt werden. Es wäre eine unglaubliche Anmaßung und Überheblichkeit anzunehmen, daß der Mensch, so wie wir ihn kennen, das letzte Wort in der Evolution ist. Es ist absurd, zu glauben, das Unvollkommene könne sich mit einem großen Sprung in die Vollkommenheit entwickeln. Völlig logisch hingegen ist die Annahme, daß es noch etwas geben muß, was dazwischen liegt.

Fast alle Religionen sprechen von höheren Wesen – einige nennen sie Engel. Im Huna wird angeregt, daß man sich dieses Konzept wieder stärker ins Bewußtsein ruft. In vielerlei Hinsicht ist das Überbewußtsein wie ein Schutzengel, der ständig um unser höchstes Gut besorgt ist, uns immer mit Rat zur Seite steht, wie wir uns verbessern können, und jederzeit bereit ist, uns zu helfen, wenn wir auf die richtige Weise darum bitten.

Diese richtige Weise hat nichts mit Betteln oder Fordern zu tun, ebensowenig mit Flehen oder Hilfeschreien. Sie sollte vielmehr darin bestehen, daß man klare Aussagen macht und deutliche Anweisungen gibt. In den Psalmen und im Evangelium (Psalm 23 und das Vaterunser zum Beispiel) werden klare Fakten dargestellt und deutliche Handlungsanweisungen gegeben. Einfach gesagt, besteht die richtige Weise darin, dem Höheren Selbst durch Worte, Bilder und Gefühle zu sagen, was zu tun ist, zu danken, daß es getan wird, und sich davor zu bewahren, ängstliche und zweifelnde Gedanken zu hegen. Das Überbewußtsein, Ihr persönlicher, innerer Gott, wird noch aktiver in Ihrem Leben sein, wenn Sie ihn auf diese Weise anerkennen und mit ihm in Verbindung treten.

Dieses Konzept eines sehr persönlichen Gottes steht in keiner Weise der Nützlichkeit von Gebeten zu Jesus, Buddha, Heiligen oder anderen Göttern oder Göttinnen einer Religion entgegen. Es heißt lediglich, daß Ihr Gebet, ganz gleich, an wen es gerichtet ist, erst einmal durch Ihr eigenes *Aumakua* geht. Da Ihr Überbewußtsein ein unverzichtbarer Bestandteil Ihres Wesens ist, sind immer noch Sie selbst es, der auf die höheren Wesen zugeht, um mit ihnen Kontakt aufzunehmen. Wenn Ihr Höheres Selbst bei seinen Unternehmungen Hilfe braucht, können Sie sich darauf verlassen, daß es auf die richtige Weise selbständig den nötigen Kontakt herstellt.

Sie sollten also die Möglichkeit in Betracht ziehen und vorläufig einmal davon ausgehen, daß Sie ein Höheres Selbst haben, das Ihr ständiger Begleiter und Weggefährte ist, der nicht nur bereit ist, Ihnen auf Ihrem Weg zur Vollkommenheit zu helfen, sondern der geradezu darauf wartet. Ihr *Aumakua* kann Ihnen helfen, alle unnötigen negativen Konditionierungen aus Ihrem Leben zu verbannen und andere Konditionierungen, die zwar negativ scheinen, aber notwendig sind, zu verstehen und aus ihnen Nutzen zu ziehen. Sie sind niemals allein. Huna macht deutlich, daß Gott weit persönlicher ist, als die meisten Menschen dies je für möglich gehalten hätten.

Die Gemeinschaft der höheren Wesen

Jeder Mensch und jedes Ding hat ein *Aumakua*. Jede Gruppe von miteinander in Beziehung stehenden Wesen oder Dingen hat einen eigenen Gruppen-Geist, den die Kahunas die »Gemeinschaft der höheren Wesen« (*Poe Aumakua*) nennen. Dieser Gruppen-Geist ist mehr als die Gemeinschaft der höheren Wesen der Versammelten. Er ist ein eigenständiges Wesen, genauso, wie Sie ein ganzer Mensch sind, obwohl Sie physisch aus Milliarden einzelner Zellen zusammengesetzt sind.

Immer wenn eine Gruppenidentität oder die Identität eines Ortes entsteht, gibt es dazu ein Höheres Selbst, das ein vollständigerer Ausdruck der einzelnen höheren Wesen ist, die die Gruppe bilden.

Die menschliche Rasse zum Beispiel hat ein *Aumakua*, von dem Sie ein Teil sind. Dasselbe gilt für Ihre Nation, Ihren Staat, Ihren Wohnort und Ihre Familie, ebenso wie für Ihren Verein, Ihre Kirche, Ihre Partei, Ihr Kollegium und jede andere Gruppe, der Sie angehören. Genauso wie Sie mit Ihrem individuellen Höheren Selbst in Verbindung treten können, um von ihm Hilfe und Führung zu erhalten, können Sie die *Aumakua* jeder dieser Gruppen zu demselben Zweck kontaktieren.

Die Verbindung mit dem Höheren Selbst

Ihr *Aumakua* spielt eine Rolle in Ihrem Leben, ob Sie sich dessen bewußt sind oder nicht. Je mehr Sie sich dessen jedoch bewußt werden, desto großzügiger und fruchtbarer wird die Hilfe und Zusammenarbeit sein. Ein bewußter Kontakt führt zu einer deutlicheren Verwirklichung dessen, was Sie sich wünschen. Hier einige Methoden, wie Sie diesen Kontakt herstellen können:

● *Die innere Suche.* Dies ist nicht der leichteste Weg, aber viele Heilige und Weise in aller Welt sind ihn gegangen. Dies ist eine einfache Variante dieses Weges: Setzen Sie sich allein mit geöffneten oder geschlossenen Augen hin und stellen Sie sich Fragen wie: »Wer ist sich jetzt darüber bewußt, daß er hier sitzt? Wer ist sich dieses Körpers, dieser Gefühle, dieser Gedanken bewußt? Wer ist sich darüber bewußt, daß er bewußt ist?« Stellen Sie sich eine Reihe solcher Fragen über alle Empfindungen, Gefühle oder Gedanken, die in Ihnen aufsteigen, *ohne etwas zu fordern, zu erfinden, zu erwarten und ohne nach bestimmten Antworten zu forschen.* Nach einer gewissen Zeit (leider kann ich da nichts Genaueres sagen) werden Sie einen Durchbruch zu einem höheren Bewußtsein erleben, den direkten Kontakt zu Ihrem Höheren Selbst.

● *Der Lobpreis der Gegenwart.* Diese Methode ist für jeden geeignet und erfordert normalerweise nicht viel Zeit. Alles, was Sie dazu tun müssen, ist, der Schönheit und Güte Ihrer unmittelbaren Umgebung etwas mehr Aufmerksamkeit zu schenken und nach Möglichkeit alles und jeden zu preisen. Dazu müssen Sie sich wirklich auf den gegenwärtigen Moment konzentrieren und jegliche Analyse oder Kritik vermeiden. Wenn Sie damit Erfolg haben, werden Sie sich zunehmend wohlfühlen und sich ausbreiten können. Dieses Gefühl entspringt dem Kontakt mit Ihrem Höheren Selbst.

● *Energie-Bewußtsein.* Sie können sich Ihr *Aumakua* in gewissem Sinne als reine, bewußte Energie vorstellen. Die Kahunas würden es als Licht beschreiben, als einen Strom, der durch den Körper fließt, als einen schönen Klang (oder Musik), als einen köstlichen Geschmack oder als ein betörendes Parfüm, ganz nach persönlicher Vorliebe und Empfindlichkeit. Am gebräuchlichsten ist folgende Vorstellung: Sie sehen sich selbst, umrundet von Licht, und haben das Gefühl, daß Ihr Körper von einem Energiefluß durchströmt wird. Mit etwas Übung geht dieser Zustand aus Ihrer Phantasie in Ihr Bewußtsein über. Das ist ein Zeichen für Ihren persönlichen Kontakt zum Höheren Selbst.

- *Die Begegnung mit den Weisen.* Diese Methode beginnt als ein geistiges Abenteuer und entwickelt sich langsam zu einer sicheren Form des Kontaktes mit Ihrem *Aumakua.* In einer einfachen Version der Übung stellen Sie sich vor, wie Sie allein auf einem Weg gehen, bis Sie einen sehr weisen Menschen treffen, einen Mann, eine Frau, vielleicht auch ein Paar. Diese Weisen symbolisieren das Höhere Selbst. Sie sitzen dann eine Weile mit ihnen zusammen, sprechen mit ihnen, berühren sie und hören zu, was sie Ihnen zu sagen haben, das Ihrem Leben eine Richtung geben kann. Sie müssen sich von vornherein darüber klar sein, daß Sie nur einen Rat bekommen werden, die Entscheidung aber bei Ihnen selbst liegt. Wenn es den Anschein hat, daß Sie Anweisungen bekommen, dann stört Ihr Unterbewußtsein den Kontakt.

- *Erweiterung der Identität.* Diese Übung erfordert eine bestimmte Stabilität, damit Sie Ihren Sinn für Identität in Ihre Umwelt hinein ausdehnen können, bis Sie fühlen, daß die Menschen und Dinge, die Sie umgeben, nicht stärker von Ihnen getrennt sind als Ihre Hände und Füße. Der Grad Ihrer Fähigkeit, sich eins mit Ihrer Umwelt zu fühlen, ist der Maßstab für Ihren Kontakt mit Ihrem *Aumakua.*

Wenn es Ihnen gelungen ist, mit Hilfe einer dieser Methoden den Kontakt zum Überbewußtsein herzustellen, können Sie sich an diesem Kontakt einfach nur um seiner selbst willen erfreuen, oder dazu übergehen, sich auf etwas zu konzentrieren, von dem Sie möchten, daß Ihr *Aumakua* es manifestiert. Häufiger Kontakt zum Überbewußtsein ermöglicht es Ihnen, sich selbst und Ihr Leben zu meistern.

Kapitel 11

Die Sprache Ihrer Träume

Ein chinesischer Philosoph träumte einmal, er sei ein Schmetterling, der träumte, er sei ein Mensch. Als er aufwachte, war er sich nicht sicher, ob er noch immer der Schmetterling war, der träumte, er sei ein Mensch , oder ein Mensch, der träumte, er sei ein Schmetterling.

Ich erwähne diese Geschichte, um zu zeigen, daß die Welt der Träume, in der wir jede Nacht ein- und ausgehen, ebenso real ist wie diese bewußte, geordnete Welt, an die wir gewöhnt sind. Die meisten Menschen in unserer Kultur sind darauf konditioniert worden, ihren Träumen wenig Aufmerksamkeit zu schenken. Dadurch ignorieren sie mindestens ein Drittel ihres Lebens. Der Schlaf ist keine verlorene Zeit. Er ist eine Zeit des Lernens, der Erholung, eine Zeit, in der Lob, aber auch Kritik ausgesprochen wird und Dinge wieder ins Gleichgewicht gebracht werden. Der Schlaf dient außerdem der Kommunikation mit dem Höheren Selbst und anderen Kräften, Mächten und Menschen. Der Traum ist eine andere Dimension, in der wir oft aktiver sind als im wachbewußten Leben.

Wenn Sie noch niemals die Welt Ihrer Träume erforscht haben, dann ist es Zeit, daß Sie jetzt damit anfangen. Sie werden dort viele Abenteuer bestehen, Überraschungen erleben, überwältigende Schönheit, aber wahrscheinlich auch jede Menge Häßliches und Schlechtes vorfinden. Sie werden das riesige, noch nicht erforschte Territorium Ihres eigenen Geistes erkunden und dort Freunde und Feinde in vielen verschiedenen Verkleidungen treffen.

Der Vorgang des Träumens

Jeder Mensch träumt jede Nacht. Es gibt Hinweise darauf, daß auch die Tiere träumen, aber wir beschäftigen uns hier ausschließlich mit Menschen. Selbst wenn Sie sich an keinen einzigen Traum erinnern können, den Sie jemals gehabt haben, heißt das noch nicht, daß Sie nicht träumen. Es heißt lediglich, daß Sie sich nicht an Ihre Träume erinnern können.

Studenten der esoterischen Wissenschaften wissen seit langem, daß jeder Mensch träumt, und die Naturwissenschaftler haben dies sehr zu ihrer Befriedigung im Labor nachweisen können. Die Traumforschung hat auch gezeigt, daß wir während der Nacht in mehreren Zyklen träumen. Es gibt zwei verschiedene Arten von Träumen. Die einen sind die »normalen« Träume, in denen wir Aktivitäten aus unserem Wachbewußtsein ohne Verzerrung reflektieren. Der andere Typ Traum ist länger und lebhafter. Die Träume des zweiten Typs scheinen alle Grenzen von Raum, Zeit und Logik zu durchbrechen. Genau deswegen sind Träume in der Vergangenheit oft als unreal betrachtet worden, und man war der Auffassung, es lohne sich nicht, ihnen Aufmerksamkeit zu schenken.

Die Forschung hat gezeigt, daß wir träumen *müssen*. Es ist für unsere körperliche und geistige Gesundheit unerläßlich. Wenn jemand für eine gewisse Zeit daran gehindert wird zu träumen, dann träumt er, wenn er das nächste Mal längere Zeit ungestört schlafen kann, um so mehr, so, als wollte er die versäumten Träume nachholen. Wenn das Träumen über längere Zeit verhindert wird, beginnt man sogar, mit offenen Augen zu träumen. In diesem Fall nennt man die Träume dann auch Halluzinationen.

Eigentlich träumen wir ja die ganze Zeit. Ich spreche jetzt nicht von der Vorstellung, daß das gesamte äußere Leben ein einziger Traum ist, obwohl es auch gute Gründe gibt, das zu behaupten. Was ich hingegen sagen will, ist, daß Träume –

sowohl die »normalen« als auch die unrealen – in unserem üblichen Wachbewußtsein ständig unterschwellig vorhanden sind. Die meisten Menschen sind darauf konditioniert, nicht auf diese Träume zu achten. Wenn Sie sich jedoch einmal hinsetzen, die Augen schließen und abwarten, was passiert, dann werden Sie einen Traum erleben, selbst wenn Sie hellwach sind. Dieser Traum kann sich sofort einstellen oder erst nach einer Weile, je nachdem, wie Sie sich gerade fühlen und wie offen Sie dafür sind. Er wird aber auf jeden Fall kommen. Es gibt Grund zu der Annahme, daß häufiges Tagträumen das Bedürfnis nach Träumen im Schlaf verringert. Von Thomas Edison, dem großen amerikanischen Erfinder, wird berichtet, daß er täglich ungefähr siebzehn sehr kurze Nickerchen machte und dafür in der Nacht nur drei Stunden Schlaf brauchte. Er tat das nicht, um zu schlafen oder zu ruhen, sondern um absichtlich zu träumen.

Der Huna-Standpunkt

Das meistgebrauchte Wort für »Traum« im Hawaiischen ist *Moe 'uhane*, was wörtlich übersetzt soviel wie »Geist-Schlaf« heißt. Eine Bedeutung im Huna-Code ist »Der Geist macht sich davon und geht woanders hin.« Das bezieht sich besonders auf die Träume, die Sie während eines tiefen, gesunden Schlafes haben. Gemäß der hawaiischen Tradition geht Ihr Geist auf Reisen, sieht Menschen und Orte, begegnet anderen Geistern, besteht Abenteuer und übermittelt Botschaften von Ihrem *Aumakua* oder Höherem Selbst. An alle diese Ereignisse erinnern Sie sich in Form von Träumen.

Unter den vielfältigen Trauminformationen befinden sich auch Botschaften Ihres Unterbewußtseins, die sich auf Ihren Gesundheitszustand beziehen und Vorschläge machen, wie Sie ihn verbessern können. Andere Träume aus derselben Quelle beschäftigen sich mit Ihren Beziehungen zu anderen

Menschen und damit, wie Sie über sich selbst und über die Welt denken, in der Sie leben. Bestimmte Träume kommen direkt vom Höheren Selbst, werden aber immer noch vom Unterbewußtsein interpretiert. Diese Träume geben uns Informationen über unsere spirituelle Entwicklung und manchmal auch Hinweise auf kommende Ereignisse.

Es gibt telepathische Träume von Menschen, die wir in den Traumdimensionen kennengelernt haben, und manchmal sogar von Situationen mit Menschen, die wir überhaupt nicht kennen. Oft haben diese Träume eine tragische oder gefährliche Komponente, denn starke Emotionen produzieren einen Überschuß an *Mana*, der telepathische Fähigkeiten erzeugen kann. Das ist jedoch nicht immer der Fall. Außerdem gibt es noch Träume, die konkrete Anweisungen oder Informationen von höher entwickelten Wesen enthalten, und solche, in denen wir in unserem *Aka*-Körper zu anderen Orten in dieser oder anderen Dimensionen reisen.

Im Huna beschreiben verschiedene Wörter verschiedene Arten von Träumen. *Hihi'o* bezieht sich auf hypnagogische Träume, Träume also, die Sie im Halbschlaf haben, wenn Sie leicht eingedöst sind oder sich in einer leichten Trance befinden. Die Code-Bedeutung ist »die Wahrheit oder Realität einfangen«. Diese Träume sind identisch mit den Zuständen, die Hellseher haben, um sich in andere Menschen oder Ereignisse einstimmen zu können.

In der Alltagssprache wird *Kaha'ula* normalerweise mit erotischen Träumen in Verbindung gebracht, aber im Code bedeutet es »heiliger Ort« oder »erhabener Geist«. Der dem zugrundeliegende Gedanke ist, daß sexuelle Träume mit der Einheit des ganzen Menschen zu tun haben, eine Sichtweise der Sexualität, die die Kahunas mit ganz wenigen anderen Kulturen teilen.

Moemoea ist das, was wir heutzutage einen »programmierten Traum« nennen würden, einen Traum, den man bewußt angestrebt oder herbeigeführt hat, um einem langgehegten

Wunsch näherzukommen. Im Huna-Code bedeutet dieses Wort »eine Leine oder ein Netz spannen« und »sich geradewegs auf etwas zubewegen«.

Schließlich gibt es noch den *Ho'ike na ka po*, die »Offenbarungen einer Nacht«, Träume, die Botschaften oder Anleitungen vom Höheren Selbst oder *Aumakua* enthalten.

Am Tage übt das Bewußtsein mehr oder weniger seine Herrschaft über uns aus, und die physische Dimension wird über die Sinneseindrücke wahrgenommen, die von unserem Unterbewußtsein weitergegeben werden. Wenn wir schlafen gehen, hört unser Unterbewußtsein allmählich auf, Daten aus dieser Dimension zu übermitteln, und fängt an, Daten aus einer anderen Dimension zu präsentieren, die nicht dieselben Eigenschaften hat wie die, mit der wir bewußt vertraut sind. Dabei ist wichtig festzuhalten, daß das Bewußtsein vollkommen von der Datenübermittlung des Unterbewußtseins abhängig ist. Damit das Unterbewußtsein die Daten übermitteln kann, muß es in Verbindung mit den Erinnerungen der bekannten Erfahrungswelt seine eigene universelle Symbolsprache benutzen. Es ist gewöhnlich nur die *Darstellung* des Traumerlebens, die wir wahrnehmen, nicht die Erfahrung selbst. Aus diesem Grund scheinen so viele Träume aus unserer Perspektive unlogisch. Wenn wir wissen wollen, wie die wirkliche Erfahrung ausgesehen hat, müssen wir lernen, die Sprache des Unterbewußtseins zu deuten.

Traumdeutung

Wer lernen will, seine Träume zu interpretieren, sollte sich nicht auf Bücher verlassen, die zum Dogma erheben, daß bestimmte Bilder immer ganz bestimmte Dinge zu bedeuten haben. Es gibt einige Traumbilder, die bei den meisten, vielleicht sogar bei allen Menschen, gleich welcher Kultur, vorkommen. Die meisten Ihrer Träume sind jedoch Ihre ganz persönlichen, individuellen Träume. Wenn Sie zum Beispiel Katzen mögen, kann eine Katze in Ihrem Traum ein positives Symbol sein, wenn Sie aber Katzen nicht leiden können, dann kann die Katze im Traum genausogut ein negatives Symbol sein. Ebenso steht für die meisten Menschen eine Brücke symbolisch für den Übergang von einer Lebensphase zur nächsten, aber wenn Sie ein Bauingenieur sind, hat die Brücke im Traum vielleicht lediglich etwas mit Ihrer Arbeit zu tun. Träume können nur in Ihrem speziellen Lebenszusammenhang richtig interpretiert werden. Bücher und andere Menschen können zwar für eine Weile hilfreich sein, aber die besten Traumdeutungen werden schließlich von Ihnen selbst kommen.

Genau wie heilige Schriften können Ihre Träume viele verschiedene Bedeutungsebenen haben. Als erstes sollten Sie auf die wörtliche Bedeutung des Traumes achten. Wenn Sie eine Reise planen und von ihr träumen, könnte Ihnen der Traum Informationen über die Reise selbst geben. Auf der anderen Seite könnte Ihnen der Traum auch etwas über eine Reise des Bewußtseins mitteilen, gleich ob Sie eine Reise planen oder nicht. Das wäre die allegorische Ebene der Traumdeutung. Die Wahrheit der allegorischen Ebene steht nicht im Widerspruch zur wörtlichen Ebene. Viele Träume sind rein allegorisch oder metaphorisch. Wenn Sie träumen, daß Ihr Kopf abfällt, könnte das bedeuten, daß Sie dabei sind, »Ihren Kopf zu verlieren«. Wenn im Traum das Thema Tod auftaucht, ist das in den seltensten Fällen wörtlich zu nehmen. Fast immer steht der Tod für das Ende einer Situation, eines Lebensumstandes oder einer Denkweise. Genauer gesagt, gibt er die Anregung, einen symbolischen Tod herbeizuführen, um einen wirklichen zu vermeiden. Der Traum könnte Ihnen zu verstehen geben: »Ändere dein Leben oder du verlierst es.«

In der Mehrzahl der Fälle repräsentieren die handelnden Figuren in Ihren Träumen Sie selbst, Teilaspekte Ihres Wesens, Qualitäten, die Sie an anderen Menschen bewundern oder widerwärtige Eigenschaften Ihrer selbst, die Sie auf andere projizieren. Daher sollten sie unmittelbar, nachdem Sie die offensichtliche Bedeutung der Personen, die in Ihrem Traum vorkommen (Verwandte, Freunde, Prominente oder Fremde), untersucht haben, davon ausgehen, daß sie alle nur Spiegel Ihrer selbst sind. Sie werden erstaunt sein, wie viele Erkenntnisse diese Sichtweise Ihnen vermittelt.

Selbst wenn Ihre Träume etwas für Sie Typisches sind, gibt es doch einige Themen und Symbole, die so weit verbreitet sind, daß man sie auf die Träume der meisten Menschen anwenden kann, es sei denn, sie beziehen sich auf eine konkrete Lebenssituation. Wir erwähnten bereits die Bedeutung einer Brücke als Symbol für einen Übergang im Leben. Andere Symbole, die in diese Kategorie fallen, sind die Überquerung eines Flusses, das Gehen auf einem Weg oder an einer großen Straße oder das Reisen mit dem Zug oder Flugzeug. Häuser, Hotels und Wohnungen weisen oft auf Überzeugungen hin, die Sie über sich selbst und Ihr Leben haben, wobei die verschiedenen Räume verschiedene Abteilungen Ihres Denkens repräsentieren. Ein Auto steht oft für den physischen Körper, das »Fahrzeug« Ihrer Seele, aber es kann auch Ihr ganzes Wesen symbolisieren, das sich auf dem Weg durch diese Welt befindet. Ein Erdbeben kann eine plötzliche Veränderung im Leben andeuten, die sich bereits anbahnt oder Ihnen nahegelegt werden soll, aber es kann auch darauf hinweisen, daß Sie Ihre gesamte Situation im Augenblick als etwas wacklig empfinden. Tiere können Aspekte Ihrer animalischen Natur sein und Vögel geistige Botschafter oder höhere Gedanken. Wasser kann das Unterbewußtsein, übersinnliche Fähigkeiten oder Emotionen repräsentieren. Klettern oder Bergsteigen bedeutet normalerweise spirituelles Wachstum. Kleidung reflektiert Einstellungen und Angewohnheiten. Wenn Sie träumen, daß etwas mit Ihrer Kleidung nicht stimmt, kann das bedeuten, daß etwas mit der Art und Weise, wie Sie sich in der Welt darstellen, nicht in Ordnung ist.

Viele Menschen haben wiederkehrende Träume, Träume also, die entweder während des ganzen Lebens, während einer Phase von ein paar Wochen oder nur in wenigen Nächten immer wieder auftauchen. Diese Träume sind besonders wichtig, weil sie darauf hinweisen, daß Ihr Unterbewußtsein oder Ihr Überbewußtsein intensiv versucht, Ihnen etwas mitzuteilen. Wenn Sie die Botschaft verstehen und Sie sich auf allen Ebenen des Bewußtseins entsprechend verhalten, werden solche Träume wieder verschwinden. Ebenso wichtig wie wiederkehrende Träume sind wiederkehrende Traumthemen. Sobald Sie sich daran gewöhnt haben, sich Ihre Träume zu merken, werden Sie sich an verschiedene Träume erinnern können, die Sie in einer einzigen Nacht gehabt haben. Wenn Sie diese Träume aufzeichnen und ihre Inhalte nebeneinanderstellen, werden Sie vielleicht feststellen, daß dieselbe Botschaft auf unterschiedliche Weise dargestellt worden ist, so als ob Ihr Unterbewußtsein ganz sicher gehen wollte, daß Sie die Botschaft auch verstehen.

Es gibt viele Methoden, die Ihnen helfen können, Ihre Träume zu interpretieren. Wenn Sie ein gutes Verhältnis zur Arbeit mit dem Pendel bekommen haben, können Sie die Bedeutung Ihrer Träume damit entschlüsseln. Immerhin war es ja Ihr Unterbewußtsein, das den Traum übermittelt hat. Manchmal kann es hilfreich sein, bis zum nächsten Abend zu warten und dann vor dem Schlafengehen den festen Wunsch zu haben, daß der Traum geklärt wird. Dasselbe können Sie auch in einer Meditation tun. Nach einiger Übung wird die Antwort in Form eines weiteren Traumes kommen, der leichter zu deuten ist, oder als innere Stimme, die freundlich erläutert, was es mit dem Traum auf sich hat.

Eine tiefgehende Methode der Traumanalyse verwendet Elemente der Gestalttherapie, nämlich das geistige oder körperliche Ausagieren aller Aspekte des Traumes, um sehen zu können, was sich dahinter verbirgt. Sie schlüpfen dabei in die Rollen sämtlicher Personen, die in Ihrem Traum vorkommen, und bringen aus ihrer Perspektive zum Ausdruck, wie Sie sich fühlen und warum Sie da sind. Dabei sollten Sie, ohne weiter nachzudenken, Ihrer Phantasie freien Lauf lassen und einfach sagen, was Ihnen in den Sinn kommt. Nach den handelnden Personen nehmen Sie dann die Rollen der anderen Elemente des Traumes ein. Sie spielen zum Beispiel die Brücke, das Wasser, den Baum oder ein Tier. Sie werden staunen, was Sie dadurch alles in Erfahrung bringen können.

Eine weitere, einfachere Methode ist die Auflistung der Assoziationen, die Sie zu den einzelnen Elementen Ihres Traumes haben. Eine weiße Rose erinnert Sie vielleicht an Reinheit, ein Löwe an Stolz oder Gefahr. Wenn Sie die Liste vervollständigt haben und die Assoziationen auf Ihr Leben anwenden, wird die Interpretation unmittelbar deutlich

Dies sind natürlich nur ganz allgemein gefaßte Hinweise. Es empfiehlt sich, zur Vertiefung einige Bücher zu Rate zu ziehen, die sich ausführlicher mit Traumdeutung beschäftigen.

Eine ungewöhnliche, aber sehr wirkungsvolle Methode zum Verständnis unserer Träume ist die sogenannte »programmierte Interpretation«. Dazu verwenden Sie ein beliebiges System der Traumanalyse, beispielsweise ein Symbolsystem wie Astrologie, Numerologie oder Tarot, und bitten Ihr Unterbewußtsein nachdrücklich darum, Ihre Träume über eines dieser Systeme auszudrücken. Sie müssen dazu mit der jeweiligen Symbolik sehr vertraut sein und Ihr Unterbewußtsein sehr oft daraufhin ansprechen. Binnen kurzer Zeit werden die meisten, wenn nicht alle Ihrer Träume die Symbolik verwenden, die Sie vorgeschlagen haben. Die Interpretation kann dann leicht anhand der im Traum auftauchenden Symbole vorgenommen werden.

Nicht zu vergessen sind in diesem Zusammenhang die Alpträume. Diese sind eigentlich nichts anderes als symbolische Darstellungen eines intensiven inneren Konfliktes. Manchmal spielt sich der Konflikt zwischen Ihrem Körper und den Substanzen ab, die Sie ihm zuführen, aber häufiger geht es um den

Widerspruch zwischen Ihren Gefühlen und Ihren Gedanken. Alpträume tauchen meistens dann auf, wenn man über lange Zeit ein wichtiges Thema vermieden hat. Sie sind ein wichtiges Mittel Ihres Unterbewußtseins, um Ihre Aufmerksamkeit auf ein bestimmtes Thema zu lenken. Wenn Alpträume immer wiederkehren, sollten Sie es sich leisten, Hilfe in Anspruch zu nehmen, um sich mit dem Thema auseinanderzusetzen, und die Alpträume werden verschwinden. Schlaftabletten, die Sie nehmen, um Ihre Träume zu unterdrücken, sind *keine* Hilfe.

Träume erinnern

Nicht wenige Menschen haben Schwierigkeiten, sich an ihre Träume zu erinnern. Die Gründe dafür können in einem einfachen Mangel an Aufmerksamkeit liegen, aber auch in Konditionierungen, die besagen, daß die Beschäftigung mit Träumen unwichtig oder gar gefährlich ist, oder auch in schlechten Erfahrungen, die man als Kind mit Alpträumen gemacht hat. Träume sind jedoch ein Werkzeug. Wenn Sie davon Gebrauch machen wollen, müssen Sie sich an sie erinnern. Hier sind einige Methoden, wie Sie Ihrer Erinnerung auf die Sprünge helfen können, ganz gleich, welche Erfahrungen Sie bisher mit der Traumerinnerung gemacht haben.

Wenn Sie schlafen gehen, sollten Sie sich vornehmen, sich an Ihre Träume zu erinnern. Seien Sie konsequent und legen Sie sich Papier und Bleistift bereit, damit Sie Ihre Träume aufschreiben können, sobald Sie aufwachen. Je nachdem, wieviel Zeit Sie zur Verfügung haben, können Sie sie detailliert aufzeichnen oder sich lediglich ein paar Notizen machen. Das Schreiben und die Absicht, die Träume zu erinnern, wird Ihr Traumgedächtnis spürbar verbessern.

Wenn Sie morgens aufwachen, ohne daß Sie sich an einen Traum erinnern können, drehen Sie sich vorsichtig noch einmal um und bleiben liegen. Versuchen Sie, verschiedene Körperhaltungen einzunehmen und halten Sie Ihre Aufmerksamkeit offen. Oft wird ein vergessener Traum plötzlich wieder auftauchen, wenn Ihr Körper die Haltung einnimmt, die er während des Traumes hatte.

Informieren Sie sich über Träume und denken Sie viel darüber nach. Diese bewußte Aufmerksamkeit allein wird Ihr Unterbewußtsein anleiten, mehr Träume zu Bewußtsein zu bringen. Machen Sie ein paar bewußte Experimente mit Tagträumen. Setzen oder legen Sie sich hin und schließen Sie die Augen. Lassen Sie sich in einen Zustand entspannter passiver Aufmerksamkeit fallen und beobachten Sie einfach, was in Ihrem Kopf vor sich geht. Vielleicht sehen Sie Bilder, die mit den Geschehnissen des Tages zu tun haben, vielleicht haben Sie aber eine Zeitlang auch überhaupt keine Bilder. Früher oder später jedoch werden Sie, selbst wenn Sie noch hellwach sind, einen Traum haben. Er wird sich anders »anfühlen« als Ihr normales Denken und Ihnen wahrscheinlich spontaner, unerwarteter und nicht so wichtig vorkommen. Sie können Tagträume auf dieselbe Weise interpretieren wie Träume im Schlaf. Sie werden Ihnen helfen, Ihre nächtlichen Träume besser zu verstehen.

Wir sind weit davon entfernt, in diesem kurzen Kapitel das Thema Träumen erschöpfend behandelt zu haben. Wir haben programmierte Träume lediglich kurz erwähnt, heilende Träume, Lehrträume, Gruppenträume, hellsichtige Träume, schamanistische Träume und viele andere Themen völlig ausgespart. Wir wollten Ihnen lediglich den Start in das Abenteuer Ihrer Innenwelt erleichtern. Indem Sie Ihren Träumen Aufmerksamkeit schenken, werden Sie wertvolles Wissen über sich selbst sammeln, darüber, wohin Sie sich bewegen, über die Fehler, die Sie zu korrigieren haben. Sie können über viele verschiedene Bereiche ausgezeichnete Hinweise erhalten. Gleichzeitig werden Sie Ihre übersinnlichen Fähigkeiten schulen.

Die Sprache der Träume ähnelt der Sprache der Telepathie und des Hellsehens. Immer ist es Ihr Unterbewußtsein, das spricht. Sie werden seine Sprache im Laufe der Zeit verstehen lernen und in der Lage sein, die Botschaften, die Sie aus den vielfältigen geistigen Quellen erhalten, zu entschlüsseln. Indem wir dem Rat unserer Träume folgen und uns selbst entwickeln, öffnen wir uns für weitergehende übersinnliche Fähigkeiten und spirituelles Wissen.

Ein Großteil der wertvollsten künstlerischen und wissenschaftlichen Errungenschaften basiert auf der Tatsache, daß Menschen ihren Träumen Aufmerksamkeit geschenkt haben. Träume füllen ein Drittel unseres Lebens. Leben Sie dieses Drittel! Ihre Träume sind nicht sinnlos. Finden Sie ihren Sinn!

Kapitel 12
Praktische Methoden

Eine der ältesten Methoden der Menschheit, um Geist, Körper und Lebensumstände tiefgreifend zu beeinflussen und Bereiche jenseits des persönlichen Erfahrungsbereiches zu erforschen, ist die Meditation. Diese Methode wird in sämtlichen Religionen und esoterischen Traditionen der Welt genutzt. Im Grunde bedeutet das Wort »meditieren« nichts weiter als »über etwas nachdenken«, aber die Praxis ist doch etwas komplizierter.

Im Yoga wird der Prozeß der Meditation in drei Stufen eingeteilt. Als erstes gibt es die Konzentration oder Lenkung der Aufmerksamkeit auf den Gegenstand der Meditation. Dann folgt die eigentliche Meditation, die ununterbrochene Anwendung der Aufmerksamkeit auf den Gegenstand. Die meisten Menschen, die sich mit Meditation beschäftigen, hören an diesem Punkt auf. Die nächste, weiter fortgeschrittene Stufe, die Kontemplation, ist die Identifikation mit dem Gegenstand der Meditation.

Die Unklarheit des Begriffes Meditation heute ist größtenteils darauf zurückzuführen, daß es zwei völlig unterschiedliche Richtungen und unterschiedliche Definitionen des Begriffes gibt. Disziplinen wie Zen und Yoga legen ihren Schwerpunkt auf eine Richtung, die man »passive« Meditation nennen könnte. In dieser Art Meditation wird der Geist von allen Gedanken gereinigt, um den Weg freizumachen für die Einstimmung auf den kosmischen Geist. Diese Einstimmung führt zum Samadhi oder Satori, einer glücklichen, erleuchteten Einheit mit dem Unendlichen. Alle guten Dinge, Liebe, Glück, Wohlstand, Gesundheit und übersinnliche Fähigkeiten, sind sozusagen »Nebenprodukte« davon.

Die andere Richtung ist die »aktive« Meditation. Sie wird von den jüdisch-christlichen Religionen, von der Richtung des »positiven Denkens«, in Hypnose, Okkultismus und vielen Lehrern der Gedankenkontrolle vertreten. In dieser Art der Meditation wird der Geist aktiv mit den spezifischen Qualitäten oder Vorgängen gefüllt, die man verwirklicht haben möchte.

Die Huna-Praxis

Die Kahunas machten von beiden Methoden Gebrauch. Ihr Wort für passive Meditation war *Nalu* und für aktive *No'ono'o*. Bei beiden Arten der Meditation gingen sie in vier Schritten vor.

Ike (Gewahrsein): die Lenkung der Aufmerksamkeit auf den Gegenstand der Meditation.
Kala: Freisetzung oder Beseitigung alles dessen, was vom Gegenstand der Meditation ablenken könnte, wie Zweifel oder Verspannungen.
Makia: aufs höchste konzentrierte Aufmerksamkeit oder Konzentration.
Manawa: fortgesetzte Konzentration unter Einbeziehung körperlicher Empfindungen, bis das Ziel der Meditation erreicht ist. Das schließt das Senden und/oder Empfangen von Energie ein.

Ob von aktiver oder passiver Meditation Gebrauch gemacht wird, hängt vom Ziel der Meditation und der Persönlichkeit des Meditierenden ab. Die Kahunas haben sich immer mehr um die Wirkung als um die Technik gekümmert. Die beste Technik ist die, die für den Praktizierenden die beste Wirkung hat.

Körperhaltung

Für viele Menschen bedeutet Meditation immer noch, mit bloßen Füßen und langen Haaren wie ein indischer Yogi im Lotossitz dazusitzen. Tatsächlich kann es bequemer sein, ohne Schuhe zu meditieren, besonders wenn die Schuhe Sie einengen. Es spielt jedoch keine Rolle. Die meisten buddhistischen Mönche haben im Gegensatz zu den Hindus einen kahlgeschorenen Kopf, die Haarlänge kann also ebenfalls keine Rolle spielen. Auch die Kleidung ist unerheblich, solange Sie nicht durch zu enge Hosen Ihre Blutzirkulation behindern. Was die Körperhaltung anbelangt, hat einer der berühmtesten frühen Yogis, Patanjali, gesagt, daß man eine Haltung einnehmen sollte, die zwar bequem ist, aber nicht so bequem, daß man leicht einschläft. Es ist möglich, im Liegen zu meditieren, ebenso im Sitzen, im Stehen (auf den Füßen wie auf dem Kopf), im Gehen oder sogar während einer monotonen Arbeit. Es ist lediglich wichtig, daß man bequem genug sitzt und der Körper nicht von der Meditation ablenkt. Ebenso spielen die Angemessenheit Ihrer Umgebung, Ihre eigene innere Verfassung und der Zweck der Meditation eine Rolle. Wenn Meditation etwas Neues für Sie ist, empfehlen wir einen bequemen Stuhl mit möglichst gerader Lehne, oder Sie setzen sich auf ein Kissen auf dem Boden und lehnen sich mit dem Rücken an die Wand.

Visualisieren

Visualisieren ist eine Fähigkeit, die weithin mißverstanden wird. Viele Menschen, die eine ausgeprägte Gabe zur Visualisierung haben, meinen, sie könnten nicht visualisieren, weil sie denken, es handle sich um etwas anderes als das, was sie bereits tun. Wenn Sie bei einer Meditation etwas visualisieren sollen, kapitulieren sie.

Jeder Mensch kann visualisieren, selbst blind geborene. Wenn Sie sich jemals an ein Bild erinnert haben, und sei es noch so undeutlich, oder wenn Sie jemals einen bildhaften Traum hatten, dann können Sie visualisieren. Einige nutzen diese Gabe besser als andere und können das, was sie visualisiert haben, besser beschreiben. Ihr Können ist jedoch ausschließlich auf ihre Praxis zurückzuführen. Das Visualisieren ist von großem Wert bei der Meditation. Es ist jedoch nur eine von vielen Fähigkeiten, die beim Meditieren eingesetzt werden, und nicht eine der wesentlichen. Wenn Sie bereits gut visualisieren können, ist das sicher von Vorteil. Wenn Sie meinen, es nicht zu können, brauchen Sie sich keine Sorgen zu machen. Handeln Sie einfach so gut Sie können und legen Sie den Schwerpunkt auf andere Fähigkeiten, wie auditorische (hören) und kinästhetische (fühlen) Vorstellungskraft. Es ist durchaus möglich, daß Sie dabei besser abschneiden, als diejenigen, die sich ausgezeichnet Bilder vorstellen können.

Entspannung

Vieles, was als Meditation bezeichnet wird, ist nichts weiter als traditionelle Entspannung. Das gilt auf jeden Fall für Meditationstechniken, die nichts anderes lehren als die Fixierung der Aufmerksamkeit auf ein Bild, einen Klang, ein Gefühl oder einen Gegenstand, ohne letztlich über die einfache Fixierung hinauszugehen. Wirkliche Meditation bringt eine Steigerung des Gewahrseins, der Geschicklichkeit, des Wissens und der Erfahrung mit sich. Entspannung ist gesund und beruhigend. Sie ist eine ausgezeichnete Vorübung für die Meditation, aber keine eigentliche Meditation.

Wenn möglich, ist eine Entspannungsübung vor der Meditation durchaus angebracht, denn sie hilft, ablenkende Verspannungen zu beseitigen, Gefühle zu beruhigen und Gedanken zu klären. Die Fixierung der Aufmerksamkeit auf einen beliebigen Gegenstand wird eine entspannende Wirkung haben. Zusätzlich dazu empfehle ich an dieser Stelle noch eine Atemübung.

Atmen Sie einfach viermal langsam und tief ein, um Ihren Blutkreislauf mit Sauerstoff zu versorgen und Ihr Gewahrsein zu erhöhen. Bleiben Sie dann mit Ihrer Aufmerksamkeit beim natürlichen Fluß Ihrer Atmung, bis Sie sich bequem und entspannt fühlen. Falls Sie eine andere, bessere Methode kennen, dann benutzen Sie diese.

Das Gewahrsein der Mitte

Dies ist eine Übung, die Ihrer Entwicklung dient und Grundlage für viele andere Techniken darstellt. Die Übung allein kann bereits Ihr Selbstvertrauen und Ihre Ausgeglichenheit verbessern.

- Stellen Sie sich einen Lichtpunkt an Ihrem Nabel vor. Dieser Punkt ist Ihr Kontakt zur Quelle unendlicher Energie, Kraft und Liebe.
- Stellen Sie sich vor, daß dieses Licht in einer sehr hohen Frequenz schwingt und allmählich in alle Richtungen in Ihren Körper hinein ausstrahlt, bis Sie von allen Seiten von einem Feld aus Lichtschwingungen umgeben sind.
- Jedesmal, wenn Sie ausatmen, wird das Licht um Sie noch intensiver und schwingt noch stärker.
- Halten Sie Ihre Aufmerksamkeit solange wie möglich auf diesem Licht, das Sie umgibt.

Diese Technik kann jederzeit praktiziert werden. Sie können Ihre Augen dabei offen oder geschlossen halten.

Das geistige Schutzschild

In vielen psychoreligiösen Systemen auf der ganzen Welt gibt es die Vorstellung von einem »weißen, beschützenden Licht«. Die Kahunas nennen es *La'a kea*, das »heilige weiße Licht«. Machen Sie es sich zur Gewohnheit, das weiße Licht um sich herum aufzubauen, bevor Sie in die Meditation gehen. Einige Systeme empfehlen das, weil man ansonsten für sogenannte »negative Wesenheiten« empfänglich sein könnte, die anscheinend überall lauern, um sich eines unaufmerksam Meditierenden zu bemächtigen. Der Grund, aus dem dies im Huna empfohlen wird, ist jedoch viel pragmatischer und vernünftiger. Das »beschützende Licht« hält unbewußte negative Gedanken und Emotionen anderer Menschen vom Meditierenden fern und neutralisiert sie, bis dieser selbst so stark ist, daß seine Gedanken nicht mehr von anderen beeinflußt werden können.

- Hüllen Sie sich in einen Mantel aus Licht.
- Stellen Sie sich vor, daß das Lichtfeld, das sie umgibt, die Kraft hat, jegliche Negativität aufzulösen und zu neutralisieren, bevor sie Sie erreicht.
- Sprechen Sie im Geiste mehrmals das Wort »Schild« aus und sagen Sie sich, daß in Zukunft, immer wenn Sie es brauchen, dieses Stichwort automatisch den Schutzschild um Sie herum aufbaut.
- Setzen Sie Ihre Atmung ein (wie in der ersten Technik beschrieben), um die Schutzwirkung zu verstärken, wenn Sie es für nötig halten.

Es ist nicht zu verleugnen, daß negative emotionale Zustände und Gedanken anderer – von Freunden, aber auch von Fremden – uns bisweilen sehr betreffen. Stimmungsschwankungen und plötzlich auftretende Schmerzen haben ihren Ursprung nicht immer in uns selbst, obwohl wir nur auf das reagieren, wofür wir in unserem eigenen Denken und Fühlen ohnehin empfänglich sind. Hier ist eine Methode, wie Sie solche negativen Einflüsse ausschalten und gleichzeitig Ihren eigenen Vorstellungen von sich selbst treu bleiben können.

Stellen Sie sich einen Lichtstrahl vor, der direkt von oben auf Sie herabscheint, so ähnlich wie ein Sonnenstrahl, der durch die Wolken bricht. Sie stehen im Zentrum dieses Strahls, und das Licht umgibt Sie von allen Seiten. Sie fühlen, wie es Ihren ganzen Körper durchdringt und jede einzelne Zelle mit Energie lädt. Sie wissen, daß Sie in diesem Licht vollständig sicher und geschützt sind. Das Licht schützt und reinigt Sie gleichzeitig von allen negativen Gedanken und Gefühlen. Es verscheucht alle unerwünschten Gedanken, die sich auf Sie richten könnten. Nichts, was nicht gut ist, kann dieses Licht durchdringen.

Diese einfache schützende Technik wird für die überwiegende Mehrzahl der Menschen von Nutzen sein, aber es gibt viele mögliche Variationen davon. Sie können sich beispielsweise vorstellen, daß Ihr Körper oder Ihre Aura durch eine Schnur, die Sie mit Ihrem Höheren Selbst verbindet, mit Licht gefüllt wird. Dann können Sie in Ihrer Vorstellung einen Schalter betätigen, und anstatt mit Licht werden Sie mit schützender Energie gefüllt. Einige Menschen stellen sich vor, sie befänden sich innerhalb eines unzerbrechlichen gläsernen Eis. Andere brauchen sich nur vorzustellen, daß ihr Höheres Selbst wie ein Schutzengel über ihnen schwebt. Es ist nicht so wichtig, wie oft Sie einen Schutz aufbauen, wichtig ist nur, *daß* Sie es tun.

Wenn Sie von dieser Technik Gebrauch machen, werden Sie merken, daß Schmerzen, etwa Kopfschmerzen, verschwinden oder sich verringern und Ihre Stimmung sich verbessert. Diese Art der Meditation ist sehr wirksam, wenn Sie sich in bestimmten Räumen, Gebäuden oder anderen Gegenden unwohl fühlen, ohne richtig zu wissen warum, oder wenn Sie in Gegenwart von Menschen sind, die Sie anscheinend völlig ohne Grund ärgerlich machen.

Wenn Sie merken, daß diese Technik Ihr Befinden in keiner Weise verändert, dann ist die Ursache Ihres Unwohlseins in Ihrem eigenen Denken zu suchen, und Sie sollten sich daran machen, das Problem auf andere Weise zu lösen.

Wie Sie andere auf positive Weise beeinflussen können

Sich vor den negativen Einflüssen anderer zu schützen, ist eine Sache, einen positiven Einfluß auf andere Menschen auszuüben, eine andere. Beides hat seinen Platz und seinen Sinn. Hier ist eine Technik, die Sie anwenden können, wenn Sie bereit sind, einen noch positiveren Einfluß auf Ihre Umgebung auszuüben.

- Umhüllen Sie sich mit einem Mantel aus Licht.
- Wählen Sie eine Farbe, die Ihrem Vorhaben angemessen scheint, zum Beispiel Rosa für Freundlichkeit, Grün für Kooperation, Blau zur Beruhigung und so weiter. Es gibt keine falschen oder richtigen Farben. Es kommt lediglich darauf an, daß Sie das Gefühl haben, diese Farbe sie für Sie richtig.
- Stellen Sie sich vor, daß die Farbe aus Ihnen herausfließt und Ihre Mitmenschen und sämtliche Gegenstände, von denen Sie gemeinsam mit ihnen Gebrauch machen, durchdringt und umhüllt, einschließlich des Raumes beziehungsweise des Ortes, an dem Sie sich mit anderen befinden, leben, arbeiten oder sich erholen. Sie können sich die Farbe als klares Licht, als Nebel oder sogar als Sprühfarbe vorstellen, falls Ihnen das bei der Vorstellung hilft.
- Gleichzeitig sollten Sie, so stark Sie können, wünschen, daß die Farbe die Wirkung erzielt, die sie erzielen soll.

Sie können diese Technik einsetzen, um Ihre Lebensbedingungen zu Hause oder an Ihrem Arbeitsplatz zu verbessern. Sie können damit eine Beziehung reparieren, andere Menschen, Orte oder Dinge, die Ihnen am Herzen liegen, schützen oder andere Menschen auf positive Weise beeinflussen. *Beachten Sie jedoch*: Sie können mit dieser Methode andere Menschen nicht kontrollieren, Sie können sie nur soweit beeinflussen, wie ihr eigenes Unterbewußtsein Ihre Projektion akzeptiert. Sie besitzen noch immer ihren freien Willen, aber je positiver und wohltuender Ihr Einfluß ist, desto wahrscheinlicher ist es, daß sie darauf ansprechen.

Wie Sie unerwünschte Suggestionen neutralisieren können

Unerwünschte, negative Suggestionen oder Aussagen, die dazu geeignet sind, Ihre Ängste, Befürchtungen und Selbstzweifel zu vergrößern, können ihre Ursache in anderen Menschen, in der Werbung, aber auch in Ihren eigenen Gedanken und Worten haben. Sie können Ihre Gesundheit, Ihre Gefühle und Ihr Selbstvertrauen beeinträchtigen, wenn Sie sie ungefragt akzeptieren. Solche Beeinflussungen werden gewöhnlich als Fakten hingestellt, während sie in Wirklichkeit nur subjektive Meinungen sind. Sie müssen solche Suggestionen nicht annehmen. Hier ist eine Methode, wie Sie ihnen entgegenwirken können.

- Seien Sie sich darüber bewußt, daß eine Aussage, die gerade gemacht wurde, auf Sie als negative Suggestion wirken kann. (Das erfordert einige Übung, und Sie müssen sehr wachsam darauf achten, was um Sie herum gesprochen wird und was Sie alles lesen.)
- Sagen Sie sofort, laut oder im Stillen, zu sich selbst: »Das ist nicht wahr. Das akzeptiere ich nicht. Mach das ungültig.«

- Ersetzen Sie – ebenfalls laut oder im Stillen für sich – die Aussage durch eine positive, entgegengesetzte Aussage, die Sie selbst formulieren und von der Sie glauben *wollen*, daß sie wahr ist, auch wenn Sie sich selbst noch nicht ganz sicher sein sollten.
- Setzen Sie Ihre Schutzschild-Technik ein, wenn die negative Suggestion von einer negativen Emotion begleitet wird.

Wenn Sie einmal mit dieser Technik begonnen haben, werden Sie wahrscheinlich eine Zeitlang häufig von ihr Gebrauch machen. Sie werden erstaunt sein, wieviel negatives Denken um Sie herum an der Tagesordnung ist. Achten Sie auf Ihre eigenen Worte und Gedanken, denn negative Suggestionen, die Sie sich selbst geben, sind noch zerstörerischer als die, welche Ihnen von anderen gegeben werden. Diese Technik kann auch verwendet werden, um negative Kritik zu neutralisieren.

Wie Sie mit emotionalen Verstimmungen umgehen können

Eines der großen Geheimnisse des Körpers ist, daß es physiologisch unmöglich ist, starke negative Emotionen zu fühlen, wenn alle Muskeln völlig entspannt sind. Das nächste Mal, wenn Sie emotional verstimmt oder auch nur übermäßig aufgeregt sind, können Sie folgende Technik versuchen:

- Umgeben Sie sich mit einem Mantel aus Licht.
- Pressen Sie sanft die Fingerspitzen beider Hände aufeinander, ohne daß die Handflächen sich berühren.
- Stellen Sie sich beim Einatmen vor, daß aus Ihrer Mitte Licht in die Bereiche Ihres Körpers fließt, die sich am meisten verspannt anfühlen. Das erfordert einige Übung. Vielleicht ist es anfangs leichter, es am Ende des Einatmens zu versuchen, als während des Atmens.

● Stellen Sie sich beim Ausatmen vor, daß alle emotionale Energie in das Lichtfeld, das Sie umgibt, hineinfließt, dort aufgelöst und neutralisiert wird und Ihre Muskeln schlaff und entspannt zurückläßt.

Eine bis fünf Minuten dieser Übung sollten genügen, um Ihre Muskeln soweit zu lockern, daß Sie der Situation innerlich entspannter entgegentreten können. Dieselbe Methode können Sie jederzeit zur allgemeinen körperlichen Entspannung einsetzen. Langsame, tiefe Atmung unterstützt den Vorgang.

Wie Sie mit heilender Energie Erste Hilfe leisten können

Wir alle haben die Fähigkeit, mit unseren Händen heilende Energie zu erzeugen, die wir für uns selbst und andere nutzen können. Es erfordert ein langes Studium und große praktische Erfahrung, bevor man zu einem versierten Heiler geworden ist, aber Sie können schon jetzt mit dem, was Sie haben, nützliche Wirkungen erzielen. Diese Technik ist am besten geeignet, um kleinere Schmerzen und Leiden wie Kopfschmerzen, kleine Wunden und Schürfungen, Muskelkater, Bauchschmerzen und ähnliches zu lindern und einen Heilungsprozeß in Gang zu bringen.

● Umgeben Sie sich mit einem Mantel aus Licht. Stellen Sie sich beim Einatmen vor, wie immer mehr Licht aus Ihrer Mitte in Ihre Hände fließt. Beim Ausatmen stellen Sie sich vor, wie das Licht aus Ihren Handflächen und/oder Ihren Fingern herausfließt.

● Reiben Sie Ihre Handflächen energisch aneinander, um den Fluß der Energie weiter anzuregen. Vielleicht können Sie sogar spüren, wie die Energie aus Ihren Händen fließt, wenn Sie sie einander gegenüberhalten.

● Halten Sie Ihre Hände über den betroffenen Bereich, wobei Sie ihn berühren oder ein paar Zentimeter darüber bleiben. Stellen Sie sich vor und wünschen Sie sich, daß die Energie in den Bereich eindringt und die Schmerzen neutralisiert. Es ist sehr hilfreich, sich die Energie als Farbe vorzustellen. Wiederholen Sie die Schritte 1 und 2, um die Energie im Fluß zu halten.
● Wenn Sie fertig sind – wenn die Schmerzen verschwunden sind oder sich gelindert haben – können Sie Ihre Hände waschen, Ihre Finger ausschütteln oder den Fußboden berühren, um eventuelle negative Energie, die Sie aufgenommen haben, zu entladen.

Vergessen Sie nicht, daß es sich hier nur um eine Erste Hilfe handelt. Damit ist natürlich keine Behandlung zu ersetzen.

Der bewußte Beobachter

Es gibt ebenso viele Arten zu meditieren, wie es Gründe für das Meditieren gibt. Hier ist eine Art passiver Meditation, die einfach und grundlegend genug für Anfänger ist, aber auch tiefgreifend genug für fortgeschrittene Meister. Ihr Ziel besteht darin, ein inneres Gewahrsein zu entwickeln und es Ihnen zu ermöglichen, die Inhalte und die Struktur Ihres Verstandes zu erforschen. Nachdem Sie einige der vorangegangenen Übungen praktiziert haben, werden Sie sehen, wie diese Übung sich von der aktiven Meditation unterscheidet.

● Nehmen Sie eine bequeme Position ein und umhüllen Sie sich mit einem Mantel aus Licht. Atmen Sie tief und langsam ein und schließen Sie die Augen.
● Konzentrieren Sie jetzt für eine Weile Ihre Aufmerksamkeit auf Ihre natürliche Atmung, solange, bis Ihre Emotionen sich beruhigt haben und Ihr Körper entspannt ist. Richten Sie

dann Ihre Aufmerksamkeit nach innen auf die Gedanken, Klänge, Bilder und Gefühle, die in Ihrem Inneren auftauchen. Beobachten Sie, wie sie sich verändern und verschieben, wie sie erscheinen und wieder verschwinden.

- Behalten Sie Ihre Rolle als bewußter Beobachter bei. Lassen Sie sämtliche Urteile, Kritik und Erwartungen beiseite. Was auch immer geschehen mag, es soll so sein. Vielleicht kommen alte Erinnerungen wieder hoch, Visionen, Stimmen, Empfindungen oder irgend etwas anderes – oder überhaupt nichts. Beobachten Sie, erinnern Sie sich, so gut Sie können, vermeiden Sie Interpretationen und bleiben Sie allzeit so bewußt und aufmerksam wie möglich.
- Wenn Sie fertig sind, atmen Sie einmal tief durch und öffnen Sie Ihre Augen.

Wenn Sie während der Meditation einschlafen, ist das völlig in Ordnung. Sie sollten jedoch nach Möglichkeit wach und aufmerksam bleiben. Es ist hilfreich, wenn Sie Ihre Erfahrungen aufschreiben, aber es ist nicht notwendig. Nehmen Sie sich so viel Zeit, wie Sie wollen, und gestalten Sie die Meditation nach Ihren eigenen Vorlieben. Sie können sich beispielsweise, bevor Sie beginnen, einige Fragen stellen und das, was Sie erleben, damit in Verbindung bringen, oder Sie können darum bitten, mit Ihrem Höheren Selbst oder dem Göttlichen in sich in Kontakt zu kommen. Es gibt keinen richtigen oder falschen Weg, diese Meditation durchzuführen.

KAPITEL 13

Kreative Meditation

Keine der von den Kahunas angewendeten Methoden ist so wirksam wie eine Gruppe von Übungen, die als *Tikis* bekannt sind. Ein *Tiki* (*Ki'i* auf hawaiisch) ist vielen Besuchern der Hawaii-Inseln als eine geschnitzte Figur, üblicherweise aus Holz, bekannt. Die Kahunas gebrauchen dieses Wort für ein machtvolles inneres Bild, von dem die physische Figur nur eine äußere Darstellung ist. Es gibt viele *Tikis* für vielerlei Zwecke, ganz einfache und extrem komplexe. In diesem Kapitel werde ich einige einfache *Tikis* zum täglichen Gebrauch vorstellen sowie ein etwas komplizierteres Modell, das für alle geeignet ist, die dieses Konzept ein wenig weiter erforschen wollen.

Die Bildung von Gedankenformen

Die ursprüngliche Bildung gedanklicher Formen ist eine Art aktiver schöpferischer Meditation, die mit allen möglichen Namen, von Gebet bis Magie, belegt wurde. In Wirklichkeit gehört nicht mehr dazu, als sich vorzustellen, was man will, und daran zu glauben, daß es geschehen wird, entweder durch eigene Anstrengungen oder mit der Hilfe von etwas Größerem als man selbst. Eine weitere wichtige Zutat jedoch, die von vielen Systemen vernachlässigt wird, ist *Mana*, die Lebensenergie, die die Gedankenform Realität werden läßt.

● Bereiten Sie sich auf die übliche Weise auf die Meditation vor. Atmen Sie zehnmal tief durch und verwandeln Sie das weiße Licht in ein hoch energetisches Feld, das Sie ganz ausfüllt und umgibt. Wenn es Ihnen gelingt, während Sie dies tun, ein Kribbeln zu verspüren, dann ist das gut, aber anfangs brauchen Sie nichts weiter als eine gute Absicht. Bitten Sie gleichzeitig um einen Kontakt mit Ihrem Höheren Selbst, dem Göttlichen in sich, dem Geist Christi oder einem anderen höheren Wesen, an das Sie glauben.

● Heben Sie Ihre gewölbten Hände bis auf die Höhe Ihrer Hüften, etwa dreißig Zentimeter voneinander entfernt. Stellen Sie sich vor, daß das Licht, beziehungsweise die Energie, die Sie füllt, aus Ihren Handflächen herausströmt und eine Energiekugel bildet, die Sie in Ihren Händen halten. Reiben Sie, bevor Sie beginnen, Ihre Hände aneinander. Das wird den Energiefluß begünstigen und Ihnen helfen, ein Gefühl dafür zu bekommen. Jetzt ist die Kugel bereit, »programmiert« zu werden.

● Denken Sie an jemanden, von dem Sie wissen, daß er Hilfe braucht. Stellen Sie sich seine Gestalt in der Energiekugel zwischen Ihren Händen vor, wo sie die Energie empfängt und geheilt wird. Fahren Sie so lange damit fort, bis Sie das deutliche Gefühl haben, daß etwas passiert, selbst wenn Sie nicht genau wissen, was.

● Lassen Sie dann die von Ihren Gedanken gebildete Form los, damit sie selbständig ihre Arbeit tun kann. Es gibt eine Reihe von Möglichkeiten, das zu tun. Sie können die Kugel in die Luft werfen oder sie in Ihren Körper hineinpressen und Ihr inneres oder Höheres Selbst bitten, sie zu übernehmen und alles Notwendige damit zu tun. Die alten Kahunas nahmen die Kugel und bliesen sie in die Luft. Sie beendeten die Meditation mit einem Gebet: *Amana, ua noa, lele wale akua la!* (»Es ist beendet, *Mana* ist befreit, laß es Wirklichkeit werden.«) Jetzt ist es das wichtigste, dem Höheren Selbst zu vertrauen, daß es der Bitte nachkommen wird.

Dieselbe grundlegende Technik können Sie anwenden, wenn Sie ein persönliches Problem haben, das Sie lösen wollen. Wenn Sie diesmal Ihre Energiekugel gebildet haben, stellen Sie sich selbst darin vor, gesund und glücklich, und das Problem hat sich gelöst. Gebrauchen Sie Ihre Phantasie, um die Vorstellung so real wie möglich zu machen. Fühlen Sie die Befriedigung und Freude, die entsteht, wenn Ihr Problem sich löst. Je realistischer Sie das wahrnehmen können, desto stärker wird Ihre gedankliche Form sein. Wenn Sie sie so stark wie irgend möglich gemacht haben, lassen Sie sie los und bringen Sie die Meditation zu einem endgültigen Abschluß.

Je stärker sich ein gewünschter Zustand von Ihrem gegenwärtigen unterscheidet und je mehr Zweifel oder Ängste damit verbunden sind, desto öfter und intensiver werden Sie die Meditation durchführen müssen. Einmal täglich ist das Minimum, je öfter, desto besser. Machen Sie so lange weiter, bis der Zustand sich verändert hat. Wenn Sie es sich doch noch anders überlegen, vergessen Sie nicht, das, was Sie programmiert haben, bewußt wieder ungültig zu machen, ansonsten wird die Energie, die Sie investiert haben, weiterhin ähnliche Effekte in Ihrem Leben bewirken.

Passive kreative Meditation

In der oben beschriebenen Meditation erschaffen Sie aktiv die Bedingungen, die Sie anstreben. In dieser passiven Variante versuchen Sie, einen Bewußtseinszustand zu erreichen, in dem automatisch die richtigen Dinge geschehen, ohne daß Sie sich Ihre angestrebten Ziele im einzelnen vorstellen müssen.

Passive schöpferische Meditation erfordert eine gehörige Portion Vertrauen. Das ist wohl auch der Grund, warum nur wenige Menschen diese Art Meditation praktizieren. Im *No'ono'o* muß man darauf vertrauen, daß die Resultate, sobald man sie sich vorgestellt hat, auch eintreten werden, im *Nalu* aber muß man darauf vertrauen, daß die Resultate selbst dann eintreten werden, wenn man sie sich nicht im einzelnen vorgestellt hat.

● Wie bei der aktiven schöpferischen Meditation sind die Übungen des weißen Lichtes und der Entspannung auch hier unbedingt als Vorübungen zu empfehlen. Danach findet man einen Gegenstand für die Meditation. Dies ist normalerweise eher ein Begriff oder ein Konzept als ein Ding oder ein Zustand. Während zum Beispiel jemand, der eine *No'ono'o*-Meditation durchführt, seine Aufmerksamkeit auf einen bestimmten Job, eine bestimmte Summe Geldes, die Heilung einer bestimmten Krankheit oder eine gute Beziehung zu einem anderen Menschen legt, macht jemand, der die *Nalu*-Meditation durchführt, die Begriffe Beschäftigung, Reichtum, Gesundheit oder Liebe zum Gegenstand seiner Meditation.

● Der zweite Schritt besteht darin, sich auf den Begriff zu konzentrieren. Sie müssen Ihre Aufmerksamkeit während der gesamten Meditation (gleich, ob sie ein paar Minuten oder den ganzen Tag dauert) vollständig auf diesen Begriff richten. Das schließt ein, daß Sie sich darüber Gedanken machen, was dieser Begriff eigentlich bedeutet, wie er in der Welt erscheint, wie er noch verbessert werden könnte, wie er sich anfühlt und so weiter.

● Als dritten Schritt werden Sie sich Ihrer Zweifel und Ängste bewußt, die zu dem Begriff, über den Sie meditieren, in Ihnen auftauchen. Verfolgen Sie sie, wenn möglich, bis zu ihren Wurzeln. Sie können sie ausschalten, indem Sie Ihre Aufmerksamkeit wieder von ihnen wegnehmen, nachdem sie erschienen sind. Konzentrieren Sie sich nun ganz auf die positiven Aspekte des Begriffs. Manchmal können Sie ihre Zweifel und Ängste durch Argumente davon überzeugen, daß es sie überhaupt nicht geben sollte, und manchmal brauchen Sie sie nur zu zerstreuen und sich weigern, ihnen weiterhin Aufmerksamkeit zu schenken. Vertrauen Sie dann darauf, daß Ihre dauerhafte Konzentration auf den Begriff, den Sie gewählt haben, allein schon genügt, damit Ängste und Zweifel verschwinden. Wenn während der Konzentration körperliche Verspannungen auftauchen, sollten Sie sie lockern und anschließend sofort wieder zu Ihrer Konzentration zurückkehren.

- Die abschließende Phase beginnt, wenn die positiven Aspekte des Begriffes Ihr Denken so sehr ausfüllen, daß Ihre Gedanken, Ihre Gefühle und Ihr Verhalten in vollkommener Übereinstimmung mit ihnen sind und Sie sich mit ihnen identifizieren Sobald das geschieht, werden Sie merken, daß sich Ihr ganzes Leben entsprechend verändert. Wenn die Liebe der Gegenstand Ihrer Konzentration war, werden Sie nicht nur selbst liebevoller werden, sondern auch feststellen, daß Sie scheinbar mühelos Freunde um sich sammeln und tiefere Beziehungen eingehen können, die genau so sind, wie sie sein sollten. Wenn Ihre Aufmerksamkeit auf Reichtum gerichtet war, werden Sie viele Gelegenheiten bekommen, Geld zu verdienen und zu erhalten. Das Geld wird sozusagen auf Sie herabregnen. An diesem Punkt strahlen Sie eine attraktive Energie aus, die von allen Dingen, die das gesamte Universum zu bieten hat, nur das Beste auf Sie herabziehen wird.

Wenn Sie diese Art der Meditation anwenden, setzen Sie vollkommenes Vertrauen in Ihr Höheres Selbst. Sie bekräftigen das, indem Sie sagen: »Ich habe den perfekten Job (die perfekte Beziehung ...)« und überlassen es Ihrem Höheren Selbst, worin im einzelnen das bestehen wird. Normalerweise wird es noch weitaus besser kommen, als Sie es sich jemals vorgestellt haben. Vorher jedoch mögen Sie durch einige dunkle Perioden gehen, in denen sich Ihre Zweifel und Ängste aus Ihrem System herauswinden. In diesen Zeiten brauchen Sie Ihr Vertrauen umso mehr.

Manche meinen, daß die höchste Form dieser Art von Meditation darin besteht, sich auf Gott, die göttliche Liebe, das überströmende Wesen Gottes, die Macht Gottes oder andere göttliche Eigenschaften zu konzentrieren. Nur indem Sie es selbst ausprobieren, werden Sie Ihre höchste Form finden.

Wiesen, Wald und Berge

Als nächstes wollen wir uns mit einer Art von Meditation beschäftigen, die dazu dient, die Kraft der Konzentration und viele andere wertvolle Fähigkeiten zu fördern. Sie macht Gebrauch von sogenannten *Tikis*, selbst geschaffenen Bildern, die man sehen, hören und fühlen kann. Wir haben hier aus den unzähligen Möglichkeiten, *Tikis* zu bilden, das Bild einer Wiese, eines Waldes und eines Berges ausgewählt.

Nachdem Sie Ihre Meditationshaltung eingenommen und Ihre Entspannungsübung gemacht haben, fahren Sie folgendermaßen fort:

● Stellen Sie sich vor, im Frühling auf einer Wiese zu sitzen. Neben Ihnen plätschert ein kleiner Bach, der quer über die Wiese fließt. Bilden Sie in Ihrem Inneren diese Vorstellung so detailliert wie möglich und setzen Sie dabei alle Ihre Sinne ein. Fühlen Sie mit Ihren Fingern das Gras. Tauchen Sie eine Hand in den Bach. Weht eine leichte Brise? Ist es kalt oder warm? Hören Sie Vögel zwitschern oder Insekten summen? Stehen Blumen auf der Wiese? Können Sie sie riechen? Sind Sie allein auf der Wiese? Ist dies ein Ort, an dem Sie schon einmal waren? Haben Sie ihn auf einem Bild gesehen, oder ist es ein völlig neuer Ort? Erforschen Sie die Wiese sorgfältig mit all Ihren Sinnen. Das wird der Ort sein, an dem Sie sich völlig neu auf Ihr eigenes Wesen einstimmen.

● Wenn Sie fertig sind, atmen Sie einmal tief durch, bringen sich wieder aus der Meditation heraus und überdenken die

Erfahrung. War sie angenehm, oder haben Sie etwas erlebt, das Ihnen unangenehm war? Die Wiese stellt einen Teil Ihres eigenen inneren Wesens dar. Ihr Bewußtsein erschafft den Rahmen, indem es sich absichtlich eine Wiese vorstellt, aber Ihr Unterbewußtsein liefert die meisten Details. Alle Unvollkommenheiten der Wiese sind auf Unvollkommenheiten in Ihrem eigenen Denken zurückzuführen.

● Wenn es Ihnen gelingt, während der Meditation mit Hilfe Ihrer schöpferischen Phantasie die Unvollkommenheiten des Bildes zu korrigieren (etwa indem Sie das Gras mähen, das Ihnen die Sicht verdeckt), haben Sie einen großen Schritt vorwärts auf dem Weg gemacht, der es Ihnen erlaubt, die Probleme Ihres Alltags zu lösen, die durch diese Unvollkommenheiten ausgedrückt werden. Eine sorgfältige Analyse aller Details der Wiese als Reflexion Ihres eigenen Wesens, wird Ihre Selbsterkenntnis enorm vergrößern. Wenn Sie in Ihrem Denken nicht vollkommen verhärtet sind, werden Sie wahrscheinlich jedesmal, wenn Sie über die Wiese meditieren, Veränderungen an ihr feststellen können. Diese Veränderungen spiegeln die Veränderungen in Ihrem eigenen Wesen wider.

● In einer anderen Meditation stellen Sie sich vor, daß Sie durch einen Wald gehen. Bilden sie in Ihrer Vorstellung wiederum möglichst viele Details, sehen, fühlen und hören Sie alles, was sie können. Wenn Sie unterwegs Beeren finden, pflücken Sie sich eine und probieren Sie sie. Achten Sie darauf, ob Sie auf einem Weg gehen. Ist es ein friedlicher Wald, oder erweckt er in Ihnen schlimme Vorahnungen? Erscheinen Ihnen die Bäume freundlich oder bedrohlich? Gibt es Tiere im Wald? Wie reagieren Sie auf die Tiere? Analysieren Sie diese Erfahrung genauso wie die vorangegangene. Wenn Sie von verborgenen Ängsten besetzt sind, werden sie sich in dieser Szenerie zeigen. Vergessen Sie nicht, daß es sich um Ihre eigene Schöpfung handelt. Ganz gleich was passiert, es ist nur eine geistige Erfahrung. Wenn etwas anfängt, Sie zu verfolgen, halten Sie ein, kehren Sie den Spieß um und verfolgen Sie es Ihrerseits. Wenn sie die Gefahren in Ihrem Wald bewältigen, werden Sie auch lernen, sie in der materiellen Welt zu bewältigen.

● Stellen Sie sich in einer dritten Meditation vor, daß Sie auf einen Berg steigen. Auf dem Gipfel des Berges steht eine Hütte. Stecken Sie sich für diese Meditation einen zeitlichen Rahmen, zwei Minuten oder fünf Minuten, ganz wie Sie wollen, und erleben Sie alles in der gleichen Detailliertheit wie in den vorangegangenen Meditationen. Achten Sie besonders darauf, ob der Aufstieg außergewöhnlich schwer oder eher leicht war, ob es Hindernisse gab, wenn ja, wie diese ausgesehen haben, und was Sie mit ihnen angefangen haben. Stellen Sie ebenfalls fest, was für eine Hütte Sie auf dem Gipfel vorgefunden haben, in allen Details. Auch wenn es Ihnen in dem gesteckten zeitlichen Rahmen nicht gelungen ist, auf die Spitze des Berges zu gelangen oder in die Hütte hineinzukommen, ist das wichtig. Ihr Unterbewußtsein weiß, wieviel Zeit für die Erfahrung zur Verfügung steht. Diese Meditation steht für Ihre Ziele und Vorhaben und dafür, wie Sie in Beziehung zu ihnen stehen.

Neben der Selbsterkenntnis besteht eines der Hauptziele dieser Meditationen darin, jede der Szenerien so schön zu gestalten, daß Sie gern immer wieder dorthin zurückkehren. Das allein ist schon geeignet, Ihr ganzes Wesen zu erfrischen und mit neuer Energie zu versehen. Wundern Sie sich nicht, wenn die Erfahrung sich zu einer traumartigen Sequenz entwickelt, in der Dinge geschehen, die Sie bewußt nicht vorausgesehen haben. Folgen sie dem Geschehen und erinnern Sie sich daran. Sie können vielleicht die Geschehnisse nicht kontrollieren, aber Ihre Reaktion darauf. Auf diese Weise können Sie eine Menge lernen.

Die Garten-Meditation

Die Einführung in den Garten. Huna lehrt uns, daß jeder Aspekt unserer äußeren Erfahrung ihr Gegenstück in unseren Gedanken hat und daß beide sich gegenseitig beeinflussen können. In anderen Worten: Ihr Denken reflektiert Ihr Erleben, und Ihr Erleben reflektiert Ihr Denken. Wenn Sie Ihr Denken verändern können, indem Sie Ihr Erleben verändern, können Sie auch Ihr Erleben verändern, indem Sie Ihr Denken verändern. Das Garten-*Tiki* (*Waena*) bietet eine Möglichkeit, Ihr Denken nach einem bestimmten Muster zu organisieren, das Ihnen neue Einsichten über Ihr gegenwärtiges Erleben liefern kann und als Werkzeug für Wandel und Wachstum dient. Der Name des *Tiki* ist gleichzeitig die Bezeichnung für das, was es leisten kann: *Waena* bedeutet »der Garten« oder »die Mitte« – ein Ort des Wachstums und ein Weg zur Selbstfindung.

Das Bild ist das eines Gartens, eines eigenen privaten, abgeschiedenen Ortes, der so zu Ihnen gehört wir Ihre eigene Identität. Um einen solchen Ort in sich zu bilden, können Sie sich die Erinnerung an einen Ort zunutze machen, den Sie tatsächlich schon einmal besucht haben, oder Erinnerungen an Bilder oder Beschreibungen eines Gartens wachrufen, den Sie besonders gern haben. Eine andere Möglichkeit ist, einfach einen völlig neuen Ort zu erfinden. In der Praxis verwenden die meisten eine Kombination aus beidem und erlauben dann ihrem Unterbewußtsein, das vollständige Bild eines Gartens mit all seinen Schönheiten vor ihrem inneren Auge zu zeichnen.

Das Anlegen des Gartens. Einen *Tiki*-Garten anzulegen ist so leicht wie einen Tagtraum zu träumen. Alles, was Sie tun müssen, ist, an einen Garten zu denken und ihn in Ihrer Phantasie erscheinen zu lassen. Dann können Sie ihn, wenn Sie wollen, bewußt umgestalten, um ihn dann in Ihrer inneren Erlebniswelt so real wie möglich zu erschaffen. Das ist alles.

Entspannung ist hilfreich, aber auch wenn Sie sich am Anfang der Meditation nicht sehr entspannt fühlen, wird Sie die Beschäftigung Ihrer Phantasie mit der Anlage des Gartens von ganz allein entspannen.

Formale Hypnose oder Meditation sind für die Anlage des Gartens überhaupt nicht notwendig, aber sie können hilfreich sein, sich zu entspannen und Ihre Aufmerksamkeit zu konzentrieren. Ebenso kann es helfen, wenn Sie jemand durch die Erfahrung führt, aber auch das ist nicht unbedingt notwendig. Es ist wichtig, *daß* Sie es tun, nicht *wie* Sie es tun. Tun Sie, was immer funktioniert.

Wenn Sie das Gefühl haben, kein sehr visueller Mensch zu sein, dann wird der Garten Ihnen helfen, diese Fähigkeit zu entwickeln. Die Fähigkeit, innere Bilder zu visualisieren, ist jedoch nicht entscheidend. Es spielt keine Rolle, wenn Ihre ersten Versuche, den Garten zu sehen, nur verschwommene oder vage Schemen hervorbringen, oder vielleicht überhaupt kein Bild. Eine vollständige Phantasie beinhaltet imaginäre Klänge, Empfindungen, Gerüche, Geschmäcker und Emotionen. Wenn Ihre Phantasie visuell noch nicht so weit entwickelt ist, dann wird sie das sicherlich auf andere Weise sein.

Anfangs ist es gut, diese Übung allein zu machen und dabei an einem abgeschiedenen Ort zu sitzen oder zu liegen, wo Sie sicher sein können, daß Sie ungestört sind (es sei denn, jemand begleitet Sie durch den Prozeß). Nach einiger Übung werden Sie merken, daß Sie die Meditation praktisch überall und jederzeit durchführen können. Es spielt keine Rolle, ob Ihre Augen dabei geöffnet oder geschlossen sind. Probieren Sie beides. Wenn Sie sich gern nach einer standardisierten Technik richten, dann ist das folgende Vorgehen für Sie richtig, das vielfach erfolgreich angewendet wurde.

● Atmen Sie tief durch, schließen Sie die Augen und entspannen Sie sich. Denken Sie an einen Garten und lassen Sie ein Bild oder eine Vorstellung vor Ihrem inneren Auge erscheinen, selbst wenn dies noch nicht ganz klar umrissen sein sollte. Wenn Sie wollen, stellen Sie sich vor, daß Sie sich auf irgendeine Weise durch diesen Garten bewegen.

● Konzentrieren Sie Ihre Aufmerksamkeit darauf, in dem Garten so deutlich wie möglich drei Dinge zu sehen (etwa eine Blume, einen Brunnen und einen Baum), drei zu hören (zum Beispiel einen Vogel, das Rauschen eines Baches und das Rascheln der Blätter) und drei zu berühren (vielleicht den Boden unter Ihren Füßen, ein Blütenblatt und eine Handvoll Erde). Sie können noch Geschmack und Geruch hinzufügen, wenn Sie möchten.

● Gehen Sie nun in Ihrem Garten auf Entdeckungsreise. Finden Sie heraus, welche Pflanzen dort wachsen, sehen Sie, wie es ihnen geht und in welcher Erde sie stehen. Stellen Sie fest, ob sie genug Wasser haben, ob der Garten gut geplant ist. Nehmen Sie alles, was von Interesse ist, zur Kenntnis. Sie können jetzt den Garten auf alle Arten nutzen, die Ihnen geläufig sind. Vielleicht finden Sie einen Fixpunkt im Garten – einen Brunnen, eine bestimmte Pflanze, eine Statue –, die Sie als eine Art Orientierungspunkt benutzen können, mit dessen Hilfe Sie jederzeit leicht in den Garten zurückkehren können.

● Wenn Sie Ihre Reise durch den Garten beenden möchten, bauen Sie eine starke positive Emotion auf, verabschieden sich von Ihrem Garten, kehren in das Empfinden Ihres physischen Körpers zurück, atmen einmal tief durch und öffnen die Augen.

Die Nutzung des Gartens. Hier sind ein paar praktische Methoden, um das Garten-*Tiki* zu nutzen:

Entspannung. Immer wenn Sie sich angespannt oder überarbeitet fühlen, nehmen Sie sich ein wenig Zeit und gehen Sie in Ihren Garten für einen »Mini-Urlaub«. Lassen Sie sich ein wenig Freiraum in Ihrem Garten, um hier irgend etwas zu tun, was Sie entspannt. (Ich liege am liebsten einfach in einer Hängematte.) Seien Sie dort mit all Ihren Sinnen. Schon nach ein paar Minuten wird Ihr physischer Körper die Entspannung Ihres *Tiki*-Körpers widerspiegeln.

Deutung. Auf einer Ebene reflektiert der Garten Ihren gegenwärtigen Gemütszustand. Alles, was in ihm auftaucht, kann wie ein Traumsymbol interpretiert werden. Die Symbole sind Ihre eigenen Schöpfungen, mechanische Deutungen, wie Sie sie in Büchern finden oder schon einmal von anderen gehört haben, stellen daher eine unnötige Einschränkung dar. Trotzdem können Bücher über Traumdeutung Ihnen zusätzliche Ideen geben. Generelle Leitlinien können ebenfalls hilfreich sein: Ein Mangel an Wasser (einer einzelnen Pflanze oder des Bodens insgesamt) könnte bedeuten, daß Sie Ihre Emotionen zurückhalten oder unterdrücken. Knospende Blüten, die sich nicht öffnen, könnten darauf hindeuten, daß Sie Angst vorm Wachsen oder Erwachsenwerden haben. Zäune oder Mauern können innere Blockaden in Form von Zweifeln oder Furcht, und Unkraut negative Gedanken symbolisieren. Sie können die Zustände in Ihrem Garten wörtlich nehmen und sie auf Ihr äußeres Leben übertragen. Jede Interpretation hat dabei nur soviel Wert, wie Sie ihr zugestehen. Vertrauen Sie Ihren eigenen Gefühlen, bevor Sie jemand anders trauen. Der Sinn der Interpretation liegt darin, daß Sie Bereiche Ihres Lebens erkennen können, in denen Veränderungen angebracht und nützlich sind.

Pflege. Ihr Garten wächst, gedeiht und wandelt sich genauso, wie Sie es tun. Wenn Sie glücklich sind und in Ihren Garten gehen, wird der Garten das widerspiegeln. Wenn Sie verwirrt, unglücklich oder ängstlich sind und in Ihren Garten gehen, wird er auch das widerspiegeln. Wenn Sie jedoch das Erscheinungsbild Ihres Gartens verändern oder verbessern, dann wird das auch Ihren geistigen, körperlichen und emotionalen

Zustand verbessern. Es ist eine gute Übung, regelmäßig in den Garten zu gehen, ein paar Minuten am Morgen und dann noch einmal vor dem Schlafengehen, um nach dem rechten zu sehen. Sehen Sie nach, in welchem Zustand sich alles befindet und ob Sie etwas entdecken können, das verbessert werden muß (Unkraut jäten, vertrocknete Erde, verwelkte Pflanzen), und kümmern Sie sich dann darum mit allen Mitteln, die Ihnen dazu einfallen. Sie können in Ihrem Garten alles zur Verfügung haben, was Sie zu seiner Pflege brauchen. Für diese Übung müssen Sie die Bedeutung der Dinge erkennen, die der Verbesserung bedürfen. Sie müssen lediglich in Ihrem Garten arbeiten. Ihr Unterbewußtsein oder »Body-Mind« wird sich um den Rest kümmern.

Helfer. Es kann sehr hilfreich sein und außerdem noch viel Spaß machen, wenn man in seinem Garten Helfer hat. Sie können sie als einfache Arbeiter, aber auch als Profigärtner betrachten, und sie werden vollständig unter Ihrer Aufsicht arbeiten (denn sie sind ja Aspekte Ihrer Innenwelt). Wegen Ihrer Überzeugungen, Ängste und Zweifel kann es bisweilen schwierig sein, in Ihrem Garten etwas zu verändern, selbst wenn es sich dabei lediglich um einen Vorgang in Ihrer Vorstellung handelt. Wenn Sie sich Helfer schaffen, steigern Sie damit Ihre psychische Energie und erleichtern sich solche Veränderungen. Helfer können Dinge aus Ihrem Garten entfernen, sie können Neues hinzufügen oder das, was da ist, neu ordnen. Sie können menschliche Helfer haben, aber es gibt einige »Gartenbesitzer«, die es vorziehen, mit Elfen, Zwergen, Devas, Schraten oder ähnlichen Wesen zu arbeiten. Wünschen Sie sich einfach, daß die Helfer da sind, wenn Sie sie brauchen, und sie werden erscheinen.

Problemlösung. Alles in Ihrem Leben wird in Ihrem Garten reflektiert. Wenn Sie in Ihrem äußeren Leben irgendein Problem haben – sei es körperlich, geistig, sozial, beruflich, spirituell oder sonstwie –, dann gehen Sie in Ihren Garten und bitten Sie darum, die Darstellung dieses Problems dort zu sehen. Sie werden bald darauf ein spontanes Bild bekommen, das das Erscheinungsbild Ihres Problems im Garten zeigt. Manchmal wird die Symbolik sehr klar sein, manchmal eher verborgen. Auf jeden Fall sollten Sie auch hier darauf verzichten zu interpretieren. Sie müssen lediglich die Situation, die Sie in Ihrem Garten vorfinden, verbessern. So einfach das klingt, so machtvoll und weitreichend ist die Wirkung. Ein paar Beispiele, wie diese Technik benutzt worden ist, können das verdeutlichen:

Ein Mann, der unter einem Angstsyndrom litt, ging in seinen Garten und fragte, wo die Angst sei. Er sah einen riesigen, dicken Brombeerstrauch mit großen Dornen. Er versuchte, den Busch abzuhacken, aber der war sehr widerspenstig. Also sammelte er eine große Schar von Helfern um sich und riß den Busch mit ihrer Hilfe aus. Sie gruben die Wurzeln aus, zerkleinerten die Pflanze, um sie zu kompostieren, gruben die Erde um und pflanzten Mut, Selbstvertrauen und Stärke anstelle des Strauches. Das Angstsyndrom war verschwunden.

Eine Frau mit Zahnschmerzen, die durch keine Medizin zu lindern waren, ging in ihren Garten und bat darum, das Problem zu sehen. Sie fand in der Nähe ihres Gartens einen Strommast, von dem ein stromführendes Kabel zur Erde herunterhing und dort Funken schlug. Sie holte einen Elektriker herbei, der das Kabel reparierte. Kurz darauf waren ihre Zahnschmerzen ohne weitere Medikamente verschwunden. (*Anmerkung*: Das hat zwar die Schmerzen beseitigt, aber nicht die Ursache der Schmerzen, den kranken Zahn.)

Eine Frau, die sich über ihre Beziehung Sorgen machte, fragte in ihrem Garten nach und fand einen Obstbaum. Da sie nicht erkennen konnte, was mit dem Baum nicht in Ordnung war, fragte sie ihn, was ihm fehlte. Der Baum antwortete, daß er Liebe, Geduld und Verständnis vermisse. Sie streute also

Liebe, Geduld und Verständnis wie einen Dünger um die Wurzel des Baumes herum. Ihre Beziehung verbesserte sich spürbar.

Frage und Antwort. Das letzte Beispiel zeigt, wie man sich in seinem Garten die Technik von Frage und Antwort zunutze machen kann. Ihr Garten ist ein magischer Platz, der sich nicht an die Regeln der physischen Realität zu halten braucht. Veränderungen können eintreten, und alle Gegenstände fangen plötzlich an zu sprechen. Wenn Sie Informationen über Ihr Leben haben wollen oder darüber, was in Ihrem Garten vor sich geht, fragen Sie einfach, und Sie werden eine Antwort bekommen. Sie können mit den Blumen, den Bäumen, den Vögeln und selbstverständlich mit Ihren Helfern sprechen. Diese Gespräche können Sie dann wie Träume interpretieren und ihnen Einsichten und schließlich Hinweise darauf entnehmen, wie Sie sich zu verhalten haben.

Führer. Eine andere Art von Anleitung können Sie in Form von persönlichen Führern bekommen, wenn Sie das möchten. Um einen Führer einzuladen, stellen Sie sich in Ihren Garten und rufen nach einem. Nach einer Weile wird er oder sie erscheinen. Sie können es Ihrem inneren Selbst überlassen, Ihnen für Ihre gegenwärtigen Bedürfnisse den besten Führer zu schicken, oder Sie bitten um einen bestimmten Führer (etwa einen Gesundheitsführer, einen Finanzführer oder einen weisen alten Mann). Wenn der Führer erscheint, sollten Sie ihn grüßen und sich einen Moment Zeit lassen, um ihn sich genau anzusehen, zu hören und zu spüren, was er tut und von sich gibt, vielleicht seine Hand nehmen oder seine Kleidung berühren. Dann unterhalten Sie sich mit ihm. *Lassen Sie niemals zu, daß Ihr Führer Ihnen Anweisungen gibt oder sagt, was Sie tun sollen.* Ein richtiger Führer erteilt nur Ratschläge und überläßt die Entscheidung Ihnen. Wenn es den Anschein macht, als erteile Ihr Führer Ihnen Befehle oder sage, Sie »sollten« etwas Bestimmtes tun, dann verfälscht Ihr Bewußtsein selbst die Antwort, machen Sie also nicht den Führer dafür verantwortlich. Sie sind keine Marionette. Die Führer sind dazu da, Ihnen zu dienen, nicht, Sie herumzukommandieren.

Normalerweise nehmen die Führer menschliche Gestalt an, aber manche Gartenbesitzer haben auch tierische oder außerirdische Führer oder Gestalten aus der Mythologie. Versteigen Sie sich nicht dazu, herausfinden zu wollen, wer oder was die Führer wirklich sind. Solange ihre Ratschläge gut sind, spielt ihre Herkunft keine Rolle. Auch sollten Sie die Führer nicht für unfehlbar halten, falls sie irgend etwas vorhersagen. Der ganze Vorgang spielt sich in Ihrer Vorstellung ab, und die Führer wissen genausoviel über die Zukunft wie Sie, obwohl sie vielleicht besser zum Ausdruck bringen können, was sie wissen.

Die Gärten der anderen. Ihre Gedanken und Emotionen strahlen in jedem Moment nach allen Seiten zu allen anderen Menschen auf der Erde aus, ob Sie es wollen oder nicht. Die meisten Menschen werden auf diese »Sendung« überhaupt nicht reagieren, einige werden daraufhin in irgendeiner Form an Ihrem Leben teilhaben und sehr, sehr wenige werden sich, wenn sie wollen, der Quelle dieser Ausstrahlung bewußt werden. Diese könnten sich entscheiden, bewußt darauf zu reagieren, was wiederum einen Einfluß auf Sie hat.

Wir schwimmen sozusagen alle in einem telepathischen Meer aus Gedanken und emotionaler Energie, aber wir haben verschiedene Arten von automatischen Filtern, um die Gedanken und Gefühle, die nicht mit unseren Überzeugungen in Einklang zu bringen sind, herauszuselektieren. Daher kann niemand unseren Verstand gegen unseren Willen programmieren, obwohl es durchaus möglich ist, unser Denken auf eine Weise zu beeinflussen, wie dies zum Beispiel ein guter Verkäufer tun würde. Ich spreche nicht etwa von einem telepathischen Eindringen in das Denken eines anderen Menschen – ein unmögliches Unterfangen –, sondern von einer bewußten Reaktion auf etwas, das eine andere Person ausstrahlt, um uns auf irgendeine Weise zu beeinflussen.

Wenn Sie selbst einen hilfreichen Einfluß auf eine andere Person ausüben möchten, gehen Sie in den Garten dieser Person, so wie er in Ihrer Vorstellung erscheint. Wenn Sie dort sind, machen Sie Gebrauch von allen erwähnten Techniken, um eine Veränderung zum Besseren zu bewirken. Sie arbeiten dabei mit Ihrer persönlichen Interpretation dessen, was Ihnen auf telepathische Weise von einem anderen Menschen übermittelt wird. Alles, was in dem Garten geschieht, findet in Ihrem Denken statt und nirgendwo sonst. Trotzdem wird es auch auf die betroffene Person ausgestrahlt, die dann wiederum die Möglichkeit hat, auf der unterbewußten Ebene darauf zu reagieren. Je deutlicher der positive Nutzen der Veränderung ist, desto höher ist die Wahrscheinlichkeit, daß die andere Person darauf reagiert, aber es gibt keine Garantie. Dies ist eine Methode, um Hilfe anzubieten, aber nicht, um sie zu erzwingen.

Die Heilung des Gartens anderer hat den großen Vorteil, daß Sie auf diesem Wege ihre bewußten Zweifel umgehen und mit ihnen auch aus der Entfernung arbeiten können. Obwohl Sie nicht in den geistigen Bereich eines Menschen eindringen und auch niemanden gegen seinen Willen beeinflussen wollen, ist es ein Gebot der Ethik und der Höflichkeit, die Person darüber zu informieren und um ihre Erlaubnis zu bitten, falls das möglich ist. Bei kleinen Kindern oder Tieren (oder anderen, die Sie nicht fragen können), können Sie immer in ihren Garten gehen und dort einen Ansprechpartner finden, den Sie um Erlaubnis bitten können, Veränderungen vorzunehmen.

Vorausgesetzt es gibt so etwas wie ein Gruppenbewußtsein, dann kann es auch möglich sein, sich in den Garten einer Gruppe von Menschen einzustimmen und dort zu arbeiten.

Das ist zwar eine Spekulation, aber eine, die es wert ist, näher erforscht zu werden. Vielleicht ist es das beste Vorgehen, wenn eine Gruppe im Garten einer anderen Gruppe arbeitet. Mögliche Gruppen sind Städte, Länder und Nationen. Solange es jedoch keine Kriterien gibt, an denen man die Ergebnisse messen kann, bleibt eine solche Arbeit rein spekulativ.

Indem Sie den Garten eines anderen, so wie er in Ihrer Vorstellung erscheint, zum Guten verändern, arbeiten Sie auf einer symbolischen und urteilsfreien Ebene. Die andere Person kann dadurch wieder neu auf Sie zugehen, Sie verlieren Ihre Vorbehalte ihr gegenüber und ändern gleichzeitig das Bild, das Sie von ihr haben.

Das eigene Wissen weitergeben. Für diejenigen, die anderen den Umgang mit dem Garten-*Tiki* zeigen möchten, folgende Hinweise:

- Wenn Sie anderen Anregungen für die Einrichtung eines eigenen Gartens geben, sollten Sie vermeiden, zu spezifisch darauf einzugehen, was sie im einzelnen erleben werden. Je weniger Details von Ihnen vorgezeichnet werden, desto besser, obwohl Sie ihnen die Erfahrung von Pflanzen, Erde und Wasser nahebringen sollten. Je mehr Freiheit Sie ihnen geben, ihren eigenen Garten zu gestalten, desto genauer wird er ihr Leben und ihren geistig-seelischen Zustand reflektieren.
- Machen Sie sich auf Überraschungen gefaßt. Höchstwahrscheinlich werden Sie einige Überraschungen erleben, wenn andere Ihnen ihre Gärten beschreiben und was darin vorgeht. Oft wird es nicht mit Ihrer Vorstellung davon übereinstimmen, wie ein Garten aussehen oder was in ihm passieren sollte. Vergessen Sie nicht, daß dies die magische Welt in den Köpfen anderer Menschen ist. Wenn Sie ihnen helfen wollen, mit den Bildern, die sie heraufbeschwören, fertigzuwerden, sollten sie wie ein Führer handeln. Das heißt, Sie sollten lediglich Gedanken äußern und Ratschläge erteilen, aber

ihnen selbst die Entscheidung überlassen, was sie zu tun haben. Es kann durchaus sein, daß sie sich im Moment lieber nicht mit dem beschäftigen wollen, was sie in ihrem Garten vorfinden. Sie sollten das respektieren.

- Ganz gleich, wie wenig eine Person erlebt, Sie sollten sie immer ermutigen. Es gibt nichts Richtiges und Falsches in der Beschäftigung mit dem Garten. Seien Sie geduldig, entspannen Sie sich, wenn nötig, und entziehen Sie sich nicht, wenn es darum geht, mehr Zeit für die Öffnung der visuellen, auditorischen und kinästhetischen Kanäle aufzubringen.
- Wenn jemand ein negatives Feedback in Form von Dämonen, Hexen, Monstern oder ähnlichem im Garten bekommt, dann halten Sie ihn dazu an, entweder einmal richtig durchzuatmen und die Augen wieder zu öffnen, oder lassen Sie ihn sich mit dem Negativen auf bewährte, erfolgreiche Weise beschäftigen. Auf jeden Fall sollten Sie der Person erkennen helfen, daß diese negativen Bilder geistige Projektionen ihrer eigenen Ängste und Zweifel sind, die leicht verändert und beherrscht werden können. Die Monster können zerstört oder zu Freunden gemacht werden, man kann sie auf jegliche Weise transformieren, die ihr Schöpfer (nicht Sie) für die effektivste hält.
- Sogar ohne hypnotische oder meditative Einleitung werden einige Menschen dazu neigen, sofort wenn sie in ihren Garten gehen, in eine Trance zu verfallen. Es wird so aussehen, als fielen sie in einen Schlaf, würden bewußtlos oder begännen, in andere Bildwelten abzudriften. Es ist an Ihnen, darauf zu achten, daß sie so lange in ihrem Garten bleiben, bis sie etwas erreicht haben. Wenn Sie das nicht können, sollten Sie dieses *Tiki* nicht anwenden.

Viele »Mind-Arbeiter« haben strukturierte Bildwelten für die verschiedensten Zwecke erfunden. Es ist nichts Heiliges an diesen Bildern, selbst wenn sie religiöser Natur sind. Keines der Kahuna-*Tikis* gilt als heilig oder unveränderbar. Sie sind

Werkzeuge. Sie sollten sich die Freiheit nehmen, ganz nach eigenem Gutdünken Ihre *Tikis* zu entwerfen oder zu verändern. Das einzige, was wirklich heilig ist und nicht verändert werden kann, ist die Unendlichkeit in Ihnen.

Konzentration

Es gibt keine richtige oder falsche Art der Meditation. Passive Meditation ist nicht »besser« als aktive oder umgekehrt. Kreative Meditation ist nicht besser als ungegenständliche Aufmerksamkeitsmeditation. Keine Technik und kein System ist von vornherein besser als irgendein anderes. Verschiedene Systeme dienen verschiedenen Zwecken, einige können für bestimmte Menschen zu bestimmten Zeiten und an bestimmten Orten mehr angebracht als andere sein, aber es gibt keine Technik, die die beste für alle und zu allen Zeiten ist.

Wir haben in diesem Kapitel nur wenige Beispiele für kreative Meditationen gegeben. Es gibt wahrscheinlich noch Hunderte anderer Methoden. Experimentieren Sie mit den gegebenen Beispielen, aber fühlen Sie sich frei, auch andere Dinge auszuprobieren. Die Effektivität einer Meditation hängt einzig und allein von dem Grad der Konzentration ab, die Sie für ihre Ziele investieren. Es zählt nicht, wie oft Sie meditieren oder wie gut Sie sich an die Vorschriften halten und ebensowenig, wie stark Sie sich konzentrieren. Es kommt auf den Grad der Konzentration an, das heißt, auf die Länge der Zeit, die Sie sich frei von jeglichen Zweifeln auf den Gegenstand Ihrer Meditation konzentrieren können. Wenn Sie jeden Morgen zwanzig Minuten über das, was Sie wollen, meditieren, aber anschließend sechzehn Stunden lang zweifeln, ob Sie es erreichen können, werden Ihre Ergebnisse enttäuschend sein.

Ebenso werden Ihre Chancen ziemlich dünn sein, wenn Sie sich Abend für Abend fünf Minuten lang darauf konzentrieren, einen guten Job zu bekommen, aber während des folgenden Tages keinen Gedanken mehr darauf verwenden. Seien Sie offen für kreative Ideen und Impulse, die jederzeit auf Sie zukommen können, entweder in Ihren eigenen Gedanken, durch die Worte oder Taten Ihrer Mitmenschen oder indem Sie sich von bestimmten Orten angezogen fühlen. Die Quelle der Kreativität kann wahre Wunder vollbringen, aber Wunder geschehen gewöhnlich auf sehr praktische Weise.

KAPITEL 14
Spirituelle Integration

In den Begriffen des Huna bedeutet spirituelle Integration und spirituelles Handeln die bewußte Vereinigung der drei Aspekte des menschlichen Wesens – des Bewußtseins, des Unterbewußtseins und des Überbewußtseins – und damit die Erfüllung des höchsten Sinns im Leben. Wenn die drei Wesensbestandteile in einer irdischen Existenz vereinigt sind, nennt man das Ergebnis *Kanaloa*, einen »Gefährten Gottes«. In einer alten hawaiischen Legende waren der Gott *Kanaloa* und der große Gott Kana Trinkgefährten. Sie zogen von Insel zu Insel und erschufen frische Wasserquellen (ein Symbol für Leben und Reichtum). *Kanaloa* war in der Tradition der Meeresgott (Symbol innerer Kraft) und der Gott des Heilens. In der Kahuna-Psychologie repräsentiert *Kanaloa* die ideale Person, vollständig bewußt, liebevoll, kraftvoll und in der spirituellen wie in der materiellen Welt zuhause. Als gewöhnliches Wort in der Sprache der Inselbewohner bedeutet *kanaloa* »sicher, fest, unverrückbar, gefestigt, uneinnehmbar« und »am besten«. Der mehr oder weniger formale Prozeß, um diesen Zustand zu erreichen, heißt *Haipule* oder Ha-Gebet.

Das Ha-Gebet

Das Ha-Gebet oder *Haipule* bezieht sich auf einen allgemeinen Prozeß, nicht auf ein spezifisches Ritual. Ich werde hier eine wirksame Form beschreiben, von der man Gebrauch machen kann, aber je besser Sie den Prozeß selbst verstehen, desto effektiver wird die jeweilige äußere Form sein.

Im Huna ist es üblich, daß die Wurzeln wichtiger Begriffe eine ganze Reihe von Bedeutungen haben, die den Begriff als Ganzes umschreiben. *Haipule* hat die allgemeinen Bedeutungen »religiös, untergeben, fromm, eine fromme Person« und »beten oder einen Gottesdienst halten«. *Ha* bedeutet »Atem, Leben, Trog, Rinne« sowie die Zahl Vier. Es ist Bestandteil des Gebetes, den Fluß von *Mana*, der Lebenskraft, zu erhöhen, und eine der besten und leichtesten Arten, das zu tun, ist tiefes Atmen. Trog und Rinne weisen darauf hin, daß die Lungen als Behältnis und der Prozeß des Atmens als Durchgabekanal für den Inhalt des Gebetes fungieren. Die Vier ist eine heilige Zahl im Huna. Sie symbolisiert Leben, Aktivität und Schöpfung.

Hei hat die Bedeutungen »begleiten, mitgehen«, und *pu* heißt »zusammen mit«. Beides bezieht sich auf die Vereinigung der drei menschlichen Wesenselemente (Bewußtsein, Über- und Unterbewußtsein) als Teil des Gebetes. Das wird noch durch *le'a* betont, was soviel heißt wie »etwas erfolgreich abschließen« aber auch verwendet wird, um eine Art von Gebet zu *Kane*, *Ku* und *Lono*, den Verkörperungen der drei Wesensbestandteile, zu bezeichnen.

Haipule kann also von seinen Wurzeln her als ein Prozeß beschrieben werden, in dem Sie sich über den Atem (oder durch eine andere Methode) *Mana* zuführen und es dann wieder abgeben, um damit die Verwirklichung eines Wunsches zu fördern.

Wir wollen nun näher betrachten, welche Funktion *Mana* im Huna-Gebet hat.

Mana im Denken und Handeln

Mana, die Energie der Schöpfung, ist zugleich die Kraft der Autorität, also der bedingungslose Glaube an die eigene Fähigkeit oder das Recht, etwas geschehen zu lassen und akzeptiert zu werden. Autorität hat mit dem lateinischen Wort Autor zu tun, das » der Schöpfer« bedeutet. Vereinfacht gesagt, ist *Mana* also die Kraft des Glaubens und die Kraft zu erschaffen. Noch einfacher können wir uns *Mana* als reine Energie vorstellen.

Es gibt einen Aphorismus im Huna, der sagt, daß »Energie dahin fließt, wo die Aufmerksamkeit ist«. Dort, wo Sie Ihre Aufmerksamkeit haben – auf einem Gedanken, einem Gegenstand oder einem Erlebnis –, wird ein Fluß von Energie zwischen Ihnen und dem Objekt Ihrer Aufmerksamkeit erzeugt. Je konzentrierter Ihre Aufmerksamkeit ist, je verwurzelter und je weniger abgelenkt, desto stärker ist der Energiestrom. Die Haupthindernisse für die Aufmerksamkeit sind Zweifel und Furcht. Wenn Sie die Menge des *Mana* erhöhen, was einer Erhöhung der elektrischen Spannung gleichkommt, verstärken Sie den Strom, bis er schließlich das Hindernis überwindet und geradewegs hindurchfließen kann. Wir haben gesehen, wie *Mana* durch vielfältige Atmungs- und Visualisierungsübungen und durch körperliche Betätigung verstärkt werden kann. Das kann jedoch auch zu Nebenwirkungen führen, etwa zu einer temporären Verstärkung innerer Blockaden, die die Aufmerksamkeit völlig ablenken können.

Eine zweite Möglichkeit, den Energiestrom zu verstärken, besteht in der Beseitigung der Hindernisse in Form von Angst und Zweifeln. Sobald diese beseitigt sind, können Sie Ihr Ziel mühelos erreichen. Alles, was Ihnen jetzt gut und leicht von der Hand geht, funktioniert nur deshalb so gut, weil Sie keine Ängste und Zweifel mehr haben. Sie widmen Ihrem Vorhaben einfach Ihre ganze Aufmerksamkeit und tun es – oder es geschieht von selbst. Vorhandene Ängste und Zweifel sind jedoch nicht so leicht zu beseitigen, und normalerweise erfordert es große Geduld und häufige Wiederholung neuer Ideen und Praktiken, bevor sie sich eingespielt haben.

Eine dritte Möglichkeit, die wir hier vorstellen wollen, besteht darin, die Frequenz der Energie zu erhöhen. Das ist folgender Situation vergleichbar: Sie sehen im Fernsehen einen Film, der Sie mit Angst und Zweifel erfüllt. Dann schalten Sie um auf eine andere Frequenz, einen anderen Kanal, und es erscheint ein Film, der Ihnen Freude und Inspiration gibt. Sie bleiben derselbe und das Wohnzimmer dasselbe, es ist lediglich die andere Frequenz, die Sie von dem Ort wegführt, an dem Sie von Angst und Zweifeln geplagt waren.

Was das persönliche *Mana* anbelangt, so werden höhere Frequenzen von »höheren« Gedanken repräsentiert. Ich spreche hier nicht von positiven Gedanken, sondern tatsächlich von höheren, spirituellen Gedanken. Spirituelles Denken macht eine völlig andere Sicht der Welt und des eigenen Lebens erforderlich, eine Haltung liebevollen Vertrauens gegenüber Ihrem Körper, Ihrem Unterbewußtsein, Ihrem Höheren Selbst, der Erde, dem Universum und Gott. Indem Sie Ihren Geist mit spirituellen Gedanken füllen, können Sie Angst und Zweifel überwinden, ohne gegen sie ankämpfen zu müssen, und Ihre Ziele leichter und freudiger verwirklichen.

Wenn Sie auf dieser höheren Frequenz auch noch den Fluß Ihres *Mana* erhöhen, dann können die Ergebnisse atemberaubend sein. Es ist jedoch erforderlich, daß Sie sich *konstant erinnern*, bist die neue Ebene erreicht und zur Gewohnheit geworden ist. Solange Sie auf der neuen Ebene sind, geht alles wunderbar, aber es ist leicht, wieder in die gewöhnliche Welt zurückzufallen, in der die meisten Menschen noch immer leben. Dabei ist es nicht einmal nötig, daß Sie sich anstrengen, Sie müssen sich nur *erinnern*. Wenn Sie vergessen, und Angst und Furcht wieder ihren Einfluß ausüben, brauchen Sie sich nur wieder aufs neue zu erinnern, und ihr Einfluß wird verschwinden.

Die Vorbereitung für Haipule

Diese innere Vorbereitung trägt dazu bei, *Haipule* noch wirksamer zu machen. Sie wird repräsentiert durch die vier hawaiischen Worte *Ike*, *Kala*, *Makia* und *Manawa*.

Die Hauptbedeutung von *Ike* ist Gewahrsein. Auf dem Weg zur Integration soll Sie dieser Begriff hauptsächlich daran erinnern, daß Sie drei Wesensbestandteile haben. Das ist das Wichtigste an dieser Vorbereitung. In der Praxis beginnen Sie, indem Sie sich darüber klar werden, daß das Unterbewußtsein der Verstand Ihres Körpers ist, Ihr Freund und Begleiter im Leben. Das mindeste, was Sie tun können, ist, Ihren Körper hier und jetzt so liebevoll wie möglich anzunehmen. Dann können Sie sich Ihres Bewußtseins oder Intellekts gewahr werden, nach innen und nach außen schauen und sich nach freiem Willen auf alles Mögliche konzentrieren. Als nächstes sollten Sie sich Ihres Höheren Selbst oder Gottes als einer Präsenz, die in Ihnen ist und Sie umgibt, gewahr werden, als Leben, Existenz und Gewahrsein schlechthin. Schließlich können Sie sich bewußt machen, daß diese drei ganz unmittelbar zusammengehören und jeweils Bestandteile des anderen sind. Allein der Versuch, sich das klar zu machen, wird den Kontakt verbessern. Wenn ich sage »bewußt machen«, kann das bedeuten, daß Sie daran denken, Ihre Phantasie einsetzen oder einfach nur das Gefühl haben.

Die Entspannung Ihrer Muskeln gehört ebenso zu *Kala* wie die Beruhigung Ihrer Emotionen (beides geht Hand in Hand). *Kala* heißt jedoch auch »vergeben«, und das ist ein wichtiger Teil der Vorbereitung für *Haipule*. Machen Sie sich, so gut Sie können, frei von Schuld und Vorurteilen. Sie können das tun, indem Sie die Redewendung »eigentlich sollte« völlig aus Ihrem Vokabular streichen. Eine andere Möglichkeit wäre, daß Sie sich für alles loben, was Sie in Situationen, deretwegen Sie sich schuldig fühlten, richtig gemacht haben, und alle guten Eigenschaften der Menschen hervorheben, gegen die Sie Vorurteile hegen. Vielleicht ist Ihnen anfangs nicht danach, aber Sie sollten nicht vergessen, daß Schuld und Vorurteile fast genauso schlimme Hindernisse darstellen wie Angst und Zweifel.

Makia heißt »sich konzentrieren«. Das beinhaltet, daß Sie sich entscheiden, was Ihr eigentliches Ziel ist. Ich spreche dabei nicht von einem konkreten Ziel, sondern von einem höheren Zweck, etwas, das Ihrem Leben einen Sinn gibt. Wenn es zum Beispiel Ihr letztendliches Ziel ist, in diesem Leben die Erleuchtung zu erlangen, dann können spezifische Ziele in der Befreiung Ihres Denkens von einschränkenden Überzeugungen und in der Meisterung verschiedener Formen der Meditation bestehen. Jede beschränkende Überzeugung, die Sie beseitigen, und jede Meditation, die Sie meistern, wären dann Ziele, die Ihrem Zweck dienen. Wenn Ihr Lebensziel darin besteht, materiellen Reichtum anzuhäufen, dann können spezifische Ziele darin bestehen, Wissen und Fähigkeiten zu erwerben, größere Summen Geldes an sich zu ziehen und bestimmte Projekte zu realisieren. Das Erreichen von Wissen, Fähigkeit, Geld und persönlicher Vervollkommnung wäre dann ein Maßstab, an dem Sie Ihren Erfolg im Hinblick auf Ihren Lebenszweck messen können. Im Gegensatz zu einem konkreten Ziel ist ein Lebenszweck nicht etwas, das man erreicht, sondern etwas, das man lebt. Ziele ohne Zweck machen das Leben bedeutungslos, ein Lebenszweck aber kann jedem Ziel eine Bedeutung geben. Die meisten Menschen sollten sich zunächst einmal darüber klar werden, daß ihr Ziel darin besteht, einen wertvollen Lebenssinn zu finden.

Eine mögliche Übersetzung von *Manawa* ist »Machtzeit«. Diese Machtzeit, Ihre Machtzeit, ist *jetzt*. Im Rahmen der Vorbereitung zum *Haipule* heißt das, Gedanken, Gefühle und Sinneswahrnehmungen im gegenwärtigen Augenblick wahrzunehmen und absichtlich Vergangenheit und Zukunft auf sich beruhen zu lassen. Das ist die effektivste Art, die eigene Mitte zu finden, die Füße auf die Erde zu bekommen oder wie immer Sie es nennen mögen.

Sie können leicht im Hier und Jetzt sein, wenn Sie die Farben und Formen der Dinge in Ihrer unmittelbaren Umgebung beobachten, auf die Klänge um Sie herum lauschen und auf die Empfindungen Ihres Körpers achten, alles ohne Interpretation oder Analyse. Manchen mag das anfangs schwerfallen, aber es ist eine wundervolle Erfahrung, wenn Sie sich erst einmal daran gewöhnt haben. In der Tat sind Sie am effektivsten in allem, was Sie tun, wenn Sie sich auf den gegenwärtigen Moment konzentrieren. Das gilt natürlich insbesondere für kreative und spirituelle Arbeit. Der Grund dafür liegt darin, daß Ihr *Mana* im Moment des Bewußtseins existiert und nirgendwo anders.

Als Gedächtnisstütze können Sie sich die folgenden Huna-Aphorismen merken und sie vor sich hinsagen, während Sie sich an die entsprechenden Handlungen erinnern.

Ike – Ich (Meine drei Ichs) schaffe(n) meine (unsere) eigene Realität.
Kala – Ich habe keine Grenzen.
Makia – Ich bekomme das, worauf ich mich konzentriere.
Manawa – Mein Moment der Macht ist jetzt.

Haipule

Wenn Sie *Haipule* praktizieren, schaffen Sie einen Zustand, in dem die Dinge auf natürliche Weise ihren Lauf nehmen können. Sie versuchen nichts künstlich herbeizuführen oder zu erzwingen. Sie bitten nicht einmal darum.

Haipule ist kein Gebet im westlichen Sinn. Das hawaiische Äquivalent für ein solches Bittgebet wäre *Koi* oder *Noi*, wörtlich übersetzt: »anflehen, erbitten oder anfordern«.

Haipule hat nichts mit Spenden oder Opfern zu tun. Dies wäre eine Vorstellung, die der Denkweise der Kahunas völlig zuwider liefe, denn sie basiert auf der Vorstellung, daß Gott bestochen oder bezahlt werden kann oder muß, um etwas für Sie zu tun. Leider hat dieser aus Angst geborene Aberglaube seit der Antike bis auf den heutigen Tag dazu geführt, daß religiöse Anführer ihre Gläubigen an der Kandare halten und sich gleichzeitig ein Einkommen sichern können. Es ist völlig in Ordnung, einen religiösen Anführer zu unterstützen, solange man weiß, was man tut. Die frühen Missionare, die die Hawaii-Inseln aufsuchten, übersetzten den Kahunas den Begriff von Spende und Opfer als »Saat, die gepflanzt wird, um zu wachsen und sich zu vermehren«. Es gibt jedoch einen riesigen Unterschied zwischen Bestechung oder Bezahlung und einer Aussaat, um irgendwann zu ernten. Für die Kahunas sind Gedanken und Handlungen die Saat, und *Mana* macht die Saat stark und fruchtbar.

Pule ist kein Gebet. Es ist mehr eine Art Kontemplation, »den Geist erwartungsvoll auf einen Gegenstand richten«, wobei auch hier das Huna-Verständnis gilt, daß alles, worüber Sie kontemplieren, sich ohne Zweifel auf die nächstmögliche Weise verwirklichen wird. Wenn Sie, ohne etwas Bestimmtes zu erwarten, Ihre Aufmerksamkeit auf einen Gegenstand richten, werden die Schwingungen, die von Ihren Gedanken angeregt werden, entweder die entsprechende Erfahrung zu Ihnen bringen (oder Sie zu ihr) oder Kräfte in Gang setzen, die etwas erschaffen, was vorher noch nicht da war. Wünsche und Sehnsüchte können diesem Prozeß im Wege stehen, sofern sie Gedanken hervorrufen, die auch nur im entferntesten etwas mit Zweifel zu tun haben. Im Zustand des *Haipule* sind Sie direkt verbunden mit Ihrem Denken/Vorstellen/Fühlen im gegenwärtigen Moment. Das ist der Inhalt der spirituellen Integration.

Haipule kann überall, immer und in allen Lebensumständen praktiziert werden. Je weniger jedoch Ihre Aufmerksamkeit abgelenkt ist, desto besser wird das Ergebnis sein. Ich empfehle, daß Sie sich für ein etwas formelleres *Haipule* Zeit nehmen und sich an einen ruhigen Ort zurückziehen. Gleichzeitig sollten Sie auch möglichst spontan während Ihrer alltäglichen Aktivitäten *Haipule* ausüben. Sie können sich eine Minute oder eine Stunde dafür Zeit nehmen, es liegt ganz an Ihnen.

Richten Sie nach Ihrer Vorbereitung Ihre Aufmerksamkeit auf die folgenden Begriffe und ihre Assoziationen, einen nach dem anderen. Denken Sie zuerst an das Wort, dann an eine Situation, einen Zustand oder eine Person, die die Bedeutung dieses Wortes für Sie bildhaft repräsentiert. Stellen Sie sich das so detailliert wie möglich vor. Entwickeln Sie ein Gefühl für die Übereinstimmung von Wort und Bild.

Das Gefühl ist sehr wichtig, Sie sollten also ein Bild wählen, das voraussichtlich ein gutes Gefühl hervorbringt. Wenn Sie nicht wissen, welche Art von Gefühl Sie wählen sollen, entscheiden Sie sich für das angenehmste.

Friede (Maluhia). Denken Sie an Szenen stiller Schönheit, einen dichten Wald, eine blühende Wiese, einen Sonnenauf- oder -untergang. Stellen Sie sich vor, wie Menschen sich nach einer Auseinandersetzung wieder versöhnen und sich gegenseitig in die Arme fallen. Jede Vorstellung, die der Gedanke an Frieden in Ihnen hervorruft, ist geeignet.

Liebe (Aloha). Denken Sie an Kinder, die glücklich miteinander spielen. Stellen Sie sich vor, wie es ist, von jemandem, der Sie wirklich liebt, umarmt und geherzt zu werden. Denken Sie an Menschen, die große und gewagte Dinge füreinander tun, ohne an eine Belohnung zu denken. Denken Sie an Szenen des Sich-Annehmens, der liebevollen Fürsorge, der Vergebung, an alles, was der Begriff Liebe in Ihnen hervorruft.

Kraft (Mana). Denken Sie an die göttliche Kraft in der Natur, an Sonne und Gestirne, Flüsse und Wasserfälle, an die gesammelte Energie des Feuers, der Erde, der Luft und des Wassers, an alles, was das Wort sonst noch für Sie bedeutet.

Erfolg (Pono). Denken Sie an Szenen, die Ihren höchsten Idealen der Vervollkommnung entsprechen, an die Erfüllung wichtiger Aufgaben, an Vollkommenheit jeglicher Art. (Sie kann sowohl spirituell als auch materiell sein. Im Huna gibt es da keinen Unterschied, vorausgesetzt, es steht eine liebende innere Einstellung dahinter.)

Sie können die Meditation beenden, indem Sie sich bildhaft oder gefühlsmäßig Ihre Dankbarkeit für Ihr Höheres Selbst oder Gott vorstellen und einen Segen für alle anderen Menschen aussprechen. Die Form dafür wird sich auf natürliche Weise von selbst ergeben. Atmen Sie dann einmal tief durch, öffnen Sie die Augen und kommen Sie zurück in die äußere Gegenwart, wobei Sie sich weiterhin auf das Hier und Jetzt konzentrieren.

Folgen von Haipule

Vielen Menschen wird *Haipule* in dieser Form zu einfach erscheinen. Es ist wahr, daß die Kahunas gern mehr oder weniger ausführliche Rituale und Zeremonien mit heiligen Gegenständen und speziellen Gewändern hinzufügen. Das alles hat jedoch primär die Aufgabe, das Unterbewußtsein der Teilnehmer zu beeindrucken oder ihnen zu helfen, sich zu konzentrieren. Ich habe hier nur das Wesentliche des *Haipule* aufgezeigt, ohne die Äußerlichkeiten dabei zu berücksichtigen. Sie können sich natürlich nach Belieben einkleiden, solange Sie darüber nicht vergessen, daß die Wirkung der Meditation ausschließlich vom Festhalten an Ihren über alle

Zweifel erhabenen Gedanken kommt. Positive Emotionen, falls Sie sie einsetzen möchten, dienen hauptsächlich dazu, Sie auf eine Ebene der absoluten Überzeugung zu erheben.

Wie oft sollten Sie *Haipule* praktizieren? Am besten immer, spontan oder in Form eines Rituals, so oft Sie können. Um so zu sein, wie Sie sein wollen, müssen sie so denken, wie Sie wollen. Wenn Ihnen keine Zweifel dazwischenkommen, kann schon ein einziges *Haipule* genug sein. Wenn Sie bereits gewohnheitsmäßig Zweifel haben, kann es nicht schaden, es tausendmal am Tag zu tun.

Was können Sie erwarten? Normalerweise werden Sie allmählich immer friedfertiger, liebevoller, kraftvoller und in jeder Hinsicht erfolgreicher, ohne sich dabei sehr anzustrengen. Sie werden noch immer Entscheidungen treffen müssen und darum zu kämpfen haben, daß die Gelegenheiten, die sich Ihnen im Leben bieten, nicht an Ihnen vorübergehen, aber der Kampf wird nicht ewig dauern, und Ihr Glück und Ihre Lebensfreude werden wachsen und gedeihen.

Sie haben nun die nötigen Ideen, Werkzeuge und Techniken, die es Ihnen ermöglichen, jedes Problem zu lösen und alle Ziele zu erreichen. Sie kennen das Huna-Konzept der drei Wesensbestandteile und wie diese zueinander, zum physischen Körper und zur Welt in Beziehung stehen. Sie wissen Bescheid über *Aka* und *Mana* und kennen ihre Rolle für die Erschaffung der persönlichen Erfahrungswelt. Sie wissen, wie Sie negative Komplexe klären, Ihr Bewußtsein besser nutzen und Ihr Höheres Selbst kontaktieren können. Sie haben Methoden kennengelernt, um Ihre Träume, Ihre persönlichen Energien und verschiedene Formen der Meditation zu nutzen, um Ihr Leben verbessern zu können. Außerdem haben Sie gelernt, wie Sie die natürlichen Fähigkeiten Ihrer drei Wesensbestandteile mit Hilfe des *Haipule* integrieren können.

Wir wollen auf den letzten Punkt, die Integration, besonderes Augenmerk legen. Sie können viele Probleme in Ihrem

Leben lösen, indem Sie ausschließlich mit Ihrem Unterbewußtsein arbeiten. Sie können viele Ziele erreichen, indem Sie lediglich die treibende Kraft Ihres bewußten Willens einsetzen. Sie können ebenfalls unglaublich glückselige Zustände erreichen, indem Sie sich ausschließlich auf Ihr Höheres Selbst konzentrieren. Aber in jedem Fall werden Sie unvollständig bleiben – Sie werden sich nicht vollständig *fühlen* –, bis nicht alle drei Wesensbestandteile ein harmonisches Verhältnis haben, bis sie nicht alle drei anerkannt, respektiert und miteinander versöhnt sind.

All dieses Wissen zu haben, ist nicht genug. Der nächste, entscheidende Schritt besteht darin, es anzuwenden. Das erfordert die Beteiligung eines Teils von Ihnen, der im Titel des Buches erwähnt ist: das verborgene Ich. Es ist nicht Ihr Unterbewußtsein, das verborgen ist, denn dessen Präsenz zeigt sich in Ihrem Körper und in Ihrem Verhalten. Es ist ebenfalls nicht Ihr Höheres Selbst, denn dessen Präsenz zeigt sich in Ihrer Erfahrungswelt. Sicher ahnen Sie mittlerweile, daß das Ich, das verborgen ist, das Ich, dem Sie begegnen und das sie meistern müssen, *Sie selbst* sind.

E lawe i ke a'o malama, a e 'oi mau ka na'auao.
(Derjenige, der diese Lehren nimmt und sie anwendet, vermehrt sein Wissen.)
Hawaiisches Sprichwort

ANHANG

Der geheime Code der Kahunas

Wer sagt, daß es innerhalb der hawaiischen Sprache einen geheimen Code gibt, impliziert damit, daß diese Sprache insgesamt konstruiert wurde. Das Hawaiische wäre damit eine künstliche Sprache wie zum Beispiel das Esperanto, eine Sprache, die zum Gebrauch auf der ganzen Welt konstruiert wurde. Esperanto wird tatsächlich von einigen Menschen auf der ganzen Welt gesprochen. Es gibt Linguisten, die die Auffassung vertreten, daß auch das Arabische absichtlich auf mathematischer Grundlage konstruiert wurde.

Was das Hawaiische anbelangt, gibt es keinen direkten Beweis, daß es künstlich konstruiert wurde, aber einige interessante Hinweise. Linguisten können das Alter einer Sprache unter anderem feststellen, indem sie den Grad der sprachlichen Vereinfachung bestimmen. Je jünger eine Sprache ist, desto komplizierter ist ihre Grammatik, und je älter sie wird, desto einfacher werden ihre Konstruktionsprinzipien. Das Hawaiische ist so einfach, daß es das Hilfsverb *Sein* nicht benutzt, keine getrennten Begriffe für Vergangenheit, Gegenwart und Zukunft hat, nur zwölf Buchstaben benötigt und trotzdem in der Lage ist, die gesamte Begrifflichkeit der modernen Welt sprachlich zu verarbeiten. Es ist daher anzunehmen, daß es entweder eine extrem alte oder eine künstlich konstruierte Sprache ist.

Der sprachliche Code

Der geheime Code innerhalb der hawaiischen Sprache ist angeblich von Eingeweihten entwickelt worden, um das Wissen des Huna zu vermitteln. Er besteht aus einfachen Wurzeln, die, wenn man sie analysiert, einige Aspekte des Huna erklären. Die Kahunas vertreten die Ansicht, daß den Wurzeln oft völlig andere Bedeutungen gegeben wurden als den zusammengesetzten Begriffen, um eine größere Flexibilität zu gewährleisten. Als sich dann die Sprache immer mehr ausbreitete, wurden noch weitere, unterschiedliche Bedeutungen hinzugefügt, die nichts mehr mit Huna zu tun hatten. Symbolische Bedeutungen dienten einerseits dem Schutz bestimmter Begriffe und ermöglichten andererseits eine größere Flexibilität in der Übertragung.

Schauen wir uns einmal das Wort *Mana* im Zusammenhang des Huna-Codes an. Das Wort selbst bedeutet »das Übernatürliche« oder »die göttliche Kraft«, ferner alle Arten von Wunderkräften, Macht im allgemeinen, Autorität, Bevorzugung. Das Wort »Kraft« in diesem Zusammenhang schließt die Begriffe Energie, Selbstvertrauen und die Fähigkeit, etwas zu tun, ein. Weitere Bedeutungen von *Mana* sind »sich verzweigen« oder »sich verbreiten«, aber auch »Dürre« und »Wüste«. Obwohl diese Begriffe scheinbar keinen Bezug zueinander haben, beschreiben sie doch beide die Wirkungen der mysteriösen Energie, *Mana*, und die Wirkungen, die das Selbstvertrauen und der Verlust von Selbstvertrauen haben. In der folgenden Untersuchung der Wurzeln von *Mana* werden wir uns auf den Aspekt der Energie konzentrieren. Diese Energie wird auch *Lebenskraft*, *Prana* und *Orgonenergie* genannt.

Um die Wurzelbedeutung zu ermitteln, teilen wir das Wort zunächst in seine Silben auf. *Ma* hat die Code-Bedeutung »mittels«, was darauf hinweist, daß bestimmte Dinge mittels *Mana* getan werden. *Ma* heißt gleichzeitig »versiegen«, und *Mana* kann in der Tat unter bestimmten Umständen versiegen. Dieselbe Silbe wird als verkürzte Form der Wörter für »Auge« und »Wunsch« verwendet. Die physischen Augen strahlen *Mana* aus, und *Mana* ist nötig, um Wünsche zu erfüllen. Die Silbe *na* bedeutet »besänftigt, beruhigt und zufriedengestellt«, was den Zustand einer Person umschreibt, die voller *Mana* ist. (*Ma* ist gleichzeitig eine gebräuchliche Vorsilbe, die eine Qualität oder einen Zustand andeutet; *Ma-na* kann also auch heißen »Zustand der Zufriedenheit«.) Eine weitere Bedeutung von *na* ist »Schmerzen lindern«, ebenfalls eine Eigenschaft von *Mana*.

Andere Code-Bedeutungen können durch Verdopplung von Silben hergeleitet werden. *Mama* (die Verdopplung der Silbe Ma) heißt »schnell, geschwind, mit rascher Bewegung«, eine gute Beschreibung der Art, wie sich *Mana* bewegt. Weitere Bedeutungen sind »leichtgewichtig« und »von Schmerzen, körperlichen Leiden und Unwohlsein befreit«, ebenfalls Beschreibungen von *Mana* und seinen Wirkungen. Die zusammengesetzten Wörter *Eamama* und *Akemama* bedeuten »Sauerstoff« beziehungsweise. »Lunge«. Die Aufnahme von Sauerstoff in die Lungen ist eine der wichtigsten Arten, *Mana* zu sammeln. *Nana* hat die Bedeutungen »aufpassen« und »sich um etwas kümmern«, beides wichtige Tätigkeiten im Zusammenhang mit *Mana*.

Es reicht nicht aus, einfach die Silben zu zerlegen, um alle Code-Bedeutungen eines Wortes herauszufinden. Die alten Hawaiianer liebten das Spiel mit Worten, und oft muß ein solches Spiel gespielt werden, um alle Bedeutungen herauszufinden. Für das einfache Wort *Mana* besteht das Wortspiel darin, daß man das *M* fallenläßt und zu dem Wort *Ana* gelangt, was soviel heißt wie »Muster«, »Plan« oder »Modell«, aber auch »befriedigt«. Wenn man lernt, mit *Mana* umzugehen, kanalisiert man es in ein geistiges Muster oder ein Modell, und das Ergebnis davon ist Befriedigung. Die Verdopplung dieser Silbe, *Ana-ana*, heißt soviel wie »extrem geordnet«, bis zu einem Punkt, an dem die Ordnung hinderlich ist.

Es ist gleichzeitig das hawaiische Wort für Schwarze Magie.

Schließlich können Sie noch die Vokale der Silben verdoppeln. *Ma'a* heißt »gründlich kennen, üben, eine Fähigkeit erwerben« oder »eine Angewohnheit bilden«, alles Arten, *Mana* zu nutzen. *Na'a* heißt »fest an seinem Platz«, ein Hinweis auf das Selbstvertrauen, das mit *Mana* in Verbindung gebracht wird.

Dies ist im wesentlichen das Vorgehen, mit dem Worte im Hawaiischen aufgeschlüsselt werden, um ihre Code-Bedeutungen herauszufinden. Diese Code-Bedeutungen können zusätzlich erhellt werden, wenn wir die bekannten Praktiken der Kahunas mit ihnen vergleichen und sie in den Zusammenhang der psychoreligiösen Systeme der übrigen Welt einordnen.

Polynesisch in Griechenland

Abraham Fornander, ein Hawaiianer des neunzehnten Jahrhunderts, stellte umfangreiche linguistische und kulturelle Studien an, um zu beweisen, daß die ursprüngliche Heimat der Polynesier im Nahen Osten war. Auch Max Freedom Long war davon überzeugt. Er behauptete, dies von einem Mann bestätigt bekommen zu haben, der mit einem Berberstamm in Nordafrika gelebt hatte. Heute sind die meisten Völkerkundler der Ansicht, daß die Polynesier aus Indien oder Südostasien gekommen sind. Einige wenige, beispielsweise Thor Heyerdahl, nehmen an, daß sie aus Südamerika stammen.

Die Kahunas auf Hawaii jedoch vertreten die Ansicht, daß ihr Wissen und ihre Kultur ihren Ursprung im pazifischen Raum haben und sich von dort aus über die übrige Welt verbreiteten. Diese Meinung wird aus einer unerwarteten Quelle unterstützt. John Philip Cohane, ein Schriftsteller und Student der Archäologie, führte 1969 Forschungen über die Iren durch und wunderte sich über das häufige Auftreten bestimmter Schlüsselbegriffe und Ortsnamen. Weitergehende Forschungen ergaben, daß dieselben Schlüsselbegriffe auf der ganzen Welt zu finden sind. In seinem Buch über dieses Thema, *The Key* (Der Schlüssel), vertritt Cohane die Auffassung, daß die weltweite Verbreitung dieser Wörter auf vorzeitliche semitische Völkerwanderungen zurückzuführen ist. Angesichts der Tradition der Kahunas ist jedoch noch eine andere Interpretation möglich. Ich möchte einige interessante Abschnitte aus Cohanes Buch zitieren:

Von der peruanischen Küste aus über den Pazifischen Ozean nach Westen gehend, von einer Insel auf die nächste überspringend, bis hinüber nach China und auf das gesamte asiatische Festland, ist die Wirkung desselben Schlüsselbegriffes überwältigend, weitaus größer als dies irgendwo anders der Fall gewesen wäre ... Dieselben identischen Kombinationen tauchen immer und immer wieder auf Inseln auf, die durch Tausende von Meilen offenen Ozeans voneinander getrennt sind.

Auf Hawaii findet man: ... *Aloha*: das Wort oder der Name, der sowohl eine Begrüßung als auch ein Abschied ist, phonetisch identisch mit *Eloah*, dem semitischen Namen für Gott. Die globale Beziehung wird noch deutlicher an *Alloa*, der ältesten bekannten Grußformel auf den Britischen Inseln, dem Vorläufer des *Hallo*.

Hula, der Name des berühmten Tanzes der Eingeborenen, der anerkanntermaßen religiösen Ursprungs ist mit einem starken Anklang an ein Fruchtbarkeitsritual, ist eine gebräuchliche Variante von *Eloah/Allah/Ala*, die in Ortsnamen zu finden ist. Zusätzlich zu einer Anzahl von *Ula*-Namen, von denen einige bereits erwähnt wurden, beachte man *Hula* in Äthiopien, *El Hula* im Libanon, den *Hula*-See in Israel, den *Hulahula*-Fluß in Alaska, das *Hulah*-Reservoir in Oklahoma und den Berg *Huila* und die *Huila*-Scheide in Kolumbien, ein Name, der ebenfalls zweimal in Angola, Afrika, auftaucht.

Es ist möglich, daß einige dieser Namen und Hunderte weiterer Namen, die Cohane entdeckt hat, rein zufällige Übereinstimmungen aufgrund von Ähnlichkeiten der Laute in den verschiedenen Sprachen sind. Dennoch regen sie uns an, über eine weltweite Verteilung polynesischer Ortsnamen zu spekulieren. Die Vorstellung, daß diese Ähnlichkeiten auf den kulturellen Einfluß vorgeschichtlicher Reisender aus dem pazifischen Raum zurückzuführen sind, wird von einem Huna-Forscher aus Kalifornien unterstützt, der entdeckt hat, daß der Sprachcode der Kahunas im alten Griechenland möglicherweise bekannt und in Gebrauch war.

In einem Artikel im *Time*-Magazin vom 28. Februar 1972 wird eine archäologische Expedition auf die winzige Insel Santorini in der Ägäis beschrieben. Die Expedition war auf der Suche nach Spuren des Kontinents Atlantis, aber das soll uns hier nicht weiter beschäftigen. Wir wollen lediglich auf die Namen zweier Vulkane auf der Insel, *Nea Kameni* und *Palaia Kameni*, hinweisen. Es sei außerdem bemerkt, daß Santorini sich rühmt, eine hochzivilisierte Kultur gehabt zu haben, die durch einen verheerenden Vulkanausbruch 1500 v. Chr. zerstört worden sei.

Die bloße Tatsache, daß die Namen der Vulkane irgendwie hawaiisch klingen, heißt jedoch noch gar nichts, außer daß sie ein erster Hinweis sein könnte. Die beiden Namen heißen im Griechischen lediglich »neuer Kamin« und »alter Kamin«. Wenn jedoch eine wirkliche Verbindung zur Huna-Tradition bestünde, müßten wir in der Lage sein, die Wurzeln der Vulkannamen zu untersuchen und Entsprechungen im Hawaiischen zu finden.

Auf hawaiisch heißt *nea* »leer, nackt, verwüstet« und »brachliegen« oder »unfruchtbar machen«. Weitere Bedeutungen sind »vulkanische Schlacke, Bimsstein«. Es gibt kein hawaiisches Wort wie *Kameni*, außer einem Wort, das aus dem Englischen abgeleitet ist und »Zement« bedeutet. *Ka* bedeutet »umwerfen« oder »schmeißen«, »fluchen« und »vom Zentrum ausgehen«. Die Verdopplung, *Kaka*, heißt »stinkend«. Die Wurzeln *a me* und *me* heißen »und« und »mit«. *Ni*, aus dem wir *nia* bilden, um uns an die hawaiische Grammatik zu halten, heißt »alle Spuren von Vegetation beseitigen«. *Pa* (aus *Palaia*) heißt »Geräusch« und »verdorrtes Land«. *Papa'a*, eine Verdopplung von Silbe und Vokal, die im Code verwendet wird, heißt »verbrennen« und »versengen«. »Verschmieren« oder »verschmutzen« ist die Bedeutung von *pala*, und *ala* heißt »dichter, vom Wasser geformter vulkanischer Stein«. *La* heißt »Hitze« und *la'a* »zum Tode oder zur Zerstörung bestimmt«. *Ai* hat die Bedeutungen »zerstören« oder »verzehren« (wie im Feuer), und *aia* heißt »Verruchtheit«.

Aus all diesen Begriffen bekommen wir ein gutes Bild von den Eigenschaften eines Vulkans. Die Vorstellung, daß das reiner Zufall sein könnte, erscheint also ziemlich abwegig. Aber ist das ein Beweis für den Einfluß der Kahunas? Das ist schwer zu sagen, zumal es immer Menschen gibt, die schon ein Gerücht als Beweis akzeptieren, und andere, die ihre Meinung selbst angesichts überwältigender Beweise nicht ändern wollen. Sie müssen selbst entscheiden. Sie können die Methoden, die hier vorgestellt werden, als Rezept betrachten und anhand eines hawaiischen Wörterbuches Ihre eigenen Forschungen anstellen. Es gibt keinen besseren Beweis als die persönliche Erfahrung.

Kulturelle Bezüge

Auch über den Vergleich zwischen Huna und anderen Systemen in verschiedenen Teilen der Welt lassen sich Bezüge herstellen. Dazu untersucht man die Eigenarten einer Kultur und stellt fest, ob im Huna ähnliche Vorstellungen zu finden sind.

Der Sufismus beispielsweise ist eine mystische Religion, die zwar mit dem Islam assoziiert wird, deren Ursprünge jedoch auf eine Zeit vor der Entstehung des Christentums und des Islam datiert werden. Eine Sufi-Legende erzählt von Menschen, die auf eine Insel geflohen sind, als ihr eigenes Land unbewohnbar wurde. Später, als es wieder möglich war zurückzugehen, hatten die meisten vergessen, wie schön es in ihrem alten Land war, und wollten bleiben, wo sie waren. Einige jedoch lernten schwimmen. Sie schwammen zurück zu ihrem früheren Land und fanden es über alle Maßen schön vor. Sie gingen zurück, um auch den anderen das Schwimmen beizubringen, aber die meisten wollten es gar nicht lernen, und die wenigen, die es lernen wollten, wollten sich dafür nicht anstrengen. Die Legende besagt, daß der Mensch einen besseren Zustand und sein Wissen um das wahre Selbst verloren hat, und beschreibt die Schwierigkeiten, die denen begegnen, die dieses Wissen wiedererworben haben und es an ihre Mitmenschen weitergeben wollen.

Ein Vergleich mit polynesischen Legenden würde an dieser Stelle zu weit führen. Es ist jedoch vielleicht interessant, sich einmal einige Schlüsselwörter anzuschauen. *Moku*, das hawaiische Wort für »Insel«, heißt gleichzeitig »abgeschnitten, getrennt, an einen Ort gebunden sein«. *Au*, ein Wort für »Selbst« und »Denken«, hat die Bedeutungen »schwimmen, schwimmen lernen« und »schwimmen lehren«. Auch dies ist kein Beweis, aber eine deutliche Koinzidenz.

Max Freedom Long übersetzte das Vaterunser erst ins Hawaiische, dann in die Code-Sprache und schließlich wieder zurück ins Englische. Auf diese Weise fand er heraus, daß es ausdrückliche Instruktionen für einen Kontakt mit dem Höheren Selbst enthält. Es ist kein Gebet zur einfachen Wiederholung, sondern eine Formel, um ein konkretes Ergebnis zu erzielen. Innerhalb des Neuen Testaments wird diese Formel auf verschiedene Weise wiederholt, wie um sicherzustellen, daß sie dem eingeweihten Leser nicht entgeht. Zweifellos hatte man bereits im voraus damit gerechnet, daß die Schrift gekürzt werden und ganze Bücher verschwinden würden.

Ich selbst habe herausgefunden, daß es eine Fülle von sehr klaren und offensichtlichen Übereinstimmungen zwischen den meisten Lehren der Bibel und dem Huna gibt. Zum Beispiel wird Menschen, die eine Heilung erfahren haben, immer wieder gesagt: »Dein Glaube hat dir geholfen.« Das ist eine direkte Entsprechung zu der Lehre des Huna, daß eine Heilung die Folge einer Veränderung im Glauben ist. Eine solche Übereinstimmung allein würde noch nicht viel bedeuten, aber ich habe für jede der grundlegenden Lehren des Huna eine Vielzahl solcher Stellen gefunden.

Auch im Alten Testament kann man Huna-Lehren entdecken, die hinter den Bedeutungen von Personen- und Ortsnamen versteckt sind. Diese Art der Verschlüsselung war die bevorzugte Methode sowohl der alten Kahunas als auch der hebräischen Schreiber. Die äußere Geschichte diente hauptsächlich als Träger der wirklichen Information, die in den Namen verborgen war. Dazu muß man verstehen, daß die Bibel, wie viele andere heilige Bücher, eine Vielzahl von Bedeutungsebenen hat. Die Tatsache, daß Huna-Bedeutungen in ihr gefunden werden, schließt nicht aus, daß sie noch weitere verborgene Bedeutungen enthält, oder daß ihre äußeren Bedeutungen möglicherweise wertlos sind. In der modernen westlichen Welt erwarten wir von einem Text nicht mehr, daß er mehrere Bedeutungsebenen hat. Nur wenige Schriftsteller praktizieren diese Technik, und nur wenige Leser sind in der Lage, sie zu würdigen.

Die alten Kahunas waren Experten darin, vielschichtige Bedeutungsebenen in ihren Gesängen und Liedern aufzubauen. Ein Beispiel ist der Gesang, der von L. R. McBride in seinem Buch *The Kahunas* aufgezeichnet wurde:

Erinnere dich an die Zeiten deiner Jugend
Aufgebläht sind jetzt die Wolken von Hanakahi
Angeschwollen jetzt über den Augen die Morgenwolke
Umsonst das Kampfgetümmel der Kinder

Die große Schlacht wird folgen
So wie das tiefe Meer auf das flache Wasser folgt
So steigt der Krieger auf
Zugleich bereit für Sieg und Niederlage

Dieser Gesang kann bis zu fünf verschiedene Bedeutungsebenen enthalten – wörtlich, figurativ, sexuell, historisch sowie eine geheime Bedeutung nur für die Eingeweihten.

Wenn die Schreiber der Bibel Eingeweihte in die alten Lehren waren, die man im Huna wiederfindet, dann hätten sie keine Schwierigkeiten gehabt, dasselbe in ihren Schriften zu tun. Ob sie nun Eingeweihte waren oder nicht, sie verwendeten tatsächlich mehrere Bedeutungsebenen. Um nur ein Beispiel zu nennen: Die Geschichte vom Garten Eden hat eine verborgene Bedeutungsebene, die im Namen des Ortes liegt und die Bewahrung eines hohen geistigen Zustandes von Wohlstand und Glück beschreibt sowie die Wirkungen, die eintreten, wenn man negative Gedanken überhandnehmen läßt. *Gan-Heden*, hebräisch für »Garten Eden«, ist ein Bewußtseinszustand, keine bloße Beschreibung eines physischen Ortes auf der Erde.

Warum so geheim?

Warum hat man einen geheimen Code entwickelt? Warum war es notwendig, Huna vor der Allgemeinheit geheimzuhalten? Normalerweise denkt man als erstes daran, daß geheimes Wissen den Wissenden eine Position der Macht gibt. Eine Theorie ist, daß eine kleine Gruppe von Menschen Geheimnisse von großem Wert, wie Telepathie und Psychokinese, entdeckt hat und sich entschloß, niemandem davon zu erzählen, um ohne Rivalen mit Hilfe dieser Fähigkeiten herrschen zu können. Leider trifft diese Theorie nur im negativen Fall zu. Wenn nämlich die wirkliche Macht über diese Fähigkeiten zu schwinden beginnt, dann verlassen sich diejenigen, die angeblich über solche Kräfte verfügen, auf die Wirkung ihrer Geheimniskrämerei. Sie fühlen sich gezwungen, den Verlust ihrer Macht vor ihren Mitmenschen zu verbergen. Die falschen Geheimnisse, die sie verbreiten, können ihre Mitmenschen lange Zeit im dunkeln tappen lassen. Sie geben sich alle Mühe zu verbreiten, daß sie ein Geheimnis *haben*, denn wer kann das Gegenteil behaupten? Das war der Fall mit den Kahunas der Insel Molokai zu der Zeit, als Captain Cook auf den Hawaii-Inseln landete. Die Kahunas dort standen in dem Ruf, furchtbare und machtvolle Zauberer zu sein. Als jedoch König Kamehameha die Insel einnahm, fand er heraus, daß alles, was sie hatten, ihr Ruf war.

Eine andere Theorie ist, daß große Geheimnisse bewahrt werden, damit sie nicht in böser Absicht mißbraucht werden. Das ist jedoch genauso wenig effektiv wie die Absicht der Vereinigten Staaten, die Technik zur Gewinnung von Atomenergie geheimzuhalten. Die Geheimnisse des Lebens können nicht vor denen geheimgehalten werden, die anstelle eines Herzens nur ein schwarzes Loch zu haben scheinen, aber intelligent genug sind, um sie zu verstehen, und ehrgeizig genug, um sie anzuwenden. Der einzige Trost dabei ist, daß die allergrößten Geheimnisse nur von Menschen entdeckt und angewendet werden können, in deren Brust ein liebendes, lebendiges Herz schlägt. Dennoch gibt es einen großen Bereich des Wissens, das gleichermaßen zum Guten wie zum Bösen angewendet werden kann. Daher haben sich einige Kahunas darauf spezialisiert, dem Bösen entgegenzuwirken.

Es gibt jedoch zwei Hauptgründe für die Geheimhaltung. Der eine liegt in der Gefahr der Verfolgung. Die wahren Geheimnisse des Lebens stimmen üblicherweise nicht mit den Überzeugungen derjenigen überein, die die gesellschaftliche Macht innehaben, denn ihre Macht beruht auf der Aufrechterhaltung ihrer Überzeugungen. Das gilt gleichermaßen für religiöse, politische und wissenschaftliche Autoritäten.

Die wahren Geheimnisse des Lebens haben die Tendenz, Menschen von jeglicher irdischer Autorität unabhängig zu machen.

Der zweite Grund ist die Schwierigkeit, die Geheimnisse zu vermitteln. Sie zu verstehen erfordert oft ein komplettes Umdenken desjenigen, dem das Geheimnis vermittelt werden soll, und nur wenige Menschen sind dazu bereit. Die meisten Menschen sind im Prinzip faul. Entweder wollen sie, daß ihnen alles umsonst zuteil wird, oder sie erwarten ein Wunder, ohne daß sie bereit wären, die notwendige innere Transformation zu vollziehen. Es nutzt überhaupt nichts festzustellen, daß viele Geheimnisse sehr leicht erfahren werden können. Die wirkliche Schwierigkeit liegt darin, gemäß den Prinzipien, die mit diesen Geheimnissen verbunden sind, zu leben, und sie unablässig zu praktizieren, um die eigenen Fähigkeiten zu vervollkommnen.